本书由国家体育总局资助出版

中国体育法治发展报告

(2022)

马宏俊 主编

中国政法大学体育法治研究基地

图书在版编目(CIP)数据

中国体育法治发展报告. 2022 / 马宏俊主编. —北京：北京大学出版社，2023.12

ISBN 978-7-301-34815-4

Ⅰ.①中… Ⅱ.①马… Ⅲ.①体育法—研究报告—中国—2022 Ⅳ.①D922.164

中国国家版本馆 CIP 数据核字(2024)第 012188 号

书　　　名	中国体育法治发展报告（2022）
	ZHONGGUO TIYU FAZHI FAZHAN BAOGAO(2022)
著作责任者	马宏俊　主编
责 任 编 辑	张　越　王建君
标 准 书 号	ISBN 978-7-301-34815-4
出 版 发 行	北京大学出版社
地　　　址	北京市海淀区成府路 205 号　100871
网　　　址	http://www.pup.cn　http://www.yandayuanzhao.com
电 子 邮 箱	编辑部 yandayuanzhao@pup.cn　总编室 zpup@pup.cn
新 浪 微 博	@北京大学出版社　@北大出版社燕大元照法律图书
电　　　话	邮购部 010-62752015　发行部 010-62750672
	编辑部 010-62117788
印　刷　者	北京虎彩文化传播有限公司
经　销　者	新华书店
	720 毫米×1020 毫米　16 开本　17.75 印张　291 千字
	2023 年 12 月第 1 版　2023 年 12 月第 1 次印刷
定　　　价	69.00 元

未经许可，不得以任何方式复制或抄袭本书之部分或全部内容。
版权所有，侵权必究
举报电话：010-62752024　电子邮箱：fd@pup.cn
图书如有印装质量问题，请与出版部联系，电话：010-62756370

致谢：国家体育总局、中国法学会体育法学研究会

编写说明

"凿井九阶，不次水泽"，"中国体育法治蓝皮书"系列已出版四本，我们仍须将"筑路式"研究做实做深，继续携手诸位法学专家，准确发掘体育法治现象中的深层原因，撰写高质量的研究报告，继续出版具有连续性、前沿性、时效性的公开出版物。

马宏俊
2023 年 4 月

专题报告及作者

《我国体育法治年度发展概况（2022）》，马宏俊、罗小霜
《〈中华人民共和国体育法〉修订报告》，张笑世
《〈体育赛事活动管理办法〉修订报告》，袁钢、秦珍珍
《〈中国体育仲裁委员会组织规则〉〈体育仲裁规则〉制定报告》，李智、王俊晖
《我国地方体育立法发展报告（2022）》，陈华荣
《我国体育行政执法检查改革调研报告（2022）》，韩勇、张健
《我国体育行政部门标准化工作发展报告（2022）》，吴香芝，许秋红
《全国性单项体育协会法治化发展报告（2022）》，张春良、侯中敏
《我国职业体育法治化发展报告（2022）》，席志文
《北京冬奥会体育仲裁实践发展报告（2022）》，白显月
《我国重大体育赛事的风险法律防控研究报告（2022）》，张朝霞、高旭颖
《我国民事体育纠纷解决发展报告（2022）》，张于杰圣
《全国性单项体育协会内部纠纷解决机制发展报告（2022）》，刘万勇
《我国体育知识产权保护发展报告（2022）》，戎朝
《我国体育法学研究发展报告（2022）》，田川颐、姜磊
《我国体育法学学术活动报告（2022）》，徐伟康
《2022年度我国体育法治大事记》，郭锐
《2022年制定、修订、修正或废止的与体育直接相关的法律规范性文件》，孔维都

要 目

总报告

我国体育法治年度发展概况（2022） …………………………………（003）

分报告

体育立法篇

《中华人民共和国体育法》修订报告 …………………………………（035）
《体育赛事活动管理办法》修订报告 …………………………………（049）
《中国体育仲裁委员会组织规则》《体育仲裁规则》制定报告 …………（060）
我国地方体育立法发展报告（2022） …………………………………（071）

体育行政篇

我国体育行政执法检查改革调研报告（2022） ………………………（082）
我国体育行政部门标准化工作发展报告（2022） ……………………（098）

体育组织篇

全国性单项体育协会法治化发展报告（2022） ………………………（107）
我国职业体育法治化发展报告（2022） ………………………………（123）

体育赛事篇

北京冬奥会体育仲裁实践发展报告(2022) ……………………（141）
我国重大体育赛事的风险法律防控研究报告(2022) ……………（162）

体育纠纷解决篇

我国民事体育纠纷解决发展报告(2022) …………………………（177）
全国性单项体育协会内部纠纷解决机制发展报告(2022) ………（187）
我国体育知识产权保护发展报告(2022) …………………………（195）

体育法学研究篇

我国体育法学研究发展报告(2022) ………………………………（212）
我国体育法学学术活动报告(2022) ………………………………（232）

附　录

2022年度我国体育法治大事记 ……………………………………（251）
2022年制定、修订、修正或废止的与体育直接相关的法律规范性
　文件 …………………………………………………………………（261）

详 目

总报告

我国体育法治年度发展概况（2022） ……………………………（003）
  一、2022年体育立法概况 ……………………………………（003）
    （一）《体育法》修订通过 ……………………………………（004）
    （二）《体育赛事活动管理办法》修订公布 …………………（010）
    （三）《中国体育仲裁委员会组织规则》《体育仲裁规则》审议通过 …（012）
    （四）其他主要体育立法性事件 ……………………………（016）
  二、体育法治实施概况 ………………………………………（018）
    （一）体育行政执法年度概况 ………………………………（018）
    （二）体育司法概况 …………………………………………（022）
  三、体育法治监督年度概况 …………………………………（024）
    （一）国家权力机关的监督 …………………………………（024）
    （二）行政机关的监督 ………………………………………（025）
    （三）社会监督 ………………………………………………（026）
    （四）党的监督 ………………………………………………（026）
  四、体育法治保障概况 ………………………………………（027）
    （一）政治和组织保障 ………………………………………（028）
    （二）人才保障 ………………………………………………（029）
    （三）物质保障 ………………………………………………（030）
    （四）法治意识和法治精神保障 ……………………………（031）

分报告

体育立法篇

《中华人民共和国体育法》修订报告 (035)
 一、起步阶段 (036)
 二、积极推动阶段 (036)
 三、正式启动阶段 (038)
 四、修改阶段 (039)
  (一) 全国人大社建委牵头修改阶段 (039)
  (二) 法工委修改阶段 (045)

《体育赛事活动管理办法》修订报告 (049)
 一、《赛事管理办法》修订的主要内容 (049)
  (一) 夯实高危险性体育赛事活动许可制度 (049)
  (二) 明确体育赛事活动相关方的权利与义务 (051)
  (三) 增加体育行政部门等各方保障职责 (051)
  (四) 加强体育行政部门的监督管理 (052)
  (五) 强化体育赛事活动组织者的法律责任 (053)
 二、《赛事管理办法》修订的立法评析 (053)
  (一) 立法意义 (053)
  (二) 立法缺陷 (054)
  (三) 立法完善 (056)

《中国体育仲裁委员会组织规则》《体育仲裁规则》制定报告 (060)
 一、《组织规则》《仲裁规则》的制定过程 (060)
  (一) 前期调研论证阶段 (061)
  (二) 中期研究起草阶段 (062)
  (三) 后期征求意见阶段 (063)
 二、《组织规则》《仲裁规则》的主要亮点 (064)
  (一)《组织规则》的主要亮点 (064)
  (二)《仲裁规则》的主要亮点 (066)
 三、我国体育仲裁制度发展展望 (067)

(一)进一步协调国内仲裁制度间的关系 …………………………… (067)
　　(二)做好与国际体育纠纷解决机制的衔接 …………………………… (069)
　　(三)在实践中不断丰富中国特色体育仲裁理论 ……………………… (069)

我国地方体育立法发展报告(2022) …………………………………… (071)
　一、地方体育立法背景分析 ……………………………………………… (071)
　　(一)学习贯彻新修订的《体育法》的需要 …………………………… (071)
　　(二)构建更高水平全民健身公共服务体系的需要 …………………… (072)
　二、地方体育立法现状分析 ……………………………………………… (072)
　　(一)地方体育立法性文件数量分布 …………………………………… (072)
　　(二)地方体育立法整体类型 …………………………………………… (073)
　　(三)地方体育立法涉及领域分析 ……………………………………… (073)
　　(四)地方体育立法技术分析 …………………………………………… (075)
　三、地方体育立法个案分析 ……………………………………………… (076)
　　(一)《甘肃省实施〈中华人民共和国体育法〉办法》 ……………… (076)
　　(二)《湖北省全民健身条例》 ………………………………………… (077)
　　(三)《衢州市围棋发展振兴条例》 …………………………………… (078)
　四、地方体育立法问题与对策分析 ……………………………………… (079)
　　(一)问题分析 …………………………………………………………… (079)
　　(二)对策建议 …………………………………………………………… (080)

体育行政篇

我国体育行政执法检查改革调研报告(2022)
　　——以高危险性体育项目行政执法监督检查为例 …………………… (082)
　一、执法检查工作的法律依据 …………………………………………… (083)
　二、执法检查工作的基本情况 …………………………………………… (084)
　　(一)检查内容和形式 …………………………………………………… (084)
　　(二)参与人员与组织方式 ……………………………………………… (084)
　　(三)执法检查关注的相关问题 ………………………………………… (085)
　三、各地主要经验和做法 ………………………………………………… (085)
　　(一)出台与完善地方性规范 …………………………………………… (085)

（二）推动健全体育综合执法 …………………………………… (086)
　　（三）优化行政许可流程 ………………………………………… (087)
　　（四）健全安全防范措施 ………………………………………… (088)
四、执法检查发现的主要问题 …………………………………………… (090)
　　（一）监管边界不清晰 …………………………………………… (090)
　　（二）行政执法能力有待加强 …………………………………… (091)
　　（三）具有职业资格证书的人员不足 …………………………… (091)
　　（四）行政许可尚未实现全覆盖 ………………………………… (092)
　　（五）高危险性体育项目许可的做法不统一 …………………… (093)
　　（六）委托第三方检验机构的机制不明确 ……………………… (093)
五、对策及建议 …………………………………………………………… (094)
　　（一）强化立法工作 ……………………………………………… (094)
　　（二）深化放管服改革，完善体制机制建设 …………………… (095)
　　（三）加强队伍建设，加大行政许可和执法培训力度 ………… (095)
　　（四）丰富监督检查方式方法 …………………………………… (096)
　　（五）加强职业资格鉴定工作 …………………………………… (096)
　　（六）加强安全宣传教育 ………………………………………… (097)

我国体育行政部门标准化工作发展报告(2022) …………………… (098)
一、体育行政部门工作标准化政策法规建设 …………………………… (098)
　　（一）中央层面 …………………………………………………… (098)
　　（二）地方层面 …………………………………………………… (100)
二、体育行政部门标准化工作的实施 …………………………………… (101)
　　（一）标准化贯彻宣传情况 ……………………………………… (101)
　　（二）标准化工作推行情况 ……………………………………… (102)
　　（三）标准化工作监管情况 ……………………………………… (104)
三、体育行政部门标准化工作存在的问题 ……………………………… (104)
　　（一）标准化工作依据不完善 …………………………………… (104)
　　（二）标准化工作推进机制不健全 ……………………………… (105)
　　（三）标准化工作绩效评价缺失 ………………………………… (105)
四、体育行政部门标准化工作优化建议 ………………………………… (106)
　　（一）完善标准化政策法规建设 ………………………………… (106)

（二）加强从业人员法规意识 …………………………………（106）
（三）完善标准化信息服务平台 …………………………………（106）
（四）提高标准化工作水平 ………………………………………（106）

体育组织篇

全国性单项体育协会法治化发展报告（2022） ………………（107）
一、单项协会法治化发展年度概况 ………………………………（107）
二、单项协会法治化发展具体表现 ………………………………（108）
（一）去行政化进程 ………………………………………………（108）
（二）内部治理法治化 ……………………………………………（109）
（三）纠纷治理的法治化 …………………………………………（111）
（四）统筹内外法治工作 …………………………………………（113）
三、单项协会法治化发展存在的问题 ……………………………（113）
（一）去行政化尚未完成 …………………………………………（113）
（二）治理规范体系不完善 ………………………………………（114）
（三）机构运行不合理 ……………………………………………（115）
（四）监管机制缺位 ………………………………………………（116）
（五）内部解纷机制不足 …………………………………………（116）
四、单项协会法治化发展解题路径 ………………………………（117）
（一）加速去行政化进程 …………………………………………（117）
（二）完善科学的治理规范体系 …………………………………（117）
（三）规范执行机构运行 …………………………………………（119）
（四）增设监管机构及配套机制 …………………………………（119）
（五）构建独立公正的内部解纷机制 ……………………………（121）

我国职业体育法治化发展报告（2022） ………………………（123）
一、我国职业体育俱乐部的法治化发展 …………………………（125）
（一）立法保障得以加强 …………………………………………（125）
（二）行政部门持续支持职业俱乐部 ……………………………（126）
（三）涉外体育法律争议解决不容乐观 …………………………（127）
（四）职业俱乐部欠薪问题严重 …………………………………（129）

二、我国职业运动员、教练员职业化发展 (130)
(一)"支持运动员、教练员职业化发展"法定化 (130)
(二)配套制度规范仍然供给不足 (131)
(三)歧视职业运动员的制度规范得到纠正 (132)
(四)拓宽职业运动员与教练员职业转换的配套规范 (133)
(五)保障退役运动员再就业和为退役运动员提供社会保障成为政府的法定义务 (133)

三、我国职业体育联赛的法治化发展概况 (133)
(一)职业足球联盟成立时机尚不成熟 (134)
(二)职业篮球联赛的法治化治理逐步成熟 (134)
(三)其他职业联赛的法治化发展尚需发力 (137)

四、总结与展望 (137)

体育赛事篇

北京冬奥会体育仲裁实践发展报告(2022) (141)
一、北京冬奥会特设仲裁庭概况 (143)
二、北京冬奥会 CAS AHD 案件的特点 (145)
(一)CAS 多次重申 CAS 不是规则制定者 (145)
(二)CAS 无权直接决定或再分配参赛名额 (146)
(三)关于"非歧视原则" (147)
(四)关于 CAS 可否决定参赛名额 (148)
(五)CAS 无权管辖移民政策、疫苗或国家奥委会的失误 (150)
(六)关于"穷尽内部救济"的要求 (151)
(七)再次确认申请人"起诉"的资格条件 (151)
(八)再次明确 CAS AHD 的管辖权范围具有局限性 (153)
(九)体育规则的溯及既往性 (154)

三、冬奥会 CAS 案件的新动态和裁判趋势 (155)
(一)《世界反兴奋剂条例》急需修订或明确 (155)
(二)要求举办奥运会颁奖典礼是不是运动员的一项权利? (158)
(三)反兴奋剂检测机构的严格责任 (160)

（四）关于 CAS AHD 管辖权起始时间的合理性 …………………（160）
我国重大体育赛事的风险法律防控研究报告（2022）…………………（162）
　一、"白银事件"后重大体育赛事风险防控治理制度的演变 …………（162）
　　（一）国家层面的政策和法律 …………………………………………（162）
　　（二）地方层面的政策和地方性法规 …………………………………（163）
　二、重大体育赛事风险防控新制度 ………………………………………（164）
　　（一）明确体育赛事监管主体，夯实监管责任 ………………………（164）
　　（二）落实体育赛事活动组织者的主体责任 …………………………（166）
　　（三）明确参赛者和观众的"安全权" …………………………………（167）
　　（四）建立健全赛事应急和救援制度 …………………………………（168）
　　（五）建立健全体育赛事活动监管问责机制 …………………………（168）
　三、重大体育赛事风险防范治理新模式的特点及评价 …………………（170）
　　（一）新的重大体育赛事风险防范治理模式的特点 …………………（170）
　　（二）对新的重大体育赛事风险防范治理模式的评价 ………………（171）
　四、我国重大体育赛事风险防控情况及特点 ……………………………（172）
　　（一）我国重大体育赛事风险防控情况 ………………………………（172）
　　（二）上述重大体育赛事风险防控的特点 ……………………………（176）

体育纠纷解决篇

我国民事体育纠纷解决发展报告（2022）…………………………………（177）
　一、社会体育伤害纠纷 ……………………………………………………（178）
　二、体育消费合同纠纷 ……………………………………………………（180）
　三、体育（赛事）活动组织纠纷 …………………………………………（182）
　四、职业体育工作合同纠纷 ………………………………………………（184）
全国性单项体育协会内部纠纷解决机制发展报告（2022）……………（187）
　一、单项协会内部纠纷解决机制的形成原因 ……………………………（187）
　　（一）体育纠纷类型的特殊性 …………………………………………（187）
　　（二）内部体育纠纷的特点 ……………………………………………（188）
　二、单项协会内部纠纷解决机制的现状 …………………………………（190）
　　（一）仅有部分单项协会设有内部纠纷解决机构 ……………………（190）

（二）单项协会内部纠纷解决的管辖依据 …………………………（190）
　三、单项协会内部纠纷解决年度情况综述 ……………………………（192）
　　（一）受理案件的类型 ………………………………………………（192）
　　（二）提起仲裁的主体 ………………………………………………（193）
　四、单项协会内部纠纷解决机制的发展前景 …………………………（193）

我国体育知识产权保护发展报告(2022) ………………………………（195）
　一、体育知识产权类型化概述 …………………………………………（195）
　　（一）体育著作权 ……………………………………………………（196）
　　（二）体育标识性权益 ………………………………………………（196）
　　（三）体育专利权 ……………………………………………………（196）
　　（四）体育商业秘密、数据等其他知识产权及无形资产权益 ………（197）
　二、体育知识产权保护立法动向 ………………………………………（198）
　　（一）体育专门立法中的知识产权条款 ……………………………（198）
　　（二）体育知识产权专项规定 ………………………………………（200）
　三、体育知识产权司法保护现状和趋势 ………………………………（201）
　　（一）体育知识产权纠纷数据统计 …………………………………（201）
　　（二）体育知识产权纠纷的类型日益多样化 ………………………（201）
　　（三）诉前禁令为体育知识产权保护保驾护航 ……………………（204）
　四、体育知识产权保护的难点、争议和应对之策 ……………………（205）
　　（一）体育赛事节目的作品性认定 …………………………………（205）
　　（二）隐性营销行为的规制 …………………………………………（206）
　　（三）新商业形态下体育知识产权保护路径探索 …………………（209）

体育法学研究篇

我国体育法学研究发展报告(2022) ……………………………………（212）
　一、体育法学著作 ………………………………………………………（213）
　　（一）新修订的《体育法》解读 ……………………………………（213）
　　（二）体育法教材 ……………………………………………………（214）
　　（三）体育法前沿问题研究 …………………………………………（214）
　　（四）体育相关权利研究 ……………………………………………（215）

二、体育法学期刊论文 ……………………………………… (215)
(一)体育法学基础理论研究 ……………………………… (215)
(二)对新修订的《体育法》之理解与评析 ……………… (217)
(三)反兴奋剂法治研究 …………………………………… (220)
(四)全民健身法治保障研究 ……………………………… (222)
(五)体育纠纷解决研究 …………………………………… (223)
(六)职业体育相关法律问题 ……………………………… (226)
(七)体育商业化中的法律问题 …………………………… (227)
(八)体育数据的法律规制研究 …………………………… (228)
(九)体育行政监管研究 …………………………………… (229)
(十)其他研究热点 ………………………………………… (230)

我国体育法学学术活动报告(2022) ………………………… (232)
一、关于冬奥法治问题的研讨 …………………………… (232)
(一)学术活动总体概述 …………………………………… (232)
(二)学术活动具体内容 …………………………………… (233)
二、关于《体育法》修订内容的研讨 …………………… (236)
(一)学术活动总体概述 …………………………………… (236)
(二)学术活动具体内容 …………………………………… (237)
三、关于体育赛事法治保障的研讨 ……………………… (241)
(一)会议总体概述 ………………………………………… (241)
(二)会议具体内容 ………………………………………… (242)
四、关于体育法学科建设与人才培养的研讨 …………… (248)
(一)会议总体概述 ………………………………………… (248)
(二)会议具体内容 ………………………………………… (248)

附 录

2022年度我国体育法治大事记 …………………………… (251)
2022年制定、修订、修正或废止的与体育直接相关的法律规范性
文件 ………………………………………………………… (261)

总报告

我国体育法治年度发展概况(2022)*

2022年,我国各级体育行政部门法治建设工作坚持以习近平新时代中国特色社会主义思想为指导,全面贯彻落实党的十九大和十九届历次全会精神,深入学习党的二十大精神,贯彻落实习近平总书记关于体育的重要论述和重要指示批示精神,坚持依法治体、严格依法行政、强化执法监督,结合体育工作实际,紧紧围绕"促进群众体育和竞技体育全面发展,加快建设体育强国"的目标定位,将落实法治政府建设任务与贯彻实施体育强国建设纲要相融合,加强行业法治体系建设,全面健全体育立法,深入推进依法行政,全力抓好依法行政和法治政府建设各项工作落实,为把新时代体育工作方向和体育强国目标上升为社会主义文化新辉煌的重要内容,成为中华民族复兴伟业自信自强的重要标志提供更加坚实的法治保障。2022年,我国体育领域法治工作迈上新台阶,在加快建设体育强国的新征程上迈出了坚实步伐。

一、2022年体育立法概况

在深入学习、贯彻习近平法治思想和习近平关于体育工作的重要论述,全面落实《"十四五"体育发展规划》(体发〔2021〕2号)和《"十四五"体育法治建设规划》的要求下,体育立法工作在2022年度呈现新特点,取得新成就。2022年2月14日,国家体育总局办公厅印发《2022年全国体育政策法规规划工作要点》(体政字〔2022〕29号),在这一文件指导下,体育总局政策法规司于2022年3月23日印发《体育总局2022年度法规、规章和规范性文件制定计划》(体政字〔2022〕51号),为我国2022年度体育立法工作提供明确指引。就中央立法层面而言,2022年度,我国发布以"体育"或"全民健身"为

---

* 马宏俊、罗小霜:中国政法大学。

标题新增或修改的中央立法共267件,其中法律1件、部门规章250件、党内法规制度1件、团体规定6件、行业规定9件;就地方立法层面而言,2022年度我国发布的以"体育"或"全民健身"为标题新增或修改的地方立法共262件,其中地方性法规9件、地方政府规章2件、地方规范性文件251件。

(一)《体育法》修订通过

《体育法》修订通过,是2022年体育界与法学界共同关注与期待的事件。2022年6月24日,《体育法》由中华人民共和国第十三届全国人民代表大会常务委员会第三十五次会议修订通过,并自2023年1月1日起正式施行。这是自1995年我国《体育法》出台以来的首次大修。《体育法》作为我国体育的基本法,其修订体现了我国对体育法治发展的重视,标志着我国体育法治体系的重要完善,体现了加快建设体育强国的要求,为推动我国新时代体育事业高质量发展、满足人民日益增长的美好生活需要提供了坚实的法治保障。

1.《体育法》修订的背景和过程

1995年8月29日,第八届全国人民代表大会常务委员会第十五次会议全票通过《体育法》,填补了国家在体育领域立法的一项空白,结束了体育领域无基本法可依的历史,使体育工作走上了依法行政的轨道。作为体育领域唯一的一部专门法律,《体育法》全面反映了党和国家的体育政策,调整规范了我国体育领域的基本关系,是我国体育事业发展的基础性法律,在我国体育法律规范体系中居于核心地位。

党的十八大以来,以习近平同志为核心的党中央围绕加快推进体育强国建设提出了一系列新理念、新思想、新战略,为做好新时代体育工作提供了根本遵循,也为加强体育法治建设指明了前行方向。体育事业得到迅速发展,包括全民健身、竞技体育、青少年体育、体育产业、体育文化和体育对外交往等各领域都取得了长足进步。体育强国和健康中国新征程的开启,对新时代体育事业改革发展提出了更高的要求,体育领域中的一些新问题、新矛盾逐渐凸显,如体育发展不平衡、不充分的问题比较突出,人民群众多元化、多层次的体育需求尚未得到较好满足,各类体育主体的权利义务关系有待法律进一步明确,体育行业监管亟须加强等,这些问题都对《体育法》修订提出了迫切要求。

在2005年、2006年的全国体育局长会议上,都布置了《体育法》修改工作。自2006年开始实施的《体育事业"十一五"规划》，明确提出了修改《体育法》工作。2010年，在《体育法》颁布15周年之际，体育及法律界在充分肯定《体育法》作用的同时，认为其中的部分条款已经无法适应我国体育改革发展的现状，提出了修改建议，一些学者也开始着手研究相关条款的适用和新增情形的补充条款。2018年9月，《体育法》修改作为第二类项目被列入《十三届全国人大常委会立法规划》，明确由全国人大社会建设委员会（以下简称"全国人大社建委"）牵头负责。2020年11月，《体育法》修改被列入《全国人大常委会2021年度立法工作计划》。随后，全国人大社建委正式启动《体育法》修改工作，在体育总局前期工作基础上，组织了多层级、大范围的调研，深入了解《体育法》实施的状况、存在的问题、修订的重点以及可能的解决方案。

2021年3月19日，全国人大社建委在前期调研等工作基础上，牵头成立《体育法》修改工作领导小组，并召开领导小组第一次会议，就《体育法（修订草案建议稿）》征求成员单位意见建议。9月28日，全国人大社建委对草案建议稿予以修改完善，形成《体育法（修订草案）》（共11章，109条），并经委员长会议同意提请全国人大常委会全体会议审议。10月19日至23日，十三届全国人大常委会第三十一次会议对《体育法（修订草案）》进行第一次审议。2022年4月18日至20日，十三届全国人大常委会第三十四次会议进行第二次审议（共12章，118条）。2022年6月21日至24日，十三届全国人大常委会第三十五次会议审议并表决通过《体育法（修订草案）》。6月24日，《体育法》经中华人民共和国主席习近平签署主席令正式颁布。

2.《体育法》修订的总体思路

坚持党的领导。坚持党对立法工作的领导是《体育法》修订的首要原则。修订过程坚持以习近平新时代中国特色社会主义思想为指引，深入贯彻习近平法治思想，坚决贯彻习近平总书记关于体育的重要论述，深刻认识"两个确立"的决定性意义，增强"四个意识"、坚定"四个自信"、做到"两个维护"，自觉把修法工作放在党和国家工作大局中去考虑、去谋划、去推进，将党的主张通过法定程序转化为国家意志，进一步实现党对体育工作领导的制度化、规范化、法治化，真正把党的领导贯彻到依法治体的全过程、各环节。

坚持以人民为中心。坚持以人民为中心是《体育法》修订的价值取向。体育是人民的事业，《体育法》的修订以人民对体育的需求为出发点和落脚点,着眼于满足人民群众多层次、多样化的体育需求,提供更多更好的公共体育服务,让人民群众共享体育发展成果,不断满足人民群众对美好生活的向往。《体育法》修订将全过程人民民主贯穿始终,实现"开门立法",在立法工作的立项、起草、审议、论证、评估、监督和宣传等各环节反映民情、倾听民意、汇集民智,充分发扬民主,强化社会各界和基层群众的直接有序参与。

坚持问题导向。坚持问题导向是《体育法》修订的重要方法。《体育法》在修订过程中针对体育事业发展中的基本关系和重大问题进行了认真分析,深入研究,找到问题症结,制定解决措施,更好地发挥了法治的引领、规范与保障作用。当前,体育事业改革发展面临诸多问题,主要有:全民健身、竞技体育发展不协调,全民健身公共服务体系不健全,体育促进全民健康的作用发挥不充分,体育社会组织发展不规范,竞技体育后备人才培养体制不顺畅,体育产业发展不平衡,体育纠纷解决机制特别是体育仲裁制度缺失,体育市场监督管理不到位,体育执法与市场发展不相适应等。修订工作坚持问题导向,对这些问题均作出积极回应,着力明确和完善相关制度规定,推动体育法治化走向更高水平。

坚持规范引领。规范引领体育事业发展是《体育法》修订的重要目的。把体育领域经过实践证明的、切实有效的改革举措、成熟经验和制度性安排用法律形式固定下来,为推动体育领域深化改革,维护体育发展良好秩序,更好保障人民群众体育权益提供有力法治保障。修订工作着眼2035年建成体育强国的战略目标,充分发挥《体育法》在体育改革发展中的法治保障作用,统筹发展和安全,正确处理体育领域各方面关系,合理调整体育利益,严格规范体育秩序,引领体育事业高质量发展。

3.《体育法》修订的主要内容

经过此次修订,《体育法》由1995年的8章56条增至12章122条,包含总则、全民健身、青少年和学校体育、竞技体育、反兴奋剂、体育组织、体育产业、保障条件、体育仲裁、监督管理、法律责任和附则。《体育法》修订直面新时代出现的新挑战和新问题,积极回应人民群众的新要求、新期待,为新时代体育事业发展提供了坚实的法治保障。

关于全民健身方面。为突出全民健身在体育事业发展中的基础性作用,新修订的《体育法》将原第二章"社会体育"章名修改为"全民健身",明确国家实施全民健身战略,构建全民健身公共服务体系,鼓励和支持公民参加健身活动,促进全民健身与全民健康深度融合。为加强对全民健身工作的领导和协调,新修订的《体育法》增加了"国家建立全民健身工作协调机制"的规定,为充分发挥社会体育指导员对全民健身的指导作用,确立了社会体育指导员制度。针对全民健身场地设施问题,新修订的《体育法》在第八章"保障条件"中,从规划设计、建设配置、开放管理等方面,细化了全民健身保障条件,从制度层面上解决了老百姓"健身去哪儿"的难题。

关于青少年和学校体育方面。为增强青少年体育健身意识,促进青少年身心健康和体魄强健,新修订的《体育法》将原第三章"学校体育"章名修改为"青少年和学校体育",提出"国家实行青少年和学校体育活动促进计划,健全青少年和学校体育工作制度",将青少年和学校体育置于优先发展的战略地位。为解决体育科目不受重视、体育课时经常被占用等问题,新修订的《体育法》明确要求学校必须开齐开足体育课,保障学生在校期间每天参加不少于一小时体育锻炼。针对青少年体质下降问题,新修订的《体育法》明确体育行政部门应当在传授体育知识技能、组织体育训练、举办体育赛事活动、管理体育场地设施等方面为学校提供指导和帮助,组织、引导青少年参加体育活动,预防和控制青少年近视、肥胖等不良健康状况。为厚植竞技体育后备人才基础,新修订的《体育法》要求体育行政部门配合教育行政部门推进学校运动队和高水平运动队建设。

关于竞技体育方面。新修订的《体育法》从体育竞赛管理、运动员权利保护、职业体育规范与促进等方面修改完善了竞技体育条款。特别是在运动员权利保护方面,多措并举,全面发力,规定对运动员实行科学、文明的训练,维护运动员身心健康;依法保障运动员接受文化教育的权利;依法保障运动员选择注册与交流的权利;对优秀运动员在就业、升学方面给予优待;加强对退役运动员的职业技能培训和社会保障,为退役运动员就业、创业提供指导和服务。为确保选用公廉,规定代表国家和地方参加国际、国内重大体育赛事的运动员和运动队,应当按照公开、公平、择优的原则选拔和组建。

关于体育产业方面。近年来,我国体育产业发展迅速、前景广阔,对调整经济结构、增加就业、培育新的经济增长点和满足人民群众多样化的体育需求具有重要意义。新修订的《体育法》明确了国家发展体育产业的基本立场和具体措施,在总则中规定国家支持体育产业发展,完善体育产业体系,规范体育市场秩序,鼓励扩大体育市场供给,拓宽体育产业投融资渠道,促进体育消费;专设"体育产业"一章,规定了体育产业发展规划、工作协调机制、体育产业范围,支持体育用品制造业、体育服务业和职业体育发展,支持地方发展具有区域特色、民族特色的体育产业,建立健全区域体育产业协调互动机制,鼓励社会资本投入体育产业,培养体育产业专业人才,完善体育产业统计体系等内容。

关于职业体育方面。职业体育是体育市场化、社会化发展的重要形态,既有竞技体育的特性,也有体育产业的属性。国务院相关政策文件中多次提出要推进职业体育改革,拓宽职业体育发展渠道,鼓励具备条件的运动项目走职业化道路,支持运动员、教练员职业化发展。新修订的《体育法》在第四章"竞技体育"中规定,国家促进和规范职业体育市场化、职业化发展,提高职业体育赛事能力和竞技水平;在第七章"体育产业"中规定,国家完善职业体育发展体系,拓展职业体育发展渠道,支持运动员、教练员职业化发展,提高职业体育的成熟度和规范化水平;职业体育俱乐部应当健全内部治理机制,完善法人治理结构,充分发挥其市场主体作用。这些规定为我国职业体育发展明确了方向。

关于反兴奋剂方面。党中央、国务院历来高度重视反兴奋剂工作,坚决维护体育运动的纯洁、健康和公平竞争,禁止在体育运动中使用兴奋剂。新修订的《体育法》新增"反兴奋剂"一章,规定国家建立健全反兴奋剂制度;县级以上人民政府体育行政部门会同相关部门对兴奋剂问题实施综合治理;国务院体育行政部门负责制定反兴奋剂规范;国家设立反兴奋剂机构;反兴奋剂机构依法公开反兴奋剂信息,并接受社会监督;国家根据缔结或参加的有关国际条约,开展反兴奋剂国际合作,履行反兴奋剂国际义务。这些规定再次表明了我国在反兴奋剂问题上的坚定立场和坚决态度。

关于弘扬中华体育精神方面。以"为国争光、无私奉献、科学求实、遵纪守法、团结协作、顽强拼搏"为主要内容的中华体育精神反映了我国体育事业的价值导向和文化追求,是中华优秀传统文化在中国体育实践中的具体体现,是中国精神的重要体现。新修订的《体育法》在总则中明确"弘扬中华体育精神",提出开展和参加体育活动遵循"诚实守信、尊重科学"等原则,在第四章"竞技体育"中明确"体育赛事实行公平竞争的原则",在第五章"反兴奋剂"中提出"国家提倡健康文明、公平竞争的体育运动"等。《体育法》对"中华体育精神"的规定和具体条款的落实,将进一步激发体育人使命在肩、奋斗有我的精神,为社会传递更多正能量,为中华民族伟大复兴提供凝心聚气的强大精神力量。

关于体育组织方面。体育组织是推动体育事业发展的重要力量,其法律定位及职责权限与体育管理体制改革和政府职能转变密切相关。新修订的《体育法》将"体育社会团体"修改为"体育组织",明确体育组织依照法律法规和章程开展体育活动;规定全国性单项体育协会(以下简称"单项协会")是依法登记的体育社会组织,明确其"制定相应项目技术规范、竞赛规则、团体标准,规范体育赛事活动"等业务范围;界定了体育行政部门与单项协会的关系,单项协会应当接受体育行政部门的指导和监管,强调单项协会的内部治理和行业自律。新修订的《体育法》从单项协会实体化改革的实践出发,为体育组织的健康发展提供了法治保障。

关于体育仲裁方面。建立独立的体育仲裁制度是《体育法》修订高度关注的重要问题。新修订的《体育法》增加"体育仲裁"一章,明确国家建立体育仲裁制度,及时、公正解决体育纠纷。该章规定了体育仲裁的原则、范围、程序等基本制度,确定了体育仲裁委员会的组建规则,明确了体育仲裁与体育组织内部纠纷解决机制、其他仲裁制度、法院司法管辖等的关系,规定了建立体育仲裁特别程序等。体育仲裁制度的建立,破解了长期以来困扰我国体育纠纷解决的制度障碍,有利于在体育领域中强化法律和规则意识,开辟新的权利救济渠道,及时、公正地解决体育纠纷,更好地保护当事人合法权益,同时也能在一定程度上避免国内纠纷国际化问题的出现。

关于监督管理方面。近年来,体育经营活动日益增多,体育市场蓬勃发展,但各类体育市场乱象也不断出现。为了加强体育行业监督管理工作,新修订的《体育法》增加"监督管理"一章,规定了体育行政部门和公安、市场监管、应急管理等部门的监督管理职责;明确了体育赛事活动组织者的安全保障义务,以及因突发事件及时中止体育赛事活动的"熔断机制";明确了建立体育项目管理制度,规定新设体育项目由国务院体育行政部门认定;建立完善了经营高危险性体育项目、举办高危险性体育赛事活动的行政许可制度;提出地方人民政府应当建立体育执法机制,为体育执法提供必要保障等。

关于对外体育交往方面。党的十八大以来,体育对外交往日趋活跃,体育对外工作不断深化,体育成为联通民心的重要桥梁。新修订的《体育法》将原总则中的"维护国家主权和尊严"修改为"维护国家主权、安全、发展利益和尊严",并增加"弘扬奥林匹克精神,支持参与国际体育运动",同时在附则中增加了一条规定,"任何国家、地区或者组织在国际体育运动中损害中华人民共和国主权、安全、发展利益和尊严的,中华人民共和国可以根据实际情况采取相应措施",以上规定强调了国家鼓励开展对外体育交往,弘扬奥林匹克精神,维护国家主权、安全、发展利益和尊严,推动构建人类命运共同体。

(二)《体育赛事活动管理办法》修订公布

《体育赛事活动管理办法》(国家体育总局令第31号)(以下简称《赛事管理办法》)于2022年12月22日审议通过,自2023年1月1日起施行。本次《赛事管理办法》的修订是贯彻实施新修订的《体育法》的重要举措,对持续深入推进体育赛事活动"放管服"改革、防范化解体育赛事活动安全风险隐患、完善体育赛事活动监管机制、加快推进体育强国建设具有重要意义。

1.《赛事管理办法》修订的背景和过程

《赛事管理办法》最早于2019年11月1日由体育总局通过,并自2020年5月1日起施行。随后,体育总局联合相关部门陆续出台了《关于加强体育赛场行为规范管理的若干意见》(体规字〔2021〕2号)、《关于进一步加强体育赛事活动安全监管服务的意见》(体规字〔2021〕3号)等文件。两年多来,《赛事管理办法》等一系列政策法规文件在确保体育赛事活动规范有序开展、保障体育赛事活动各方合法权益、调动社会力量举办体育赛事活动的积极性、提高体育治理体系和治理能力现代化水平等方面发挥了重要作用。然而,新修订的《体育法》增加了许多有关体育赛事的规定,条文中有37处涉及"体育赛事"或"体育赛事活动",因此,为贯彻落实新修订的《体育法》,有必要对《赛事管理办法》进行修订完善。

2022年4月,体育总局启动《赛事管理办法》修订工作,在梳理整合相关文件、调研现行《赛事管理办法》执行落实情况的基础上,对高危险性体育赛事活动许可、体育赛事活动组织、体育赛事活动服务保障、体育赛事活动监督管理、体育赛事活动法律责任等重点问题进行研究,反复斟酌,完成了《赛事管理办法》修订稿的起草工作;9月,征求全国体育系统意见;11月7日至12月7日,通过司法部中国政府法制信息网征求社会各界意见。经过深入研究和吸收采纳各方面意见,不断修改完善,最终形成新修订的《赛事管理办法》。

2.《赛事管理办法》修订的总体思路

体育总局政策法规司负责人在解读新修订的《赛事管理办法》时指出,《赛事管理办法》修订的总体思路主要体现在三个方面:一是坚持以人民为中心。着眼于满足人民群众日益增长的多层次、多样化的参赛和观赛需求,着眼于增强人民群众参与体育赛事活动的获得感、幸福感,推动体育赛事活动健康有序发展。二是坚持统筹发展与安全。建立体育赛事活动"熔断"机制,制定高危险性体育赛事活动许可制度,细化风险防范、应急处置等相关保障措施,提出促进和支持体育赛事活动发展的具体措施,切实推动体育赛事活动繁荣发展。三是坚持逐步完善监管。加强体育赛事活动制度化、标准化、规范化建设,完善体育赛事活动监管、法律责任相关条文,推动形成覆盖赛前、赛中、赛后全流程的体育赛事活动监管工作机制,维护体育赛事活动秩序。

3.《赛事管理办法》修订的主要内容

新修订的《赛事管理办法》共 8 章 64 条,较修订前增加 1 章 17 条,修订后分为总则、体育赛事活动申办和审批、高危险性体育赛事活动许可、体育赛事活动组织、体育赛事活动服务、体育赛事活动监管、法律责任和附则。具体修订内容包括以下几个方面:一是增加行政许可。根据《体育法》第 106 条关于举办高危险性体育赛事活动实施行政许可制度的要求,增加一章"高危险性体育赛事活动许可",明确举办高危险性体育赛事活动的申请条件、审批程序、监督检查等规定。二是完善赛事组织。在第四章"体育赛事活动组织"增加相关条款,完善赛事组织规定,如明确做好体育赛事活动志愿者的招募、培训、保障和激励等工作;完善体育赛事活动保险制度;明确未经体育赛事活动组织者等相关权利人许可,不得以营利为目的采集或者传播体育赛事活动现场图片、音视频等信息;建立体育赛事活动"熔断"机制,明确体育赛事活动组织者启动"熔断"机制的情形;进一步规范体育赛事活动相关人员的办赛、参赛、观赛义务;明确体育赛事活动广告和宣传内容应当确保合法、真实、健康、向上等。三是健全服务保障。在第五章"体育赛事活动服务"明确地方体育行政部门统筹规划体育赛事活动的职责,鼓励地方体育行政部门会同有关部门发挥体育赛事活动的拉动作用,促进产业融合发展;明确地方体育行政部门应当联合有关部门建立健全体育赛事活动应急工作机制;鼓励地方体育行政部门加强体育赛事活动信息服务;要求体育总局各运动项目管理中心、单项协会制定并公布本项目体育赛事活动的竞赛规则、办赛指南、参赛指引以及场地器材标准、安全防范要求和赛场行为规范等,细化体育赛事活动"熔断"技术条件;增加体育赛事活动志愿服务规定。四是加强监督管理。在第六章"体育赛事活动监管"明确体育行政部门应当对赛事活动场地实施现场检查,查阅、复制有关合同、票据、账簿,检查赛事活动组织方案、安全应急预案等材料;加强对所辖区域内体育赛事活动的信息收集,提出整改意见;向社会推介组织规范、运行良好、保障到位、整体水平高的体育赛事活动。五是强化法律责任。依照新修订的《体育法》,增加对体育赛事活动组织者违规行为、利用体育赛事从事赌博活动、违规使用兴奋剂等问题的法律责任规定,增加对处理决定不服发生纠纷时可申请救济的规定,同时修订部分处罚条款。

体育赛事活动是体育事业发展的重要抓手,各级体育行政部门、运动项目管理中心和协会都要履行好各自职责,认真做好新修订的《赛事管理办法》实施工作,积极更新完善各级各类体育赛事活动管理的政策法规和制度标准规范,加强对《赛事管理办法》的学习、宣传和培训,确保体育赛事活动有序开展。

(三)《中国体育仲裁委员会组织规则》《体育仲裁规则》审议通过

新修订的《体育法》通过后,我国体育法治建设的重心转向以《体育法》为中心统摄我国体育事业发展,完善我国体育法律规范体系。新修订的《体育法》增加的新制度,需要相关配套立法来实现。在部门规章层面,2022年12月,体育总局发布了新制定的《中国体育仲裁委员会组织规则》(以下简称《组织规则》)、《体育仲裁规则》(以下简称《仲裁规则》),贯彻落实习近平总书记重要指示精神和党中央决策部署,符合立法及时性、科学性、民主性的要求。

1.《组织规则》《仲裁规则》的制定背景

2022年6月24日,新修订的《体育法》经中华人民共和国主席习近平签署主席令正式颁布。《体育法》第九章新增了"体育仲裁"专章,其中第91条规定:"国家建立体育仲裁制度,及时、公正解决体育纠纷,保护当事人的合法权益。体育仲裁依法独立进行,不受行政机关、社会组织和个人的干涉。"第93条第1款规定:"国务院体育行政部门依照本法组织设立体育仲裁委员会,制定体育仲裁规则。"上述规定明确了国家建立体育仲裁制度,国务院体育行政部门设立体育仲裁委员会,并制定体育仲裁规则的职责。《组织规则》

《仲裁规则》的制定和实施,对于尽快建立体育仲裁委员会,尽早实施体育仲裁制度,推动体育事业有序健康发展,助力体育强国和健康中国建设具有重要意义。

《组织规则》和《仲裁规则》于2022年12月22日经体育总局第2次局务会议审议通过,并于2023年1月1日与新修订的《体育法》同步施行。《组织规则》是体育总局在党的二十大胜利闭幕以后颁布的专门规范中国体育仲裁委员会的部门规章。《组织规则》共5章,27条,对中国体育仲裁委员会的组成方式、运转原则、职责范围、议事规则、专门委员会设置和经费来源等方面作了明确规定,为构建中国体育仲裁治理体系提供了基本遵循。《仲裁规则》直接规范仲裁活动,就体育仲裁案件受理范围、体育组织内部解决机制前置、举证责任分配、司法强制力保障、临时措施等内容进行了规定。《仲裁规则》联通各种体育纠纷救济方式,规范当事人在仲裁活动中的权利义务,担负着化解体育纠纷、保障当事人合法权益、维护公平正义的重要使命,在中国特色体育仲裁制度中具有极为重要的地位。

2.《组织规则》《仲裁规则》的指导思想和基本思路

《组织规则》《仲裁规则》以习近平新时代中国特色社会主义思想为指导,深入贯彻习近平法治思想,坚持以人民为中心,坚持问题导向,坚持理论联系实际,为建立健全中国特色体育仲裁制度,及时、公正解决体育纠纷,维护体育发展良好秩序创造了制度基础。《组织规则》《仲裁规则》重点把握了以下基本思路:

其一,以我国体育改革发展为基础,体现中国体育仲裁特色。体育纠纷解决不仅关系到各类体育主体权益保障,也是我国体育改革发展顺利进行的重要支撑。《组织规则》《仲裁规则》紧扣我国体育治理实际情况,推动构建现代化体育仲裁制度体系,建立符合我国实际的体育仲裁委员会治理结构;把握推进体育治理体系和治理能力现代化建设的现实需求,借鉴民商事仲裁规则体例,合理安排具体仲裁规范;结合我国仲裁制度的实际,坚持体育仲裁与司法监督、保障相适应,实现体育仲裁与民商事仲裁、劳动争议仲裁的有效衔接。

其二,以专业、即时为特性,回应体育纠纷解决需求。体育纠纷解决具有较强的专业性、时效性,需要明确、翔实的规定。《组织规则》《仲裁规则》借鉴国内外成功经验,明确体育仲裁委员会组成人员结构,规定体育仲裁委员会职责事项,从制度上保障体育仲裁的鲜明特色;明晰仲裁员任职条件,兼顾体育和法律专业经验,优化仲裁庭人员结构;设立专门的反兴奋剂仲裁员名册,强化体育仲裁的专业性;合理确定仲裁庭的裁决期限,确保体育仲裁的时效性;规定仲裁员培训与考核标准;完善适用于重大体育赛事活动期间的特别程序。

其三,以保持独立性为原则,与国际体育纠纷解决体系相衔接。体育仲裁的核心在于独立性,这也是未来体育仲裁事业进一步发展的内在需要。《组织规则》《仲裁规则》汲取国际上的有益经验,在保障体育仲裁委员会组成人员广泛性的基础上,进一步明确体育仲裁委员会的独立性;通过对仲裁员选聘、仲裁活动的明确规定,强调体育仲裁的独立性,强调"一裁终局"的裁决效力;高度关注我国缔结或参加的国际条约,确保体育仲裁规则不违反国际条约的强制性要求;着力推动我国体育仲裁与国际体育纠纷解决体系的对接,促进提升我国体育仲裁裁决的国际影响力。

3.《组织规则》《仲裁规则》的主要内容

《组织规则》共5章27条,分别为总则、体育仲裁委员会、仲裁员、监督管理和附则。第一章"总则"规定《组织规则》的制定目的与制定依据、体育仲裁依法独立运行等基础性内容;明确体育仲裁委员会由体育总局依法设立,其所在地为北京市。第二章"体育仲裁委员会"规定了体育仲裁委员会的组成方式与原则、职责范围、议事规则、经费来源等事项;规定根据工作需要,体育仲裁委员会可设置专门委员会;明确处理纠纷案件实行仲裁庭制度。第三章"仲裁员"规定仲裁员依法享有的权利和应当履行的义务,仲裁员由体育仲裁委员会聘任,聘期一般为四年,独立处理体育纠纷,不受行政机关、社会组织和个人的干涉;体育仲裁委员会制定仲裁员聘任和管理办法、培训和考核标准;仲裁员有义务参加聘前培训和履职培训,不断提高履职能力;体育仲裁委员会负责仲裁员考核,考核结果作为解聘和续聘仲裁员的依据。第四章"监督管理"规定体育仲裁委员会的监督职责,强调不得干涉具体案件;列举解聘仲裁员的情形和仲裁员不得从事的行为,并明确了办案辅助人员的履职要求和工作纪律。第五章"附则"规定体育仲裁委员会对外交流的互惠原则和《组织规则》的施行日期。

《仲裁规则》共8章78条,分别为总则、受案依据和管辖权、申请和受理、仲裁庭、审理、决定和裁决、特别程序以及附则。第一章"总则"规定基础性、原则性内容。明确北京市为中国体育仲裁委员会所在地与仲裁地,便于集中受理案件;严格遵守《体育法》规定的仲裁范围;明确体育仲裁适用的仲裁规则;要求体育仲裁委员会建立《中国体育仲裁委员会仲裁员名册》,并可针对纠纷的类型设立专门的仲裁员名册;要求体育仲裁委员会仲裁员应当公道正派,并规定仲裁员应当符合的具体条件;阐明送达方式与期限计算,以便减少争议、提高效率。第二章"受案依据和管辖权"规定体育仲裁委员会受理案件的依据与管辖权。借鉴国内民商事仲裁实践经验,明确仲裁协议包括合同中订立的仲裁条款和其他书面形式的具有仲裁意思表示的协议,确定仲裁协议独立性原则;以现实需求为导向,将体育赛事报名表、参赛协议或竞赛规程中的体育仲裁条款作为申请体育仲裁的依据;允许体育仲裁委员会自行判断体育组织内部救济是否及时,体育仲裁委员会可以在内部纠纷解决机制未及时处理纠纷的情况下受理案件,保护当事人权益;规定体育仲裁委员会有权对仲裁协议的存在、效力以及仲裁案件的管辖权作出决定,避免因管辖权争议造成不必要的迟延。第三章"申请和受理"规定当事人申请仲裁与体育仲裁委员会受理案件的具体程序;规定当事人可以委托中国或外国的仲裁代理人办理有关仲裁事项。第四章"仲裁庭"规定仲裁庭组成人数、组成方式、组庭通知以及仲裁员披露义务、回避、仲裁员替换等事项;要求与反兴奋剂有关的体育仲裁中必须有《反兴奋剂仲裁员名册》中的仲裁员,且至少有一名具有法学背景或法律专业经验的仲裁员。第五章"审理"规定审理方式、不公开审理原则、缺席审理、举证责任、调解与和解等内容。除非当事人另有约定,仲裁庭有权决定采取适当的方式审理案件;明确仲裁不公开进行的原则,以及允许公开的例外情形;申请人经书面通知,无正当理由不到庭或者未经仲裁庭许可中途退庭等情形的处理方式;保障运动员权利,对因不服体育社会组织、运动员管理单位、体育赛事活动组织者的处理决定而申请仲裁的案件,上述主体也应当对其处理决定的依据承担举证责任;规定仲裁庭可以在仲裁程序中对案件进行调解,双方当事人也可以自行和解。第六章"决定和裁决"规定作出决定和裁决的方式与期限、部分裁决与中间裁决、裁决的效力和履行、裁决书的补正与补充裁决、重新仲裁等内容。着眼体育纠纷解决的客观需要,仲裁庭可以依据体育组织自治规则作出裁决。第七章"特别程序"规定适用于重大体育赛事活动期间或开幕式前十日内仲裁活动的特别程序,在保障当事人仲裁权利的前提下,补充、调整常规程序,提高仲裁效率。明确适用特别程序的纠纷范围;应重大体育赛事活动组委会邀请,体育仲裁委员会可在赛事活动期间设立《特别程序仲裁员名册》;允许以电话通知的方式送达;简化仲裁庭组成方式,由主任直接指定仲裁员;当事人在知道或应当知道仲裁员存在回避情形时应立即提出回避;授权主任可合并有关联的待决案件;仲裁庭应采取其认为适当的方式组织仲裁程序;依据特别程序作出的裁决是终局裁决。第八章"附则"规定其他附属事项。明确临时措施的具体程序由体育仲裁委员会制定;将中文确定为仲裁语言,同时允许当事人约定英文为仲裁语言;规定当事人应当缴纳仲裁费用;规定自然日和工作日在该规则中的区别以及该规则的施行时间。

(四)其他主要体育立法性事件

2022年,我国中央和地方综合性及专门性体育立法涵盖了全民健身、体育产业、重点群体体育保障等重点议题,全面回应了我国体育发展的现实关切。

在全民健身方面,中共中央办公厅、国务院办公厅于2022年3月印发《关于构建更高水平的全民健身公共服务体系的意见》(中办发〔2021〕61号),提出进一步发挥政府作用,激发社会力量积极性,优化资源布局,扩大服务供给,构建统筹城乡、公平可及、服务便利、运行高效、保障有力的更高水平的全民健身公共服务体系。2022年10月,体育总局、发展改革委会同工业和信息化部、自然资源部、住房和城乡建设部、文化和旅游部、林草局、国铁集团等共同印发《户外运动产业发展规划(2022—2025年)》,使户外运动成为促进人民群众身心健康、提升获得感和幸福感的重要力量。

2022年,我国多地均制定或修订了具有地方特色的地方性全民健身条例,如《泰州市全民健身条例》(泰州市第六届人民代表大会常务委员会公告第003号)、《天津市全民健身条例》(天津市人民代表大会常务委员会公告第117号)、《青海省全民健身条例》(青海省人民代表大会常务委员会公告第67号)、《湖北省全民健身条例》(湖北省人民代表大会常务委员会公告第319号)、《福建省全民健身条例》(福建省人民代表大会常务委员会公告〔十三届〕第68号)、《贵阳市推进全民健身规定》(贵阳市人民代表大会常务委员会公告第6号)、《日照市全民健身促进条例》(日照市第十八届人民代表大会常务委员会公告第103号)。

在体育产业方面,2022年度我国既就体育产业发展的实体性问题制定了专门性规定，如文化和旅游部、国家发展改革委、体育总局于2022年1月联合印发的《京张体育文化旅游带建设规划》（文旅资源发〔2022〕19号），体育总局办公厅发布的《关于体育助力稳经济促消费激活力的工作方案》，文化和旅游部、中央文明办、发展改革委等14家部委于2022年11月联合印发的《关于推动露营旅游休闲健康有序发展的指导意见》等；又就体育产业发展的程序性要求进行了明确，如体育总局办公厅发布的《关于开展2022年国家体育产业基地申报工作的通知》（体经字〔2022〕258号）等。在地方立法层面，各地充分发挥地方体育产业资源，强力推动体育产业高质量发展。例如，成都市人民政府办公厅发布《关于加快建设世界赛事名城赋能体育产业高质量发展的实施意见》（成办规〔2022〕6号），加快推进成都世界赛事名城建设，打造国际化成都体育赛事IP，赋能成都体育产业融合、智慧、品牌发展。天水市人民政府办公室印发《关于促进全民健身和体育消费推动体育产业高质量发展的实施意见》（天政办发〔2022〕46号），以进一步激发全民健身热情，培育体育消费市场。

重点群体体育保障类立法主要针对老年人、农村群体、残疾人及青少年等重点人群开展。在老年人体育方面，体育总局响应中共中央、国务院《关于加强新时代老龄工作的意见》（中发〔2021〕42号）关于"提升老年文化体育服务质量"的要求，于2022年4月出台《关于进一步做好老年人体育工作的通知》（体群字〔2022〕75号），建立健全老年人体育政策、丰富老年人赛事活动、扩大老年人场地设施供给、健全老年人体育组织、加强老年人科学健身指导，持续推动老年人体育工作高质量发展。

在农村群体体育方面，农业农村部、体育总局、国家乡村振兴局于2022年6月联合发布《关于推进"十四五"农民体育高质量发展的指导意见》（农社发〔2022〕3号），统筹推进"十四五"时期农民体育高质量发展。在残疾人体育方面，2022年3月，国务院新闻办公室发布《中国残疾人体育事业发展和权利保障》白皮书，将残疾人事业纳入"五位一体"总体布局和"四个全面"战略布局，使残疾人"平等、参与、共享"的目标得到更好实现，残疾人获得感、幸福感、安全感持续提升。在青少年体育方面，我国继续推进体教融合贯彻落实。2022年1月24日，体育总局办公厅印发《关于征求〈青少年体育俱乐部基本要求〉行业标准（征求意见稿）意见的通知》，对场地设施要求、青少年培训活动要求、服务管理要求、监督与改进等方面作了具体要求。2022年6月

14日,体育总局办公厅、教育部办公厅与发展改革委办公厅下发《关于提升学校体育课后服务水平 促进中小学生健康成长的通知》,引导支持体校、体育俱乐部等专业力量进入校园开展课后体育服务,促进"双减"政策落到实处,通过多方聚力促进青少年健康成长。在地方立法层面,各地结合实际情况,就重点群体体育保障开展地方立法,将全民健身计划覆盖社会所有群体,保障各类人群体育权益。

在体育监督方面,新修订的《体育法》新增第十章"监督管理",填补了体育法领域行政监督的空白,从立法层面厘清了依法治体的逻辑和规范,开启了依法治体新篇章。在地方立法层面,湖北省制定《湖北省体育局"互联网+监管"2022年度监管计划》《2022年全省体育系统"双随机、一公开"抽查计划和实施方案》,进一步强化对体育监管事项的指导。四川省修订《四川省体育局互联网信息发布管理实施办法》,强化信息发布审核,切实把好政治关、政策关和文字关。常态化开展巡检工作,加强信息公开内容和公开载体的日常监管,引入第三方检索评估机制,及时发现人工审核错漏并实施整改。

二、体育法治实施概况

(一)体育行政执法年度概况

体育行政执法是国家及地方体育行政机关在其法定的职责范围内,将体育法律法规具体贯彻,适用于特定对象或案件的活动。习近平总书记强调,推进全面依法治国,法治政府建设是重点任务和主体工程,对法治国家、法治社会建设具有示范带动作用,要率先突破。2022年12月22日审议通过的《赛事管理办法》,持续深入推进体育赛事活动"放管服"改革成为本次修订的主基调。2022年度,我国各级体育行政部门通过"放管服"改革进一步厘清权力边界,规范体育执法工作。新冠肺炎疫情之下,虽然国内外重大体育赛事的举办、大型体育项目活动的开展受到阻碍,体育行政执法工作也在一定程度上遭受冲击,但2022年度体育行政执法工作仍有很多可圈可点之处。

1. 国家体育行政部门依法全面履行政府职能

加强行政许可规范化管理。依法依规开展审批,全年办理携带运动枪支弹药出入境和攀登7000米以上山峰行政许可共计29件次,并及时在体育总局网站进行公示。实行行政许可事项清单管理,按照国务院办公厅相关要求,全面梳理体育总局主管的8项行政许可事项,逐项分列子项和业务办理项,完善行政许可实施要素。

推进"证照分离"改革试点工作。印发体育总局办公厅《关于对在自由贸易试验区推行经营高危险性体育项目许可告知承诺制情况开展评估的函》(体政字〔2022〕87号),组织开展对体育总局"证照分离"改革和在自由贸易试验区推行"证照分离"改革试点的自评估工作,向司法部、市场监管总局报送相关评估报告。

加强体育项目管理制度建设。印发体育总局《关于进一步加强体育项目管理制度建设工作的通知》(体规字〔2022〕5号),明确任务清单和工作职责,加强体育项目规范管理。印发体育总局办公厅《关于加强体育项目管理制度建设督办工作的通知》(体政字〔2022〕75号),梳理汇总各体育项目管理中心和单项协会现行的制度标准规范约1400项,形成750余项任务清单,建立每月两次通报的督办工作机制。

出台体育赛事活动安全监管相关文件。为提升体育赛事活动安全监管水平,确保人民群众生命安全、身体健康和财产安全,印发《关于建立健全体育赛事活动"熔断机制"的通知》(体规字〔2022〕3号)、《关于进一步加强户外运动项目赛事活动监督管理的通知》(体规字〔2022〕4号),抓紧抓实赛事活动安全监管,推动"管行业必须管安全"落实落地。

印发高危险性体育赛事活动管理相关文件。为贯彻实施新修订的《体育法》,推动高危险性体育赛事活动许可制度落地生效,印发《高危险性体育赛事活动目录(第一批)》《关于做好高危险性体育赛事活动管理工作的通知》。

起草假球查处和认定政策文件。联合公安部印发《关于严肃查处赌博、假球等违规违纪违法行为 切实强化行业自律自治的通知》,并在中国体育报、体育总局网站公布政策解读文章。组织研究近五年体育赛事活动中赌博、假球相关情况,草拟假球认定标准等相关文件。

2. 发挥地方主观能动性,全面落实行政执法"三项制度"

自体育总局办公厅2019年印发《国家体育总局贯彻落实行政执法公示制度执法全过程记录制度重大执法决定法制审核制度实施方案》以来,各地充分发挥主观能动性,全面落实行政执法"三项制度",助力行政执法规范化。2022年,我国各级体育行政部门按照依法行政的相关文件要求,全面落实行政执法公示制度、执法全过程记录制度、重大执法决定法制审核制度,形成权威高效的行政执法体系和职责明确、依法行政的政府治理体系,确保行政主体依法履行法定职责,有效制约执法自由裁量权,充分保护群众合法权益。

例如,天津市河东区体育局为完善案件办理流程,落实重大执法决定法制审核制度,创新性地建立了办案科室初审、局党组班子审议的两级"案审会"机制,简易案件由执法科室进行法制审核处罚,一般程序案件由办案科室进行初审后再提交局党组班子集体讨论后形成会议纪要,做到了重大行政执法决定两次讨论审核的工作模式,极大地规范了行政处罚自由裁量空间,起到了很好的法制审核效果。

北京市体育局贯彻落实行政执法"三项制度",对法制工作人员进行"三项制度"专项培训。推行行政执法公示制度,在局网站设立行政执法信息公示专栏,执法信息实时、定期公示;推行执法全过程记录制度,要求执法人员执法过程全记录,规范执法行为;推行重大执法决定法制审核制度,严格对照《北京市体育局重大执法决定法制审核目录》,作出重大行政决策前进行集体讨论、专家论证,防控决策风险。吉林省体育局在每年度的体育政策法规工作培训班中,将"三项制度"作为重要内容加强培训;利用体育局官方网站、普法移动短信息等平台,加强对"三项制度"的宣传;对工作中发现的问题及时总结,督促整改,造成重大不良后果的,依纪依法对责任人予以问责。

黑龙江省体育局推进行政执法"三项制度"落实。推行行政执法公示制度,在黑龙江政务服务网对黑龙江省体育局行政权力清单8项权力的行政执法主体权限、依据、程序、服务指南、流程图等信息公开发布,并在省体育局网站公布。推行执法全过程记录制度,整个执法过程实现全面系统归档保存,做到执法全过程留痕和可回溯管理。2022年,黑龙江省体育局对滑雪场、游泳馆安全检查36次,均有详细、完整的检查记录和签字。推行重大执法决定法制审核制度,实行重大行政决策公众参与、专家论证、风险评估、合法性审查、集体讨论、终身责任追究制度,有效维护自身合法权益。

3. 探索加强执法监督,扎实推进行政执法工作规范化

2022年,在体育行政执法改革探索的基础上,我国各级体育行政部门进一步整合理顺执法职能配置,建立健全体育与公安、市场、信访、民政、街道等其他相关单位的执法联动协调机制,规范执法流程、文书等,扎实推进行政执法工作规范化建设。同时,进一步探索加强执法监督,完善体育行政权力的监督运行机制,打造"阳光政府"。

多地已制作体育行政执法情况工作报告,并通过多种途径公示体育行政执法有关信息。例如,广西壮族自治区公布了《2022年度自治区体育局行政执法统计年报》、杭州市公布了《杭州市体育局2022年度行政执法统计年报》,上述年报内容包括2022年度行政执法数据表,即行政处罚实施情况统计表、行政许可实施情况统计表、行政强制实施情况统计表、其他行政执法行为实施情况统计表,以及2022年度行政执法总体情况。

也有地区在年度法治政府建设工作报告中公示了年度体育执法情况,例如,黑龙江省体育局在《黑龙江省体育局2022年法治政府建设情况报告》中公布,2022年度体育领域共有行政处罚7项,不予行政处罚事项5项,从轻、减轻行政处罚事项各7项。广西壮族自治区体育局也在《自治区体育局2022年度法治政府建设工作情况》中就推进重点领域"放管服"改革的工作情况进行了公示:全年收到群众网上申办信息84条,利用一体化平台受理并办理一级、二级运动员等级证书3批次121人,举办培训105期,培训国家级社会体育指导员74名、一级942名、二级6796名、三级1822名,培训人次近12000名,授证共9634名。

4. 开展普法培训,提高体育行政执法水平

一支素质过硬的执法队伍是公正文明执法的先决条件,对保障体育行政执法社会效果,推进体育强国建设至关重要。2022年度,我国各地按照职权法定、权责一致的原则,依托法治宣传培训机制,加强行政执法人员的思想和政治素质教育、法律和业务素质培训,加强实务锻炼,努力造就一支公正、廉洁、高效的体育行政执法队伍。为进一步增强体育系统行政执法人员依法行政的意识和能力,提高执法主体严格规范公正文明执法的能力和水平,全面推行行政执法"三项制度",多地举办体育系统行政执法工作培训,邀请专家就体育依法行政相关问题进行授课,对促进行政执法部门严格规范公正文明执法,持续推进法治政府建设起到了积极作用。

2022年,各地体育局结合优化营商环境、促进体育设施保护开放、保障行政执法人员依法行政、增强反兴奋剂意识、宣传普及各项管理规定等重点工作面向系统开展普法培训。例如江苏省体育局突出"关键少数",狠抓重点对象学法用法;建立领导干部应知应会法律法规清单制度,把领导干部的应知应会法律学习情况作为其学法基本任务、法治素养评估基本依据和年度述法基本内容,提高领导干部这一"关键少数"依法领导体育工作、带头遵守体育

法律法规的自觉性和主动性。湖南省体育局结合喜迎党的二十大和现行宪法颁布40周年，统筹开展纪念现行宪法公布施行40周年系列活动，组织单位党员干部、广大职工学习宪法知识，推动单位干部职工增强宪法法律意识，依宪依法依规履职。

(二)体育司法概况

司法将国家公权力作为后盾，其基本功能的实现体现在借助公共权力为各种法律争端提供终局性、最具权威性的解决方案，并以国家机器保障其实现。梳理2022年度体育司法的相关判例可以发现，2022年度体育领域诉讼主要涉及以下几类纠纷。

1. 球员、教练员与俱乐部的劳动纠纷

通过检索"中国裁判文书网"发现，2022年体育领域司法诉讼案件集中于民事领域，而对相应民事诉讼进行梳理后发现，纠纷主要集中在劳动争议领域。例如，臧英博与天津杨程足球运动俱乐部等劳动争议案[(2022)津01民终1757号]、César Domingo Mendiondo López与大连卓胜足球俱乐部有限公司劳动争议案[(2022)辽02民终8887号]、张艳玉与广州足球俱乐部股份有限公司劳动争议案[(2022)粤01民终5261号]、郭文君与广州足球俱乐部股份有限公司劳动争议案[(2022)粤01民终5262号]等。

在臧英博与天津杨程足球运动俱乐部等劳动争议案[(2022)津01民终1757号]中，一审及二审人民法院均认定教练员臧英博与天津杨程足球俱乐部之间的法律关系为劳动关系性质，属于符合法律规定的非全日制用工形式。同样，在César Domingo Mendiondo López与大连卓胜足球俱乐部有限公司劳动争议案[(2022)辽02民终8887号]中，球员César Domingo Mendiondo López与大连卓胜足球俱乐部有限公司签署了《工作合同》及《补充协议》，法院仍然将其法律关系定性为劳动关系。

2. 体育知识产权侵权纠纷

2022年，体育产业领域发生了多起与知识产权相关的案例，如制售盗版"冰墩墩""雪容融"案、中篮联(北京)体育有限公司(CBA)诉哔哩哔哩网站(B站)管理公司侵害作品信息网络传播权及不正当竞争纠纷案、涉卡塔尔世界杯侵权纠纷案，等等。这些案例显示了在体育产业发展、市场交易活跃的情况下，在大众传媒，尤其是互联网平台和自媒体等新媒体参与下，不同类型的体育相关知识产权争议不断出现，其中存在亟须厘清的法律问题。

新修订的《体育法》关于"未经体育赛事活动组织者等相关权利人许可,不得以营利为目的采集或者传播体育赛事活动现场图片、音视频等信息"的规定,在立法保护体育赛事转播权方面首开先河。但值得注意的是,体育赛事除能够创造经济价值外,还有多方面的社会价值。如何平衡对赛事组织者等权利人的权利保护与重大体育赛事的公共产品属性,仍然有待探讨。

3. 体育领域反垄断纠纷

"涉中超联赛图片"滥用市场支配地位纠纷案成为2022年度反垄断典型案例,此案经上海知识产权法院一审,后经最高人民法院二审。最终,最高人民法院认为,反垄断法预防和制止滥用权利以排除、限制竞争的行为,但是由权利内在的排他属性所形成的"垄断状态"并非权利滥用行为。中超公司、映脉公司在中超联赛图片经营市场具有市场支配地位,但中超公司通过公开招标方式选择授权映脉公司独家经营2017—2019年中超联赛图片资源,在程序上体现了竞争;该经营权独家授予是竞争的应然结果,且有其合理理由,不具有反竞争效果。同时,中超联赛图片用户(需求方)只能向映脉公司购买该赛事图片,系基于原始经营权人中国足协依法享有的经营权并通过授权形成的结果,符合法律规定且有合理性,该限定交易情形有正当理由。

"涉中超联赛图片"滥用市场支配地位纠纷案影响广泛,关注度极高,不仅涉及中超等体育领域,也是反垄断领域的重大案例。最高人民法院清晰严谨的终审判决,特别是判决中对"中超公司、映脉公司经营中超联赛图片的权利属性""相关市场的界定""中超公司、映脉公司是否具有市场支配地位""中超公司、映脉公司是否实施了滥用市场支配地位的行为"等争议焦点细致入微的分析论证,不仅使该案的判决成为优秀的裁判文书,更对日后反垄断案件的审理起到重要的指引和规范作用。此次最高人民法院将该案作为十起人民法院反垄断典型案例之一予以发布,更加肯定了该判决的司法观点和价值导向。这一案件以判决的方式明确了排他性民事权利的不正当行使才可能成为反垄断法预防和制止的对象,而民事权利的排他性或者排他性民事权利本身并不是反垄断法预防和制止的对象,这对于厘清排他性民事权利的行使边界、保障企业的合法经营具有重要价值。

4. 体育刑事纠纷

2022年2月14日,中宣部版权管理局副局长汤兆志在全面加强冬奥知识产权保护专场发布会上介绍,北京快侦、快诉、快判一起制售盗版冬奥吉祥物冰墩墩、雪容融玩偶案。2021年11月至12月间,任某在没有取得北京冬奥组委授权情况下,自行制作"冰墩墩""雪容融"玩偶皮,填充棉花后缝制成冬奥会、冬残奥会吉祥物形象,并通过网店对外出售非法获取高额利润。最终,犯罪嫌疑人任某被判处有期徒刑1年,并处罚金4万元,成为全国首例侵犯北京冬奥吉祥物形象著作权刑事案件。

相关部门对侵犯奥运吉祥物形象著作权刑事案件的处罚,旗帜鲜明地体现了我国对冬奥知识产权坚决予以保护的司法立场,体现了我国作为一个负责任的大国,在强化冬奥知识产权保护中应有的担当。这种通过刑事责任严惩侵犯冬奥知识产权行为的做法,既有利于遏制冬奥知识产权侵权行为,也能提升我国依法保护冬奥知识产权的国际形象。

2022年11月26日,据湖北省纪委监委网站消息称,中国国家男子足球队原主教练李铁涉嫌严重违法,接受中央纪委国家监委驻体育总局纪检监察组和湖北省监委监察调查。据报道,李铁涉嫌不正当交易和操纵比赛。操纵比赛严重影响了足球的健康发展,不仅伤害了广大球迷的感情,破坏了足球发展的市场环境,制约了足球国家队水平的提高,还玷污了中国足球形象,败坏了社会风气,必须坚决予以打击。

三、体育法治监督年度概况

严密的法治监督体系是中国特色社会主义法治体系的重要组成部分,是加强对权力运行制约和监督的必然要求。当前,我国体育法治监督主要包括国家权力机关的监督、行政机关的监督、社会监督以及党的监督。

(一)国家权力机关的监督

人民代表大会是我国的国家权力机关,根据我国《宪法》规定,全国人大和地方各级人大有监督法律实施的职权。人大监督作为国家权力机关代表国家和人民进行的监督,是党和国家监督体系的重要组成部分。在2021年10月召开的中央人大工作会议上,习近平总书记强调,要用好宪法赋予人大的监督权,实行正确监督、有效监督、依法监督。

各级人大代表就人民密切关心的问题向有关部门提出建议、质询是人大监督的表现形式。2022年北京市体育局共答复市十五届人大五次会议的代表提出的9项建议,答复内容涉及倡导在全市大力开展冰雪运动;将延庆区作为冰雪运动教育培训基地；开放京郊山区户外越野活动；促进北京冰雪体育消费发展；公共体育设施收费偏高；设立冰雪运动日打造双奥之城文化金名片；推动冬奥赛后场馆利用，持续提升双奥文化影响力；推进学校体育设施向社会开放；进一步拓展校园文体活动场所供给。2022年重庆市体育局共答复市五届人大五次会议的代表提出的3项建议，答复内容涉及关于加快推动重庆国际小球赛事中心项目建设的建议、关于加强青少年体育发展的建议、关于将全民健身融入重庆市老旧小区改造的建议。各级人大代表就人民密切关心的问题向有关部门提出建议、质询，表达了人民群众的现实关切，也督促体育行政部门落实《体育法》规定，保障公民体育权益。

(二)行政机关的监督

2022年，各级体育行政部门进一步加强体育行政监督检查工作。多地体育行政部门制定了年度执法检查工作计划，通过日常行政检查和双随机抽查，对体育经营单位依法从事经营活动情况，高危险性体育项目经营单位依法从事经营活动情况，安全生产制度建立及落实情况，彩票设备管理、彩票宣传行为、彩票竞争行为、彩票销售行为等方面进行检查。

2022年，各级体育行政部门进一步加强体育赛事监管。2022年3月23日，体育总局下发了《关于进一步加强户外运动项目赛事活动监督管理的通知》(体规字〔2022〕4号)；12月22日，《赛事管理办法》经体育总局第2次局务会议审议通过，为规范体育赛事活动，促进体育事业健康发展创造了良好条件。

2022年，各级体育行政部门按照属地管理原则，加强了对所辖区域运动项目赛事活动的事中事后监管。地方各级体育行政部门在全面了解辖区内适合举办户外运动项目赛事活动的自然资源和环境条件的基础上，主动会同有关部门，建立部门协同工作机制，出台具体监管办法，指导本地区户外运动项目管理中心和协会加强行业自律，履行行业管理职责。

此外，各级体育行政部门积极参与建设国家"互联网+监管"系统，利用"互联网+"思维，依托国家"互联网+监管"系统，将履职过程中形成的行政检查、行政处罚等信息以及违法失信、抽查抽检等数据信息进行了关联整合，逐步提升监管的精准化、智能化水平，加强事中事后监管，更好地激发市场主体活力和发展动力，完善监管体系。

(三)社会监督

2022年,各级体育行政部门着力加强政府信息公开平台建设,进一步规范官网栏目设置,优化专栏界面,加强信息发布流程管控,为公众提供便捷有效的服务。具体表现在:充分利用互联网资源,通过微信公众号、微博等社交平台对贯彻落实上级重要会议精神、重点工作推进、重要赛事活动、体育公共政策、公共体育服务等内容进行发布。据《四川省体育局2022年政府信息公开工作年度报告》显示,在主动公开方面,2022年四川省体育局认真落实各项公开制度,不断丰富公开内容,规范公开程序,围绕社会关注、群众关切,在局官网及时发布通知公告、政策文件、新闻信息等,全方位呈现体育事业发展动态,全年共发布信息1801条;在依申请公开方面,2022年四川省体育局共收到依申请公开事项3件,均通过网站信箱申请,申请的内容主要有省体育产业产值、体育产业从业人员数量、体育场地统计等相关数据,四川省体育局在规定时限内对申请事项进行了办理和答复,对申请人事前有沟通、事后有反馈,答复更具针对性、精准性,事项答复率及事项办结率均达到100%。

另外,一些体育协会也在体育法治监督中发挥了重要作用,例如杭州市体育休闲行业协会每月第三周通过多渠道向社会公示全市体育消费投诉、行政处罚情况,为公众进行体育行政执法监督提供了便利。中国田径协会发布《健身步道指南》团体标准,着力推进路跑赛事分级监管制度,并对各级监管单位开展培训,以解决监管单位在监管意识、监管制度落实、监管机制建设和监管手段方面存在的问题。

(四)党的监督

巡视工作是全面从严治党、维护党纪的重要手段,是加强党内监督和政治监督的重要形式。2022年,按照体育总局党组工作部署,总局党组5个巡视组自2022年4月6日起分别进驻游泳中心、篮球中心、气功中心、汽摩中心、北体大、交流中心、人力中心、报业总社、中国篮协、青岛航校、秦皇岛基地、中汽摩联12家单位,开展为期6周左右的巡视,主要受理关于违反党的政治纪律、组织纪律、廉洁纪律、群众纪律、工作纪律和生活纪律等方面的举报和反映。

2022年,党的监督使体育行业风气得到更好的建设与整顿。2022年11月,中国国家男子足球队原主教练李铁涉嫌违法,接受中央纪委国家监委驻体育总局纪检监察组和湖北省监委监察调查。2022年12月,广东省纪委监委和中国足协对广东省第十六届运动会足球比赛U15假球事件责任人进行处罚。假球、黑哨和腐败是中国足球健康发展的严重阻碍,影响中国足球的公正公平。尽管对李铁及相关当事人的调查仍在进行中,但可以看出国家对足球行业风气进行整肃的决心。

2022年,党的监督使重大赛事的成功举办得到保障。举办北京冬奥会、冬残奥会是国之大事、全球盛事,是开启实现第二个百年奋斗目标新征程的一项重大标志性活动。习近平总书记在主持召开北京2022年冬奥会和冬残奥会筹办工作汇报会时强调,北京冬奥组委要更好履行职责,严格执行各项规章制度,严格预算管理,控制办奥成本,勤俭节约、杜绝腐败,让北京冬奥会、冬残奥会像冰雪一样纯洁干净。冬奥会开幕前,中央纪委国家监委驻体育总局纪检监察组成立冬奥会监督工作专班,聚焦疫情防控、选用公廉、训练备战、风险化解、经费使用等重点领域,通过听取汇报、实地调研、列席会议等方式开展全点位、全过程监督,准确掌握驻在部门履职情况,推动党中央关于冬奥会筹办的重大决策部署落实到位。2022年冬奥会和冬残奥会的顺利举办和精彩呈现离不开体育监督工作的扎实开展和有力推进。

党的二十大是在我国迈上全面建设社会主义现代化国家新征程、向第二个百年奋斗目标进军的关键时刻召开的一次十分重要的大会。为保障党的二十大胜利召开,中央纪委国家监委驻体育总局纪检监察组于9月23日启动24小时值班值守机制,强化统筹联动,实行日报告制度;组建4个监督检查组,以"四不两直"方式,分赴总局办公厅(信访室)、训练局、水上中心、北体大、彩票中心、航管中心、射运中心、自剑中心等单位实地检查,每日随机对总局系统若干家单位开展电话巡查;向总局系统发出《监督情况通报》,多措并举督促总局系统坚定不移把党的二十大期间安全稳定工作放在首要位置,防范化解风险隐患,落实行业监管责任,以体育一方平安有力护航党的二十大胜利召开。

四、体育法治保障概况

徒善不足以为政,徒法不足以自行。如果没有一系列的保障条件,法治就难以实现。体育法治保障体系既是体育法治体系的重要组成部分,又是支撑体育法治大厦的地基。体育法治保障关乎体育法治各环节的有序运行,为依法治体总目标的实现提供不竭的力量源泉。

(一)政治和组织保障

体育系统将学习宣传贯彻党的二十大精神作为首要政治任务和头等大事,及时组织学习研讨,迅速兴起学习宣传贯彻热潮。体育总局党组第一时间召开党组专题学习会,制定党组中心组专题学习计划,党组成员带头作宣讲报告;充分利用中心组学习、支部主题党日、青年学习日,引导党员干部积极开展多种形式的学习活动;注重发挥体育系统党的二十大代表的引领示范作用,推动学习宣传贯彻党的二十大精神进国家队、进学校、进教材、进讲堂、进街道、进场馆、进赛场、进帮扶点。

在地方层面,各地体育行政部门也按照中央要求,广泛开展了学习宣传活动。多地采取党组理论学习中心组集中学、党组会专题部署学等形式学习贯彻习近平法治思想。例如,2022年12月16日,青岛市体育局举办了习近平法治思想学习培训会。会议强调,站在新的历史起点上,体育法治建设必须紧紧围绕体育强国建设这一战略目标和中心任务,坚持以习近平新时代中国特色社会主义思想为指导,深入学习贯彻习近平法治思想和习近平总书记关于体育的重要论述,以新修订的《体育法》的颁布实施为契机,进一步深化体育领域改革,全面提高依法行政、依法治体水平和能力,不断丰富体育法治实践形式和内容,不断提升体育治理体系和治理能力现代化水平,开创体育法治建设新局面,为加快推进体育强国建设、把体育建设成中华民族伟大复兴的标志性事业提供坚强有力的法治保障。

为全面、深入、系统学习贯彻党的二十大精神,2022年10月25日,北京市海淀区体育局各党支部分别集中学习了党的二十大报告和习近平总书记重要讲话精神。各支部党员通过读原文、学讲话、悟原理,由表及里,努力吃透党的二十大报告精神实质,准确把握习近平总书记讲话核心要义。2022年,湖南省委第十巡视组对湖南省体育局党组进行了巡视,针对湖南省委第十巡视组关于"加强理论武装内生动力不足,对习近平总书记关于体育的重要论述理解不够深刻,学用脱节比较严重"的巡查反馈,湖南省体育局党组高度重视并立即展开整改工作。

除了各种形式的学习及加强整改,各地也创新出了各种方法加强思想政治建设。例如,为纪念中国人民抗日战争暨世界反法西斯战争胜利77周年,2022年9月,北京市举办了第36届卢沟桥醒狮越野跑活动。为便于各界群众参与,用"爱国跑"传递爱国情,更好地赓续抗战精神,凝聚奋进力量,活动主办方还通过"北京市体育总会"APP开展"云上跑"活动,面向社会公开报名,以更大范围地带动社会层面的体育参与和爱国热潮。

(二)人才保障

在法治轨道上推进体育强国建设离不开一支高素质的体育法治专门队伍。2022年,各级体育行政部门多次开展专题培训会、培训班,通过多种形式的普法宣传,推动建设学法、知法、懂法、用法的体育队伍。例如,体育总局反兴奋剂中心通过线上方式召开2022年全国反兴奋剂工作业务培训班,以反兴奋剂治理体系、反兴奋剂工作最佳实施模式、《体育法》中的反兴奋剂条款、兴奋剂入刑最新进展和兴奋剂违规典型案例为主要内容对各级体育系统参会人员进行培训。忻州市体育局组织全体行政执法人员参加由山西省司法厅举办的"行政执法大讲堂"(第十四期)学习培训会,培训主题为严格规范公正文明执法,系统阐释规范执法的指导思想、现实意义和方式。培训结合当前执法中存在的突出问题,对执法检查程序、行政处罚程序、执法文书制作和告知送达程序四项具体流程逐一分析,引用大量行政执法典型案例,深入浅出、系统完整地对规范文明执法相关流程进行讲解,进一步强化了体育行政执法人员的法治意识、法治观念。青岛市体育局以制度为抓手,加强管理,普法工作有序开展,根据体育工作实际情况制定《青岛市体育局2022年度普法工作计划》和《青岛市体育局2022年普法责任清单》,并定期研究体育法治宣传教育内容,推动普法工作深入展开;制定《2022年局长办公会议学法计划》,坚持局党组理论学习中心组集体学法,局领导带头学,带头研讨,带头实践,带头做笔记,带头发言,增强领导干部运用法治思维和法治方式推动体育改革发展的能力。

2022年12月26日,体育总局研究制定了《体育决策咨询专家库管理办法》(体政规字〔2022〕9号),为加强和规范体育决策咨询专家库建设和管理,更好发挥体育决策咨询专家库专家作用提供了保障。

多地体育行政部门亦充分借助社会专业力量,持续落实法律顾问制度。例如,湖北省体育局聘请湖北今天律师事务所为局机关和24个直属单位提供法律服务,全年共审查合同490份,提出法律意见3263条,提供法律咨询及规范性文件审查等其他法律服务106次,提出法律意见86条。河北省体育局出台《河北省体育局法律顾问工作制度》,建立以局法治机构、外聘法律顾问团队为主体、事业单位法律顾问为补充的法律顾问体系，充分发挥了法律顾问在科学决策、制度建设、矛盾纠纷化解、推进依法行政等工作中的积极作用。截至目前，共对23份规范性文件进行合法性审查，参与重大决策事项9次，出具合同审查书面意见247件。河南省体育局聘请北京天同（郑州）律师事务所4名律师担任法律顾问，这4名法律顾问全程参与了河南省体育局的行政决策、合同审查、案件代理、商务谈判、法律咨询等，参与了河南省体育局旧房改造工作的全过程，为河南省体育局重大行政决策提出法律意见，在推进局系统依法行政中发挥了积极作用。

2022年，体育界学者围绕体育协会建设与改革、国家队选用公廉、体育项目管理、体育俱乐部规范、体育市场监管、体育领域发展与安全和优势项目精神特质、竞技体育制胜规律等重大问题组织专题研究，提出决策建议。为发现、引导和培养青年体育理论人才，2022年继续开展全国青年体育理论研讨会论文征集和评选工作，共征集论文409篇。经专家通讯评审、体育总局政策法规司复审，共评出优秀论文8篇、入选论文45篇，为促进全国青年体育理论工作者结合新时代我国体育改革发展中的热点、难点问题开展研究作出了贡献。

为贯彻落实习近平总书记关于加强智库建设的重要批示，建立健全体育决策咨询机制，推动体育高端智库建设，经自主申报、资格审查、专家评审、综合考评、社会公示，清华大学体育发展研究院、中国政法大学体育法治研究基地等9家智库获批为体育高端智库（2023—2025年）。

多地还充分整合地方高校及科研机构资源，将体育法学实践和体育法学研究相结合，促进体育研究的发展。例如，河北省体育局2022年度积极组织并参加了2022年冰雪运动法治保障学术交流会、2022年环渤海体育法学论坛，还研究起草了《对标新需求培育新动能打造新优势加快提升我省体育服务业发展水平和质量的调研报告》，着重研究河北省体育事业发展中的重大理论问题和实际问题，为决策和管理提供科学的理论依据。

（三）物质保障

新修订的《体育法》第八章"保障条件"对体育事业的物质保障要求进行了顶层设计，对体育事业发展所需的财政、税收、土地资源等事项进行了宏观保障。2022年4月，体育总局公布了《国家体育总局（本级）2022年部门预算》，体育总局本级2022年财政拨款收支总预算93197.5万元。支出包括：

一般公共服务支出80万元,外交支出549.77万元,教育支出165.71万元,科学技术支出15万元,文化旅游体育与传媒支出50408.42万元,社会保障和就业支出684.41万元,住房保障支出773.72万元,其他支出40520.47万元。

多地通过出台具体政策或提供实际帮扶保障体育事业稳步前进。地方各级体育行政部门也分别公布了2022年度部门预算情况。例如,上海市发布《2022年上海市体育赛事发展专项资金项目申报指南》,重点支持对促进上海建设国际体育赛事之都和打响"上海品牌"有成效或有突出贡献的体育项目。在支持额度方面,专项资金支持额度不超过赛事实际投入的30%,根据项目评审结果分档设置支持比例,其中,一般项目支持金额不超过500万元,重点项目支持金额不超过1000万元。

北京市朝阳区体育局以服务为先,帮扶体育企业助力企业发展。2022年9月28日,中国人民银行宣布设立设备更新改造专项再贷款,专项支持金融机构向制造业、社会服务领域和中小微企业、个体工商户等设备更新改造提供低息贷款。朝阳区体育局第一时间将有关政策和材料下发至各企业,迅速开展项目申报启动工作。最终,朝阳区共有11家体育企业完成申报,其中包括如国家体育场、工人体育场、弘健体育等双奥场馆等类型的企业,通过项目数量及额度均居北京市各区之首。

(四)法治意识和法治精神保障

2022年,各级体育组织切实做好普法工作,为体育法治实施提供法治精神保障,主要表现在:其一,突出宣传宪法,深入开展尊崇宪法、学习宪法、遵守宪法、维护宪法、运用宪法的宣传教育,配合做好纪念现行宪法公布施行40周年系列活动,组织开展2022年"12·4"国家宪法日和"宪法宣传周"集中宣传。其二,突出宣传民法典,通过民法典宣传月、宣传周、知识竞赛等多种方式,推动民法典走到人民群众身边、走进人民群众心中。其三,突出宣传体育法。2022年《体育法》正式修订通过后,一系列配套法律法规及政策措施也相继出台。为加强人民群众对体育法律的了解,多地通过开展专题学习、举办专家讲座、发放宣传资料及张贴宣传海报等多种举措宣传体育法律,成效显著。其四,严格落实普法责任,按照"谁执法谁普法""谁管理谁普法""谁服务谁普法"要求,各单位结合自身业务实际,开展普法宣传活动。此外,积极拓宽普法平台,进一步转变体育普法宣传方式,巩固完善微信公众号、微博、门户网站栏目的普法内容;结合实际,探索与传统媒体及新兴媒体合作,通过形式新颖、丰富多彩、互动交流的全新普法手段,不断增强普法效果。

2022年,各级体育组织进一步弘扬中华体育精神。中华体育精神是中国体育的精髓和灵魂,是一个发展的、开放性的思想和价值体系,是我国体育事业发展到一定阶段的精神产物。习近平总书记强调,"广大体育工作者在长期实践中总结出的以'为国争光、无私奉献、科学求实、遵纪守法、团结协作、顽强拼搏'为主要内容的中华体育精神来之不易,弥足珍贵,要继承创新、发扬光大"。以6个方面24个字提炼浓缩的"中华体育精神"已经成为一个具有特定内涵的概念。

2022年4月,国内首家中华体育精神研究院在武汉体育学院正式落户成立。这是我国高校中首个成立的以研究体育精神、中华体育精神、奥林匹克精神为主,同时贯穿体育课程思政建设、卓越体育教师培养的研究机构。对体育精神力量的研究有助于更好构筑中国精神、中国价值、中国力量,巩固全党全国各族人民团结奋斗的共同思想基础。

此外,各级体育组织通过开展中华体育精神宣讲活动、举办中国体育文化展、开展"爱国跑"等活动形式推动中华体育精神进学校、进社区,让广大人民群众了解中华传统体育项目和故事,全方位感受厚植于中华传统文化中的中华体育精神。

分报告

体育立法篇

《中华人民共和国体育法》修订报告*

2022年对于体育法治建设来说是值得纪念的一年，6月24日，十三届全国人大常委会第三十五次会议表决通过新修订的《体育法》，该法自2023年1月1日起施行。这是1995年《体育法》颁布施行27年后，体育法治建设的又一起重大事件。

1995年8月29日，八届全国人大常委会第十五次会议全票通过《体育法》，填补了国家在体育领域立法的一项空白，结束了体育事业无法可依的历史，使体育工作走上了依法行政的轨道。作为体育领域唯一的一部专门法律，《体育法》全面反映了党和国家的体育政策，调整规范了我国体育领域的基本关系，是我国体育事业发展的基础性法律，在我国体育法律规范体系中居于核心地位。在《体育法》的引领下，截至2021年12月31日，我国共有现行有效的体育法律1部，体育行政法规7部，体育部门规章31部，体育规范性文件165件，地方性体育法规、规章和规范性文件269件，初步形成了体育法律规范体系，对我国体育事业有序健康发展起到了至关重要的作用。

但是，由于立法之初国家和社会大环境正处于巨大发展变化中，1995年《体育法》相对于迅速发展的体育事业，从立法思想到立法技术上都具有一定的时代局限性。随着时代的发展、事业的进步以及改革的不断深入，1995年《体育法》在许多方面已无法适应新时代社会经济和体育事业的发展要求，为了满足人民群众多层次、多样化的体育需求，适应体育事业改革发展中出现的新情况，有必要对《体育法》进行修改完善。回顾《体育法》修改的全过

---

* 张笑世：中国政法大学。

程,我们可以将它分为四个阶段：

一、起步阶段

早在2005年,时任体育总局局长的刘鹏,在2005年全国体育局长会议上就提出:"推动现有《体育法》的修改工作,争取早日列入全国人大常委会的工作议程。"这是有据可查的最早的官方表态。全国体育局长会议是体育系统每年最重要的会议,在这一会议上的表态,首先表明体育界对于1995年《体育法》存在的问题是有认识的;其次,对于修改《体育法》也提出了相应的路径。由此,《体育法》的修改进入起步阶段。

2010年,在《体育法》颁布十五周年之际,在充分肯定《体育法》作用的同时,体育总局政策法规司组织体育界、法学界等方面的专家学者对《体育法》的修改进行研究讨论,对已经无法适应我国体育改革发展现状和实践的部分条款,提出了修改建议,并着手研究相关条款的适用和新增情形的补充条款。其后,在2013年再次组织相关专家学者进行专题研讨,并形成《体育法(修改建议稿)》。

非常遗憾的是,由于各种各样的原因,《体育法》的修改始终停留在体育界内部,没有如刘鹏局长所愿,列入全国人大常委会的议事日程,立法活动始终未曾启动。但是,这一阶段对于今后的《体育法》修改也是必不可少的。首先,建立了共识,从行政部门到学界都明确了《体育法》修改的必要性和紧迫性;其次,确立了体例,基本建立起未来《体育法》的框架,包括应该包含的章节、内容,比如将社会体育一章改为全民健身、增加体育产业、体育仲裁章等;最后,积累了人才,正是这一阶段的调研、讨论、编撰文本等工作,调动了体育界与法学界的积极性,形成了体育法学研究的新局面,产生了一批体育法学研究的专家学者,为今后《体育法》的修改工作储备了人才。

二、积极推动阶段

2017年6月,《体育法》的修改工作再次启动,体育总局政策法规司牵头组织《体育法》修改筹备工作,先后成立组织工作组、研究起草组以及专家顾问组,通过实地调研、专题研究和座谈讨论等多种形式,着手开展修改工作,我们按照时间线简单回顾这一过程。

2017年6月16日,体育总局召开修改《体育法》和《全民健身条例》座谈会,全国人大常委会法工委、教科文卫委、国务院法制办以及体育总局相关司局领导,地方体育局代表,中国足协、篮协、职业体育俱乐部、体育企业、体育场馆代表,专家学者代表参加会议,讨论《体育法》修改的必要性、可行性、拟解决的主要问题及修改工作路径等。7月27日,体育总局政策法规司召开修改《体育法》第一次工作会议,成立由体育总局有关司局和地方体育局负责人、专家学者等组成的修改工作组、起草组和顾问组,并通过了修改《体育法》工作方案。8月29日至30日,修改《体育法》起草组在北京召开第二次会议,各专题组组长和部分成员参加会议。会议就《体育法》修改中的核心问题形成了基本共识,并对下一步工作进行具体安排。9月23日至24日,修改《体育法》第三次会议在上海体育学院举行,起草组和各专题组成员共30余人与会。会议对草案(第一稿)进行深入探讨,提出了修改意见,要求各专题组尽快将草案(第二稿)报送起草组,并对下一步工作作出部署。

11月,体育总局将《体育法》修改初稿提交全国人大教科文卫委员会审议。向全国人大提交的《体育法(草案)》更进一步确立了立法体例,分为总则、全民健身、青少年体育、竞技体育、体育产业、体育社会组织、保障条件、体育纠纷解决、法律责任、附则十章,除去法律责任、附则章,共计92条。其中较为重要的变化是,"社会体育"改为"全民健身","学校体育"改为"青少年体育","体育社会团体"改为"体育社会组织",新增体育产业、体育纠纷解决两章。

本次修改确定了《体育法》的修改原则:既不是推倒重来、从零开始,也不是表面上的修改润色,而是在现行《体育法》基础上,总结经验,梳理问题,并根据形势发展变化,修改明显不合时宜的条文,增加体现时代发展的内容,填补体育领域内的重大制度缺失。《体育法》修改工作既要扎根体育实践,保护好体育主体利益,维护好体育秩序,也要体现与体育发展方式、市场经济规律、体育强国建设相一致的价值目标和立法精神。《体育法》修改的主要思路:一是从实际需求出发,解决所面对的实际问题,既突出保护权利也注重秩序。修改要在原有基础上丰富完善,先丰富内容,再根据需要调整结构,原则上不对结构作颠覆性调整。二是深入研究分析体育实践中的基本问题,研究现有的体育政策、法规和重要文件,结合管理中的实例和司法中的案例,针对问题设计条文。三是注意处理好立法和改革、立法和管理、立法和司法解释等之间的关系,明确哪些问题确实需要法律来解决,哪些制度确实需要通过立法的形式来体现。四是突出新理念和新视野,很多内容如职业体育、体育社团、体育市场、纠纷解决等,在《体育法》中要进行适当的扩展和细化。

2018年5月11日,体育总局政策法规司组织全国体育系统政策法规部门的负责人在北京体育大学召开座谈会,就《体育法》修改工作进行研讨,征求与会代表对《体育法(草案)》的意见和建议。7月9日至10日,修改《体育法》工作会议在上海召开,体育总局有关司局、修改《体育法》工作组负责人、地方体育局、地方职业体育俱乐部/地方体校等参会。会议对草案逐条审阅讨论,提出了修改意见和建议。体育总局政策法规司表示,《体育法》修改工作正争取列入全国人大常委会五年立法规划,此次会议的目的是重新梳理草案的内容,统一思想,完善后报全国人大教科文卫委员会。

9月7日,全国人大常委会立法工作会议在人民大会堂举行。中共中央政治局委员、全国人大常委会副委员长王晨主持会议。中共中央政治局常委、全国人大常委会委员长栗战书出席会议并讲话。此次会议上,修改《体育法》列入全国人大常委会立法规划第二类项目,即"需要抓紧工作、条件成熟时提请审议的法律草案",明确由全国人大社会建设委员会(以下简称"全国人大社建委")牵头负责、提请审议。

通过梳理这个过程我们可以看到,体育总局政策法规司在第一阶段的基础上更进一步,积极推动《体育法》修改工作,正是由于体育总局的积极推动,《体育法》的修改迎来了新的局面,开始进入真正的立法程序。

三、正式启动阶段

在修改《体育法》列入全国人大常委会立法规划后,全国人大社建委正式启动《体育法》修改工作,在体育总局前期工作基础上,组织多层级、大范围调研,深入了解《体育法》实施情况、存在的问题、修订的重点和可能的解决方案。

2018年9月13日,体育总局政策法规司相关同志专程赴全国人大,与全国人大社建委社会事务室的同志一起商谈修改《体育法》工作有关情况。10月30日,为认真落实十三届全国人大常委会立法规划,做好2019年工作计划起草准备,全国人大常委会委员、全国人大社建委委员冯军等同志赴河北省就《体育法》修改进行调研。2019年6月10日,体育总局致函全国人大社建委,希望全国人大社建委加强指导和组织协调,加快推进修法工作进程。

2020年11月27日,十三届全国人大常委会第七十八次委员长会议原则通过,《体育法》修改被列入《全国人大常委会2021年度立法工作计划》。从这一刻起,《体育法》修改工作开始提速。

2020年11月,全国人大社建委正式启动《体育法》修改工作。2020年11月19日至2020年12月30日先后组织七次视频座谈会,共有100余位专家学者参与其中。通过座谈会,全面了解体育事业发展现状、改革的重点,听取体育总局和教育部有关司局、全国性单项体育协会、省级体育行政主管部门和有关专家学者的意见。2021年1月5日,全国人大常委会委员、全国人大社建委副主任委员江小涓率领调研组,赴江苏省就《体育法》修改进行调研。2021年1月19日,全国人大社建委组织地方人大系统相关同志召开第八次视频座谈会,听取地方人大的意见。

通过梳理我们可以看出,虽然早在2018年《体育法》修改就已经列入全国人大常委会立法规划,但是真正启动却是在两年之后,经过体育总局政策法规司和全国人大社建委的共同推动,《体育法》的修改终于正式启动。

四、修改阶段

以牵头负责单位的不同,修改阶段又分为两个阶段,第一阶段由全国人大社建委牵头,第二阶段由全国人大常委会法工委负责。

(一)全国人大社建委牵头修改阶段

这一阶段主要是全国人大社建委社会事务室和体育总局政策法规司密切配合,体育学、法学专家积极参与,共同形成《体育法(修订草案)》的这样一个过程。如果再细分的话,还可以分为两个阶段,以2021年6月18日为界,分为专家学者参与阶段和修改完善阶段。

1. 专家学者参与阶段

2021年2月2日至6月18日,这一阶段最主要的标志是三次统稿会的召开。

2021年2月2日至5日,全国人大社建委社会事务室与体育总局政策法规司在北京召开起草工作会议(第一次统稿会),参加会议的有全国人大社建委社会事务室、体育总局政策法规司相关同志以及7位体育法学专家学者。受疫情影响,本次会议只邀请了京内的专家学者。会议结束时,形成《体育法(修订草案建议稿)》(2月版)(以下简称"2月版")。2月版是真正意义上的立法机关参与的修改稿,是基于1995年《体育法》进行的修改。此次修改确立的立法原则,成为之后立法活动的基本原则,一是国家立法,《体育法》的修改要坚持国家立法的原则,站在中华民族伟大复兴的高度规范引领体育事业的发展。要以习近平新时代中国特色社会主义思想为指引,坚决贯彻习近平总书记关于体育的重要论述,坚决落实习近平总书记关于体育的重要指示批示精神。要以《宪法》为依据,遵循《宪法》的基本精神,依照法定权限和程序,体现人民意愿,并从体育事业发展实际出发,科学合理地规定相应权利与义务。要克服部门立法的局限,不能仅仅将《体育法》的修改作为体育总局的一项立法工作,而应将其作为党和国家为满足人民群众日益增长的美好生活需要而进行的一项重要的基础性工作。二是修改完善,《体育法》的修改要坚持修改完善的原则,既不是推倒重来、从零开始,也不是表面上的修正与润色,而是要在现行《体育法》文本的基础上,总结经验,梳理问题,并根据发展形势,与时俱进地修改明显不合时宜的条文,增加体现时代发展的内容。其他法律条文中已有规定的内容或者可以适用其他法律解决的问题,原则上不再重复规定;具体的、可操作的条款,可在后续行政法规、部门规章和规范性文件的修订中予以规定。立法语言应精炼、规范、准确、客观,避免烦琐、冗长、模糊和使用文件性、政策性用语或术语。三是问题导向,《体育法》的修改要坚持问题导向的原则,针对体育实践中的基本问题和重大问题认真分析、深入研究。要有解决问题的思路,着重梳理在修法中需要予以明确的关系、予以解决的问题,并将体育领域普遍认可的做法、解决问题的思路或者与教育等其他领域形成的共识以及未来将着手开展的内容用法律条款固定下来。同时,要加强对长期悬而未决、没有定论的问题的研究,以填补体育领域的重大制度缺失。四是规范引领,《体育法》的修改要坚持规范引领的原则。《体育法》是体育领域的母法,应当着眼于2035年建成体育强国的战略谋划以及目标实现,在全面建设社会主义现代化国家新征程中,正确处理体育关系,科学调整体育利益,严格规范体育秩序,更好地发挥《体育法》在体育事业改革发展中的基础性作用,规范和引领体育法治建设,推动和保障体育强国建设。
2月版分为总则、全民健身、学校体育、竞技体育、体育产业、体育社会组织、保障条件、体育仲裁、监督管理、法律责任、附则十一章,除法律责任、附则章外,共计101条,保持了1995年《体育法》的基本框架体系,将"社会体育"一章更名为"全民健身",将"体育社会团体"一章更名为"体育社会组织",并增加了"体育产业""体育仲裁""监督管理"三章。

此次修改采纳了体育总局向全国人大提交的《体育法（草案）》中的部分条文，但主要有以下不同，一是"学校体育"一章名称保持不变，不使用"青少年体育"。调研中，教育部门对将"学校体育"改为"青少年体育"表示了明确的反对。从责任划分上讲，学校体育的主体是教育部门，青少年体育的主体是体育部门，如使用"青少年体育"，体育部门需要对包括学校体育在内的青少年体育全部事项的落实承担责任，但国家现行管理体制尤其是学校体育推行实施的现状并不支持上述情况。因此，全国人大社建委提出保留学校体育的章名，将青少年体育中归为学校体育的部分在该章中明确，归为全民健身的部分在全民健身一章中规定，归为竞技体育的部分在竞技体育一章中体现。二是竞技体育中不宜写入"举国体制"条款。全国人大社建委认为举国体制作为政治口号或工作机制，不宜写入法律条款。三是将"职业体育"列入"体育产业"一章，而非"竞技体育"一章。全国人大社建委认为，竞技体育只是职业体育发展的目的之一，而不是全部，职业体育应是体育产业的内容，应列入"体育产业"一章。全国人大社建委同时提出了需要明确的若干问题，包括是否应对运动员的概念进行定义，运动员权利，国家队征召，赛事传播权等。

2月19日，体育总局党组会审议了2月版并提出修改意见。2月21日至22日，体育总局副局长李建明组织相关人员按照体育总局党组会的意见，在2月版基础上，再次逐章逐条逐句逐字讨论，形成修改稿（以下简称"3月版"），并报送全国人大社建委。3月版分为总则、全民健身、青少年体育、竞技体育、反兴奋剂、体育产业、体育社会组织、保障条件、体育仲裁、监督管理、法律责任、附则十二章，除去法律责任、附则章，共计101条。相比于2月版，3月版最大的变化是，增加"反兴奋剂"一章，强调对兴奋剂问题坚持"零出现""零容忍"，对兴奋剂违法违规行为严肃处理，坚决打击的态度。此外较大的变化是，将"学校体育"一章改为"青少年体育"，将"运动员权利"条款改为运动员享有参加专业训练和竞赛活动、接受教育和培训、获得奖励荣誉和相应报酬等权利，整合精简"体育仲裁"一章。

3月19日，全国人大社建委召开《体育法》修改工作领导小组第一次会议，就2月版征求了体育总局、教育部、国家发改委、民政部、司法部、自然资源部、住房和城乡建设部、文化和旅游部、国家卫生健康委员会、国家市场监督管理总局、最高人民法院、全国总工会、中国残联13个成员单位意见和建议。

3月30日至4月1日,全国人大社建委会同体育总局政策法规司、教育部体卫艺司在京组织开展为期三天的《体育法》修改工作会议(第二次统稿会),参加会议的有全国人大社建委社会事务室、体育总局政策法规司相关同志以及8位体育法学专家学者,因疫情缓解,本次会议还邀请了京外的专家学者参与。会议对13个成员单位的意见建议进行讨论,并采纳了体育总局党组提出的大部分意见,形成了《体育法(修订草案建议稿)》(4月版)(以下简称"4月版"),经报送全国人大社建委主管领导后,形成《体育法(修订草案)》征求意见稿(初稿)。4月版分为总则、全民健身、青少年体育、竞技体育、反兴奋剂、体育组织、保障条件、体育仲裁、监督管理、法律责任、附则十一章,除去法律责任、附则章,共计103条。4月版采纳了体育总局党组关于将"反兴奋剂"单列一章的建议,并补充完善了相应条款;将"体育产业"的内容拆分到其他章节,与2月版相比,"体育产业"不再单列一章;"体育社会组织"章名改为"体育组织"。

4月至5月,全国人大社建委广泛听取社会各界对征求意见稿(初稿)的修改意见和建议。4月29日至30日举行的中国法学会体育法学研究会2021年学术年会就《体育法》修改问题安排专题论坛,会上对《体育法(修订草案)》征求意见稿(初稿)提出了具体建议,全国人大社建委社会事务室的有关同志参加会议并认真听取了专家意见。5月下旬,全国人大社建委社会事务室和体育总局政策法规司结合征求到的意见和建议,对征求意见稿(初稿)进行修改,形成《体育法(修订草案)》征求意见稿(二稿)。5月10日,在4月版的基础上,政策法规司邀请体育法学研究会部分专家,研究草拟了"法律责任"一章。随后,政策法规司将文本发送总局各厅司征求意见,并根据反馈的意见进行了修改,形成了"法律责任"章建议稿,报送全国人大社建委。5月21日,针对中国法学会体育法学研究会2021年学术年会上与会专家提出的修改意见,体育法学研究会在北京召开修改《体育法》工作座谈会,针对修改意见进行讨论,并根据反馈的意见进行了修改,报送全国人大社建委。6月16日,全国人大社建委在南京体育学院召开提出《体育法》修改议案、建议的全国人大代表以及专家学者、体育界代表、学校代表座谈会,听取对征求意见稿(二稿)的修改意见和建议。

6月16日至18日,社会事务室与体育总局政策法规司在南京召开起草工作会议(第三次统稿会),参加会议的有全国人大社建委社会事务室、体育总局政策法规司相关同志以及10余位体育法学专家学者。结合征集到的意见和建议,对征求意见稿(二稿)进行修改,形成征求意见稿(三稿)(以下简称"6月版")。6月版在前两轮修改的基础上,较为全面地吸收了各方面的意见与建议,文本已经基本完善,分为总则、全民健身、青少年体育、竞技体育、反兴奋剂、体育组织、保障条件、体育仲裁、监督管理、法律责任、附则十一章,共计113条。但是,相较于4月版,6月版在部分条文上有所变化,比如仲裁范围开始限缩、体育赛事转播权条款被删除。多数条文保留了1995年《体育法》条文的表述,体现了立法的审慎态度。

在此之后,《体育法》修改工作进入新的阶段,不再有专家学者大规模参与立法活动,转而以专家咨询的方式继续为《体育法》修改贡献力量。

2. 修改完善阶段

这一阶段主要是全国人大社建委社会事务室和体育总局政策法规司两个部门的同志通力合作,对6月版进行更加细致的修改完善。

7月30日,修改工作领导小组召开第二次会议,对6月版进行讨论,并提出修改意见和建议。起草工作班子对6月版进行修改,形成《体育法(修订草案初稿)》。8月,修法工作领导小组办公室将《体育法(修订草案初稿)》书面征求国务院相关部门、最高人民法院、相关群团组织的意见。同时,由全国人大社建委将《体育法(修订草案初稿)》发送各省(区、市)人大社建委征求意见。根据征求到的修改意见,全国人大社建委社会事务室和体育总局政策法规司对《体育法(修订草案初稿)》进行修改,形成《体育法(修订草案二稿)》。此后,修法工作领导小组第三次会议召开,对《体育法(修订草案二稿)》及起草说明(稿)进行讨论修改。起草工作班子对《体育法(修订草案二稿)》及起草说明(稿)进行修改,形成《体育法(修订草案三稿)》。9月上旬,由全国人大常委会办公厅将《体育法(修订草案三稿)》及起草说明(稿)书面征求国务院办公厅意见。起草工作班子根据反馈意见进一步修改完善后,形成《体育法(修订草案四稿)》。9月下旬,全国人大社建委全体会议审议通过《体育法(修订草案)》及起草说明后,报送常委会办公厅,提请委员长会议审议。9月28日,十三届全国人大常委会第一百零二次委员长会议审议通过了《体育法(修订草案)》及起草说明,建议提请2021年10月19日召开的常委会会议审议。

我们可以看到，短短的三个月时间，《体育法》从修订草案初稿一直到修订草案，经历了5次修改，当然，这是指最后成稿的修改。实际上，在这几个月里，条文几乎每天都在发生变化，全国人大社建委和体育总局政策法规司的相关同志几乎每天都在就条文进行讨论，有时甚至是比较激烈的争论。争论的焦点主要是体育仲裁一章，体育仲裁的范围进一步限缩，特别是增加的排除条款"平等主体的公民、法人和其他组织之间发生的合同纠纷和其他财产权益纠纷，或者用人单位与劳动者发生的劳动争议，不属于体育仲裁范围"，几乎将体育仲裁的范围压缩到最小。体育仲裁属于新创设的仲裁制度，没有任何东西可以借鉴，《仲裁法》和《劳动争议调解仲裁法》规定的仲裁范围已经经过多年的实践，得到了认可，任何突破都面临着巨大的压力，因此才产生了这一非常遗憾的结果。当然，经过不断的讨论研究，原先有关体育赛事转播权的条款最终得以恢复，主要的修改就是将原先创设的体育赛事转播权这一名词取消，改为"未经体育赛事活动组织者等相关权利人许可，不得以营利为目的采集或者传播体育赛事活动现场图片、音视频等信息"。最终《体育法（修订草案）》的章节设置维持了与6月版相同的体例，设为十一章，共计109条。

10月22日下午，十三届全国人大常委会第三十一次会议分组会议审议《体育法（修订草案）》。体育总局领导王瑞连、李建明以及政策法规司相关同志共8人列席旁听了6个小组的分组审议。分组审议中，与会委员认为现行《体育法》已实施26年，不能适应新时代体育事业发展的需求，急需修改。《体育法（修订草案）》坚持以习近平新时代中国特色社会主义思想为指导，坚持以人民为中心，以问题为导向，落实体育强国和健康中国战略，在保留现行《体育法》主体框架的基础上，着力解决制约体育事业高质量发展的突出矛盾和问题，草案总体质量较高，比较成熟，在进一步完善后可以尽快出台实施。此外，与会委员也对草案提出了修改意见和建议。

至此，由全国人大社建委牵头的《体育法》修改工作告一段落，在全国人大社建委和体育总局政策法规司以及体育法学专家学者的共同努力下，拿出了一份结构合理、内容翔实、统筹兼顾的《体育法（修订草案）》，为《体育法》修改工作的成功打下了坚实的基础。

(二) 法工委修改阶段

这一阶段实际上是全国人大常委会法工委对《体育法(修订草案)》进行审核、修改,体育总局积极配合,最终形成《体育法》定稿的这样一个过程,这一阶段最主要的标志是全国人大常委会的两次审议以及《体育法》正式颁布。

2021年11月18日,体育总局领导率政策法规司相关同志赴全国人大,与全国人大常委会法工委的同志就《体育法》修改相关情况进行了交流,希望法工委对《体育法》的修改给予指导和推进,借《体育法》修改,推进体育法制度体系建设。2022年1月28日,体育总局政策法规司相关同志赴全国人大,同法工委有关同志就下一步工作深入交流了意见。2月18日,全国人大法工委社会法室主任郭林茂带队来到体育总局,就《体育法(修订草案)》相关内容召开专题座谈会,听取运动员、教练员代表意见。2月22日、23日,体育总局政策法规司相关同志赴全国人大法工委,同法工委社会法室有关同志就《体育法(修订草案)》的条文进行了梳理、分析。

这一阶段的立法活动中,全国人大常委会法工委社会法室会同体育总局政策法规司开展了一系列工作,如广泛征求最高人民法院、最高人民检察院、国务院相关部门意见,组织开展实地调研,在体育总局召开专题座谈会倾听运动员、教练员等一线体育从业人员的意见,多次进行会商研讨、不断推敲打磨相关条文,针对制约体育事业高质量发展的关键问题,对症下药、精准施策,对草案进行了必要的修改完善。

3月23日上午,全国人大宪法和法律委员会召开第二百零一次全体会议,审议《体育法(修订草案)》,体育总局领导参加会议,体育总局政策法规司相关同志随同参会。

4月11日,十三届全国人大常委会第一百一十四次委员长会议在北京人民大会堂举行,栗战书委员长主持会议。会议决定,十三届全国人大常委会第三十四次会议于4月18日至20日在北京举行。委员长会议建议,十三届全国人大常委会第三十四次会议审议期货和衍生品法草案、职业教育法修订草案、体育法修订草案、黑土地保护法草案、妇女权益保障法修订草案。

4月14日至15日,中共中央政治局委员、全国人大常委会副委员长、中国法学会会长王晨在体育总局就《体育法》修订工作开展专题调研。王晨率调研组到国家速滑馆、中国反兴奋剂中心分别考察冬奥场馆赛后运行情况和反兴奋剂工作情况，参观体育总局训练局荣誉馆，并观摩国家体操队、跳水队日常训练，与运动员和教练员交流，在体育总局召开座谈会，了解《体育法》实施情况和存在的问题。体育总局负责同志介绍了相关工作情况，教育部、北京市政府、清华大学、体育协会的负责同志和运动员代表、专家学者、体育企业负责人作了发言，提出意见建议。

4月19日上午，十三届全国人大常委会第三十四次会议分组会议审议（第二次审议）《体育法（修订草案）》。体育总局领导以及政策法规司相关同志共8人列席旁听了6个小组的分组审议。

第二次审议的《体育法（修订草案）》中的最大变化就是增加了"体育产业"章，在全国人大常委会第一次审议中，常委会委员们提出若干修改意见，其中比较集中的就是增设"体育产业"章的问题。草案在总则保留体育产业相关内容的基础上单独增加一章，用8个法条规定了体育产业发展规划、协调机制、优惠政策、配套制度等内容，这是贯彻落实习近平总书记关于体育的重要论述的具体体现，为推动体育产业发展提供了充足的法律依据，有利于充分发挥体育作为推动经济社会发展重要动力的作用，对进一步促进体育产业提质扩容具有十分重要的意义。

其他比较重要的修改包括：第一，增加"弘扬中华体育精神"的相关表述。此前的草案在"总则"第9条体育活动原则中对其予以表述，但在讨论中认为其与社会主义核心价值观重复，覆盖面还略窄，所以将这一表述删除。体育总局认为，《中共中央关于党的百年奋斗重大成就和历史经验的决议》明确提出，"加快体育强国建设，广泛开展全民健身活动，大力弘扬中华体育精神"，在总则中增加"弘扬中华体育精神"的内容是贯彻落实中央决议的重要举措。最终，草案采纳了这一意见，并将"学校体育"的章名修改为"青少年和学校体育"，并在总则中增加相关内容，明确青少年体育在《体育法》中的重要地位，既站在了国家和民族未来发展的高度，强调国家优先发展青少年体育、坚持体育和教育相融合的重要理念，也充分考虑了青少年体育和学校体育在覆盖人群、具体任务、责任主体等方面的不同，对二者进行了适当区分。第二，适当扩大了体育仲裁的范围，通过修改完善相关条文将涉及运动员注册、交流等方面的纠纷纳入体育仲裁范围，并且对排除条款进行了修改，为体育仲裁的范围留出一定余地，使其在更大范围内妥善解决体育纠纷，更好地发挥体育仲裁制度作用，更好地与国际体育规则接轨。第三，将中华全国体育总会设立体育仲裁委员会修改为国务院体育行政部门设立体育仲裁委员会。第四,增加体育宣传周。将"每年8月8日为国家体育节",修改为"每年8月8日全民健身日所在周为体育宣传周"。此外,对部分文字进行了修改。第二次审议的《体育法(修订草案)》,分为总则、全民健身、青少年和学校体育、竞技体育、反兴奋剂、体育组织、体育产业、保障条件、体育仲裁、监督管理、法律责任、附则十二章,共计118条。

5月16日,全国人大宪法和法律委员会召开会议,根据委员长会议精神、常委会组成人员审议意见和各方面的意见,对修订草案进行了逐条审议,全国人大社建委有关负责同志列席了会议,同时书面征求了教育部、体育总局的意见。

5月24日,《体育法(修订草案)》立法评估会在线上举行,全国人大常委会法工委社会法室主任郭林茂主持会议,全国人大代表、邢台学院陈凤珍、北京市东城区教委罗晓辉、什刹海体育运动学校副校长鲁雪峰、中国帆船帆板运动协会主席张小冬、北京体育大学教授鲍明晓、清华大学教授田思源等参加了会议。

6月14日,全国人大宪法和法律委员会召开会议,对《体育法(修订草案)》再次进行了审议。宪法和法律委员会认为,为促进和发展体育事业,提高人民群众的身体素质和健康水平,对《体育法》进行修订是必要的,修订草案经过两次审议修改,已经比较成熟。同时,宪法和法律委员会提出了主要修改意见。

6月22日上午,十三届全国人大常委会第三十五次会议分组会议审议(第三次审议)《体育法(修订草案)》。体育总局领导王瑞连、李建明以及政策法规司相关同志共8人列席旁听了6个小组的分组审议。第三次审议的《体育法(修订草案)》最重要的修改是增加了"反制"条款,即当时的第119条:"任何国家、地区或者组织在国际体育运动中损害中华人民共和国主权、安全、发展利益和尊严的,中华人民共和国可以根据实际情况采取相应措施。"该条款的增加既有应对美国《罗琴科夫反兴奋剂法案》长臂管辖的考虑,同时也是对国际形势的一种判断和准备。另外还增加了第37条"体育培训"和第43条"科学文明训练"。第三次审议的《体育法(修订草案)》分为总则、全民健身、青少年和学校体育、竞技体育、反兴奋剂、体育组织、体育产业、保障条件、体育仲裁、监督管理、法律责任、附则十二章,共计121条。

6月22日下午,全国人大宪法和法律委员会召开会议,对《体育法(修订草案)》进行了再次审议。宪法和法律委员会认为,修订草案经过三次审议修改,已经比较成熟。同时,宪法和法律委员会提出主要修改意见。根据上午审议中常委会委员提出的意见,增加了第85条"体育公园"。最终,《体育法(修订草案)》分为总则、全民健身、青少年和学校体育、竞技体育、反兴奋剂、体育组织、体育产业、保障条件、体育仲裁、监督管理、法律责任、附则十二章,共计122条。

2022年6月24日,十三届全国人大常委会第三十五次会议表决通过新修订的《体育法》,该法自2023年1月1日起施行。至此,《体育法》修改工作圆满结束。

总结回顾《体育法》修订的四个阶段,第一阶段我们可以称之为学者立法,因为参与立法的主要是体育法学者,条文和章节的设计还是很理想化的;第二阶段虽然还有学者参与,但基本上是由立法机关主导,我们可以称之为混合立法;第三阶段基本没有学者参与,主要是立法机关和行业管理部门共同合作,我们可以称之为协作立法;最后一个阶段,虽然行业管理部门依然有参与,但是只有建议的权利,我们可以称之为立法机关立法。这四个阶段是相互衔接、密不可分的整体,没有前期学者的积极参与和倾情投入、没有行业管理机关的积极推动和努力配合、没有立法机关的专业标准和严谨把控,《体育法》的修订不可能取得成功。

《体育赛事活动管理办法》修订报告*

2022年12月22日,体育总局第2次局务会议审议通过了修改《体育赛事活动管理办法》(以下简称《赛事管理办法》)的决定,新修订的《赛事管理办法》自2023年1月1日起施行。《赛事管理办法》的修订实施,标志着我国体育赛事活动规范化管理进入了新的阶段。对于贯彻落实新修订的《体育法》,深入推进体育赛事活动"放管服"改革,防范化解赛事安全风险隐患,健全赛事活动监管机制,夯实体育强国建设在中国式现代化进程中的战略地位意义重大。

一、《赛事管理办法》修订的主要内容

新《赛事管理办法》共8章64条,较2020年施行的《赛事管理办法》新增了"高危险性体育赛事活动许可"1章和法条17条,本次修订的主要内容包括:

(一)夯实高危险性体育赛事活动许可制度

高危险性体育赛事活动具有人身危险性大、专业技术性强、安全保障要求高、外部环境复杂以及极易发生人身安全、公共安全事件等特点。做好高危险性体育赛事活动监管,对于促进体育事业高质量发展,拓展体育生存发展空间,提升体育行业监管效能具有非常重要的意义。然而,在新修订的《体育法》出台前,我国仅存在高危险性体育项目目录,且对高危险性体育项目的监管更侧重经营活动而非赛事安全,直到甘肃白银景泰"5·22"黄河石林百公里越野赛公共安全责任事件发生后,体育行政部门才意识到体育赛事安全监管重心应放在识别高危体育赛事上而非高危体育项目上,后续才将高危险

---

* 袁钢:中国政法大学;秦珍珍:北京体育大学。

性体育赛事许可制度、高危险性体育赛事目录等纳入相关体育立法规划活动中。

新修订的《体育法》第106条设立高危险性体育赛事活动行政许可,作为一项全新的制度,其是统筹体育事业发展与安全,维护体育事业发展秩序,保障人民群众生命财产安全的必要举措。对于行政许可,一般都有相对应的部门规章,如经营高危险性体育项目行政许可对应《经营高危险性体育项目许可管理办法》。由于高危险性体育赛事活动是体育赛事活动的重要组成部分,并且体育总局已有专门规范体育赛事活动的第25号令《赛事管理办法》,不宜再制定专门规章,因此,只在《赛事管理办法》修订中新增一章关于高危险性体育赛事活动许可的内容。此章内容的增加,一方面是为了区别于一般体育赛事活动,进一步凸显其特殊性和重要性,另一方面则是在充分调研和借鉴相对成熟立法经验的基础上,将高危险性体育赛事活动许可从"法律概念"转变为"法律制度",明确举办高危险性体育赛事活动的申请条件、审批程序、监督检查等规定,提升高危险性体育赛事活动安全监管的有效性和规范性。

为推动高危险性体育赛事活动许可制度落地生效,进一步提升高危险性体育赛事活动的管理水平,保障体育赛事活动参与者的人身安全,保证新修订《赛事管理办法》的实施,体育总局于2022年6月启动《高危险性体育赛事活动目录(第一批)》(以下简称《高危赛事活动目录》)研制工作,在梳理整合相关文件精神、调研高危险性体育赛事活动举办实践的基础上,对高危险性体育赛事活动目录、举办高危险性体育赛事活动的审批条件及程序等重点问题进行研究,反复斟酌,在9月征求全国体育系统意见;11月7日至12月7日,通过司法部中国政府法制信息网征求社会各界意见。经过深入研究和吸收采纳各方面意见,不断修改完善,最终形成了《高危赛事活动目录》和《关于做好高危险性体育赛事活动管理工作的通知》(体政规字〔2023〕2号)。

《高危赛事活动目录》包含潜水赛事活动、航空运动相关赛事活动、登山相关赛事活动、攀岩相关赛事活动、滑雪登山赛事活动、汽车摩托车相关赛事活动等6大类18个小项的赛事活动,明确了列入第一批高危险性体育赛事活动的类型和标准。《关于做好高危险性体育赛事活动管理工作的通知》明确了高危险性体育赛事活动的管理范围和对象,对规范高危险性体育赛事活动许可程序提出了明确要求,并强调各地体育行政部门要着力提升高危险性体育赛事活动管理工作水平,尽快建立健全高危险性体育赛事活动管理机制,加强与相关职能部门的沟通合作,加强高危险性体育赛事活动执法监督管理。制定、调整高危险性体育赛事活动目录,明确高危险性体育赛事活动举办的资质、标准、保障条件等相关事项,有助于压实体育系统安全生产管理工作,完善体育领域安全风险防控制度举措,加快形成促进高危险性体育赛事活动健康发展长效机制,是贯彻落实新修订的《体育法》的重要内容。

(二)明确体育赛事活动相关方的权利与义务

体育赛事活动组织是科学有序开展体育赛事活动的前提和保障,细化各方权利义务是确保赛事活动管理专业度和规范化的必要举措。2020年《赛事管理办法》规定了"体育赛事活动组织"一章,明确了体育赛事活动主办方、承办方和协办方各主体及相关人员的权责,体育总局陆续颁布了《关于加强体育赛场行为规范管理的若干意见》(体规字〔2021〕2号)、《关于建立健全体育赛事活动"熔断"机制的通知》(体规字〔2022〕3号)等文件,对体育赛事活动相关方的权利义务进行填充完善。

为健全体育赛事活动组织规范体系,新《赛事管理办法》在"体育赛事活动组织"一章明确了体育赛事相关方的义务,如明确主办方具有对体育赛事活动全面组织、补偿因变更或取消体育赛事活动造成相关方损失的义务;承办方的各项保障义务,主办方和承办方招募、培训、保障和激励体育赛事活动志愿者义务以及投保体育意外伤害保险义务;场地空间、器材提供方或管理者的安全保障义务;地方体育行政部门建立健全赛事活动"熔断"机制义务,明确体育赛事活动组织者启动"熔断"机制的情形;增加体育赛事活动相关人员的办赛、参赛、观赛义务(如严禁参加任何形式的赌博活动,严禁违反体育精神,体育赛事活动广告和宣传内容应确保合法、真实、健康、向上,观众文明观赛等)。新《赛事管理办法》落实了《体育法》关于体育赛事活动组织者转播权的规定,要求主办方、承办方通过合法手段保护体育赛事活动相关方权益,赋予主办方和承办方在发现问题时,及时采取制止行为等处置措施的权利。《赛事管理办法》进一步完善了体育赛事活动相关方的权利,这不仅有利于各方主体之间形成清晰的权责关系,还有利于实现体育赛事活动全流程管理的规范化。

(三)增加体育行政部门等各方保障职责

从体育赛事活动有序开展的整体性来看,不仅需要体育赛事组织者的组织能力和专业水平,还需要体育行政部门服务保障职责的落实。新《赛事管理办法》为满足人民群众多样化需求,在"体育赛事活动服务"一章中增加地方体育行政部门承担统筹规划所辖区域内各类体育赛事活动、建立健全体育赛事活动应急工作机制、提高服务保障水平和提供各类体育赛事活动信息等职责;为促进产业融合发展,鼓励地方体育行政部门会同有关部门发挥体育赛事活动对文化、旅游、教育、商贸、健康、养老、会展等行业的拉动作用;增加运动项目管理中心和全国性单项体育协会制定并公布本项目体育赛事活动的竞赛规则、办赛指南、参赛指引、场地器材标准、安全防范要求和赛场行为规范等的职责;细化体育赛事活动"熔断"技术条件;增加体育赛事活动志愿服务规定。国家重视体育行政部门对体育赛事活动的保障职责,体育事业的发展因保障措施的落实而向更高层次提升,在此种良性循环下,体育办赛环境、赛事服务水平将持续优化。

(四)加强体育行政部门的监督管理

2014年国务院颁布《关于加快发展体育产业促进体育消费的若干意见》(国发〔2014〕46号),标志着体育赛事审批制度改革的开启,全国性体育赛事审批一律取消,体育赛事活动举办程序逐步简化。但由于赛事组织者办赛能力和经验的良莠不齐,国际体育赛事交往的深入,新赛事比赛规则和标准的引入,对体育赛事活动的监管逐渐成为体育行政部门工作内容的重中之重,亟须完善事中事后监管措施,加强体育赛事服务,切实防范办赛风险。2020年《赛事管理办法》首次设置了"体育赛事活动监管"一章,规定了体育赛事活动的监管主体及权责等内容。2021年,体育总局等十一部门联合印发《关于进一步加强体育赛事活动安全监管服务的意见》(体规字〔2021〕3号),进一步细化监管举措,明确各类主体的监管责任范围。新修订的《体育法》具化了体育赛事活动监管职责,改善了体育赛事活动监管相关法律规范位阶较低的状态,使得体育赛事监管的精细化、规范化成为趋势。

新《赛事管理办法》在"体育赛事活动监管"一章根据新修订的《体育法》第102条第1款的规定,明确体育行政部门对赛事活动场地实施现场检查,查阅、复制有关合同、票据、账簿以及检查赛事活动组织方案、安全应急预案等材料的职责;新增体育行政部门建立赛事活动报告制度、加强对所辖区域内体育赛事活动的信息收集工作、提出整改建议的职责;向社会推介组织规范、运行良好、保障到位、整体水平高的体育赛事活动的职责;对赛事活动赛风赛纪实施综合督导检查的职责。这些职责的增加是健全体育赛事活动监管体系的应有之义,为地方体育行政部门履行监管职责提供了有力支撑,有助于在法治轨道上不断推进体育治理体系和治理能力现代化。

(五)强化体育赛事活动组织者的法律责任

一部法律、法规的实施效果和立法目的实现的程度,在一定意义上取决于其法律责任规定的科学合理化程度。2020 年《赛事管理办法》规定了体育赛事活动组织者涉嫌欺诈或造成重大安全责任事故,体育协会变相审批、违法违规收费等行为的法律责任,对其实施期间体育赛事活动的规范举办起到了保驾护航的作用。新修订的《体育法》在"法律责任"一章中进一步明确未经许可举办高危险性体育赛事活动,未及时中止不具备办赛条件的体育赛事活动,安全条件不符合要求,存在弄虚作假、营私舞弊等行为,未按要求采取保障措施的体育赛事活动组织者的法律责任。

为与新修订的《体育法》有关体育赛事活动组织者法律责任的规定衔接配套,新《赛事管理办法》在"法律责任"章节中明确规定体育赛事活动组织者实施违规行为、利用体育赛事活动从事赌博活动、违规使用兴奋剂等问题的法律责任,增加对处理决定不服发生纠纷时可申请救济的规定,修订部分处罚条款,创新规定体育行政部门应当建立健全体育赛事活动监管问责机制。《赛事管理办法》的修订进一步明确了体育赛事活动组织者承担法律责任的情形及方式,有利于实现体育行政监管的规范化。

二、《赛事管理办法》修订的立法评析

(一)立法意义

在《赛事管理办法》修订过程中,体育行政部门、体育社会组织、体育法学者及其他体育法相关人员都提出了很多很好的建议和意见,但也存在部分分歧较大的意见需要立法者结合体育实践和其他因素进行衡量以决定如何取舍,总体而言,本次修订坚持以人民为中心、坚持统筹发展与安全、坚持逐步完善监管的原则,健全了体育赛事活动管理的法治保障体系,并成为评价体育赛事活动管理效果的重要依据。

1. 健全体育赛事活动管理的法治保障体系

《赛事管理办法》的修订以新修订的《体育法》为制度背景,对《体育法》新增和修改的内容进行了积极的衔接与回应,并在 2020 年《赛事管理办法》

的基础之上,综合了体育总局及其联合相关部门出台的《关于加强体育赛场行为规范管理的若干意见》(体规字〔2021〕2号)、《关于进一步加强体育赛事活动安全监管服务的意见》(体规字〔2021〕3号)、《关于建立健全体育赛事活动"熔断"机制的通知》(体规字〔2022〕3号)等文件中的新举措、新办法。党的二十大报告指出,要"统筹立改废释纂,增强立法系统性、整体性、协同性、时效性"。《赛事管理办法》修订工作正符合了这一要求,在充分调研体育赛事活动管理现状的基础上,以部门规章的形式使新修订的《体育法》"竞技体育""监督管理""法律责任"三章中的条款能够"落地";通过明确体育赛事活动相关方的职责和义务,使得新修订的《体育法》中有关体育赛事活动的增、补、改条款能够"落实";通过构建高危险性体育赛事活动许可程序,使得高危险性体育赛事活动许可制度"落细"。《赛事管理办法》同新修订的《体育法》及其他法律规范共筑了体育赛事活动管理工作的法治保障体系,确保了体育赛事活动规范有序开展、保障了体育赛事活动各方合法权益,提高了体育治理体系和治理能力现代化水平。

2. 作为评价体育赛事活动管理效果的重要依据

优化相关法律规范体系是规范体育赛事活动管理工作的必然要求。体育赛事活动监管体系是评判体育赛事活动管理效果的重要内容,同时也是反映其立法体系、立法逻辑等众多方面科学性、合理性的重要载体。良法善治是体育强国建设进程中的法治目标,良法是善治之前提。衡量体育赛事活动管理效果的重要依据之一,就是看其是否关注人民体育需求,反映体育实践这一焦点问题,从而形成针对性的法律规范。《赛事管理办法》在修订过程中将全过程人民民主贯穿始终,不断提高立法信息透明度,扩大公众有序参与,反映民情、倾听民意、汇集民智,充分发扬民主,强化社会各界和基层群众的直接有序参与,积极回应体育赛事活动管理的实践问题,是对体育赛事活动监管体系的优化。

(二)立法缺陷

对体育赛事活动的管理并不是一个创新性的事务,相反,其已经经过了相当长的发展历程。《赛事管理办法》的修订即延续旧有模式,重新编排体例,增添新的内容以顺利实现与新修订的《体育法》及其他新的法律和政策规定的衔接。我国体育赛事活动管理已经形成了一个较为稳定和成熟的体系,符合"放管服"改革的基本要求,但在效力层级、内容等方面仍存在缺陷。

1. 新《赛事管理办法》法律位阶仍然较低

尽管《体育法》《全民健身条例》等法律、行政法规中存在部分涉及体育赛事活动管理的内容,但能够直接全面管理和规范我国体育赛事活动的仅有《赛事管理办法》这一部门规章。在我国的法律法规效力位阶中,部门规章的效力低于法律、行政法规,仅用以调整部门范围内的行政管理关系。伴随着体育赛事活动的快速发展,《赛事管理办法》效力位阶较低的问题愈发突出。

首先,《赛事管理办法》作为我国体育行政部门颁发的部门规章,难以满足不同行政部门之间协调、配合的需要。《赛事管理办法》第47条规定体育行政部门应加快实现各有关部门、各层级和各领域监管信息共享和统一应用,这一目标的实现需要体育行政部门与通信管理、网信、公安等多部门的协调配合,而《赛事管理办法》受限于效力层级,难以作为未来各部门针对体育赛事活动开展协同管理、构建联合监管机制的依据。其次,《赛事管理办法》与同效力位阶的地方政府规章发生冲突时也难以衡量两者之间的优先性,导致在体育赛事活动实际管理中部门职责划分不清、管理比较混乱等问题,影响我国体育赛事活动的顺利开展。

2. 新《赛事管理办法》需细化监管内容

对体育赛事活动管理的演变深受"放管服"改革的影响。如何在"放"的基础上,强化"管"和"服"是重要问题。体育赛事活动的管理应当以新修订的《体育法》第50条为原则,更加精准地根据不同的体育赛事活动进行差异化管理。新《赛事管理办法》在体育赛事活动监管主体和监管内容等问题的规定上仍存在欠缺。

一是监管主体。根据分级分类管理原则,可能存在体育行政部门单一监管主体、体育行政部门和体育组织双监管主体以及体育行政部门和其他行政部门的协同监管问题。以大型群众性、商业性体育赛事活动的监管为例,虽然不需要体育行政部门的行政许可,但必须依照《大型群众性活动安全管理条例》(国务院令第505号)实施安全许可,而实践中,公安部门的安全许可往往成为掣肘体育赛事举办的因素。上述问题的实质在于行政部门之间的协同监管,后续对于如何实现协同监管应予重点考虑。二是监管内容。新修订的《体育法》第102条第4款规定了突发事件发生时体育赛事活动组织者及政府的应对方式,新《赛事管理办法》据此也建立了体育赛事活动熔断机制予以回应,但监管内容整体错综复杂,难以从正面去剖析和明确列举哪些体育赛事活动需要监管,应该如何确定监管的范围和各部门的职责等。

3. 新《赛事管理办法》对体育无形资产保护不足

《赛事管理办法》的修订依据新修订的《体育法》对体育无形资产的保护进行了填充,但规定仍较为笼统、概括,难以作为保护体育赛事无形资产的法律依据。新《赛事管理办法》虽然规定了体育赛事活动主办方和承办方的相关市场开发权益、知识产权权益,以及体育赛事组织者的转播权益,但在实践中,转播商等体育赛事活动相关方,即使获得体育赛事活动组织者独家授权的转播权,在面临盗播时,仍难以据此获得法院救济。此外,新《赛事管理办法》并未顾及运动员形象权、体育冠名权等内容。

4. 新《赛事管理办法》对青少年和学校体育赛事活动缺少规定

《体育法》修订后,原"学校体育"一章变更为"青少年和学校体育",其中提到体育行政部门应当在举办体育赛事活动方面为学校提供指导和帮助。《学校体育工作条例》《全国学生体育竞赛管理规定》等也对学校体育竞赛、学生体育竞赛有部分规定。青少年和学校体育赛事活动相较于一般体育赛事活动而言,在组织、管理上具有特殊性,当前《赛事管理办法》缺少针对性的规定。青少年和学校体育赛事活动涉及全国学生(青年)运动会、全国性青少年单项体育赛事活动、全国性学校单项体育赛事活动、群众性青少年体育赛事活动等多种类型,上述赛事活动应如何组织?涉及体育行政部门、教育行政部门以及共青团、各级青少年体育协会、学生体育协会等社会团体,其权责应如何界定?

(三)立法完善

党的二十大对体育事业进行了部署,提出了体育高质量发展的新要求。新《赛事管理办法》是在新时代新征程背景下为实现体育强国建设目标而新修订的规章。总体看来,新《赛事管理办法》对赛事活动管理进行了系统的制度规定,发挥着重要的规范作用,但在效力层级、内容等方面仍存在进一步立法和完善的需求。

1. 制定法律位阶较高的行政法规

行政法规在我国法律位阶体系中仅次于宪法和法律,是国务院领导和管理国家各项事务的法规,相较于部门规章有更高的法律地位,适用于全国范围内的体育赛事活动管理,对于我国各部门具有同等的法律效力,有利于统筹协调我国各行政部门的工作，提高工作效率和质量。特别是在新修订的《体育法》出台的背景下，有关体育赛事活动的相关规定变化较大，涉及多部门的参与，如新修订的《体育法》第 102 条第 2 款，明确了县级以上人民政府公安、市场监管、应急管理等不同部门在体育赛事活动监管工作中的职责，因此需要制定一部较高法律位阶的行政法规，作为《体育法》配套法规文件来具体落实新修订的《体育法》的要求，明确各部门权责，调动各部门建立协同管理机制。同时，行政法规相较于部门规章也更具权威性和影响力，便于我国各机关单位、社会团体、企事业单位和公民遵守和执行，能够明确中央与地方立法的关系，规范和统一我国各地体育赛事活动管理规定，进而完善我国各地体育赛事活动管理制度。

具体来说，应当按照行政法规的制定程序，由国务院组织起草《体育赛事活动管理条例》（以下简称《赛事管理条例》），并将具体起草工作交给体育行政部门。体育行政部门应当贯彻落实《宪法》《体育法》等上位法的立法精神，具体细化上位法的立法要求，按照《体育法》的立法思路开展《赛事管理条例》的起草工作。在起草工作开展过程中可以吸收体育、教育、法律等相关领域的专家共同参与，以解决部分专业性较强的问题，应深入调研当前我国体育赛事活动实际中存在的重点、难点、热点问题，广泛听取社会公众的意见，处理好《赛事管理条例》立法内容的普适性与特殊性问题，并征求与体育赛事活动管理联系密切的部门的建议，与相关部门协商一致，以便于明确《赛事管理条例》中部门权责的划分，而后完成《赛事管理条例》的起草文件，邀请法律、体育、教育等不同领域的专家学者展开论证，经反复斟酌和确认后，向国务院提交起草文件并送至法制机构进行审查。

2. 细化体育赛事活动监管规定

加强体育赛事活动监管是"简政放权"改革背景下保证我国体育赛事活动顺利开展的关键，应当着重建立健全我国体育赛事活动监管制度，明确监管主体，厘清监管职责，细化监管规定。新修订的《体育法》规定了体育行政部门依法对体育赛事活动进行监管，相关部门在职责范围内监管，同时要求体育协会完善内部治理体系、制定行业规则，明确了以体育行政部门为主、多部门配合的监管主体，建立部门协同监管工作机制。《赛事管理办法》在后续修订中亦应注意多元共治理念的贯彻，梳理监管主体在赛事活动监管中的应然角色，详细列清体育、公安、市场监管等各相关部门在体育赛事活动组织开展前、中、后的监管内容，确保体育赛事活动全过程都受到监管。例如，体育行政部门要发挥赛事活动主管功能；公安机关负责赛事活动的安全许可工作、赛事活动场所的治安保卫工作以及赛事活动和赛事活动场所中的各类治安案件和刑事案件；市场监管部门依法对赛事项目标准的制定修订工作加强管理，依法对赛事活动场所、赛事活动符合国家标准情况履行监督管理职责；卫生健康部门依法对赛事活动的医疗保障、安全救护履行监督管理职责。

3. 完善体育无形资产保护规定

近年来，关于我国体育无形资产保护的法律法规得到了不断的完善，以权利保障为主线的立法加强了对体育赛事活动相关权利主体利益的保护，例如《民法典》关于人格权的立法，《著作权法》关于"视听作品"的规定等，为体育赛事活动相关权利主体在体育赛事活动中的姓名权、肖像权、转播权等权利提供了法律保障。新修订的《体育法》也对体育无形资产保护作出了更加严格的规定，对体育赛事活动的名称、徽记、旗帜及吉祥物等标志予以保护，同时特别强调了体育赛事活动组织者等相关权利人权益的保障。新修订的《赛事管理办法》虽然沿袭了《体育法》中保护体育无形资产的相关内容，但作为贯彻落实法律的部门规章，其规定得较为笼统，未来除维持对体育赛事活动相关权利人在体育赛事活动中的转播权、体育赛事活动相关的著作权、邻接权、商标、专利等知识产权外，还应在运动员形象权、体育冠名权等方面作出具体回应，与《民法典》《著作权法》等其他法律形成衔接，共同保护体育赛事活动相关权利人应有的利益，促进我国体育产业的发展。具体而言，可以以《民法典》对肖像权的规定为支撑，兼以考量赛事活动的特殊性，进一步对体育形象权进行细化，规定"运动员在体育赛事中形成的形象权由运动员和体育赛事组织等主体共有，权利人有权对其知名形象进行商品化利用并取得经济利益"；可以以体育冠名赞助纠纷相关案例为参考，针对开发利用体育冠名权进行保护，规定"体育赛事活动组织者可通过体育冠名赞助合同转让其对体育赛事、体育设施、参赛队伍等享有的名称设定等相关权利"，从源头上减少纠纷的发生。

4. 明确青少年和学校体育赛事活动相关规定

在我国行政管理体制中，青少年体育和学校体育分别由体育行政部门和教育行政部门负责管理，在管理上既彼此独立又交叉重叠。在体教融合改革背景下，两者正在不断发生交融，新修订的《体育法》将"学校体育"章节修改为"青少年和学校体育",更是在法律上确认了两者未来融合发展的趋势,因此,青少年和学校体育赛事活动的范围、组织及相关管理部门的职责需要在相关法律法规中得到明确。

首先,应当对青少年和学校体育赛事活动的概念进行界定,明确两者的范围边界,有利于部门管理职责的划分。根据《全国学生体育竞赛管理规定》对全国学生体育竞赛概念及其主办方的规定,可将学校体育赛事活动界定为"由各级教育行政部门、大中学生体育协会以及学校主办的体育赛事活动"。为表示区分,可对"青少年体育赛事活动"作排除性规定,即"青少年自愿参加的,除学校体育赛事活动以外的其他体育赛事活动"。其次,青少年和学校体育赛事活动是体教融合改革的重要部分,应当明确"体育与教育相融合""普及与提高相结合""促进青少年、学生全面发展"等赛事活动的举办原则和目的。再次,我国青少年和学校体育赛事活动的组织较为复杂,涉及体育、教育行政部门、共青团、体育协会、基层组织等不同性质的主体和全国学生(青年)运动会、全国性青少年单项体育赛事活动等不同类型的赛事活动。在权责划分上,可明确体育行政部门在学校组织开展体育赛事活动中的"指导帮助"作用,明确教育行政部门的"保障支持"作用,明确共青团和各级青少年体育协会、学生体育协会等社会团体的"服务引导规范"作用。在赛事组织上,坚持分级分类管理,全国性青少年单项体育赛事活动由国务院体育行政部门领衔相关单项体育协会、体育行业协会等主办;全国性学校单项体育赛事活动由国务院教育行政部门领衔大学生体育协会、中学生体育协会等体育组织主办。最后,应当按照《体育法》及相关法规政策规定,由国家定期举办全国学生(青年)运动会,由各级人民政府定期举办本地区学生运动会,由体育、教育行政部门负责建立健全青少年和学校体育赛事活动体系。

《中国体育仲裁委员会组织规则》《体育仲裁规则》制定报告*

《中国体育仲裁委员会组织规则》(以下简称《组织规则》)、《体育仲裁规则》(以下简称《仲裁规则》)于2022年12月22日经体育总局第2次局务会议审议通过,自2023年1月1日起正式实施。《组织规则》《仲裁规则》体例严谨、体系完备,各具亮点。

《组织规则》体现出保障体育仲裁委员会的独立性、提高体育仲裁委员会的公正性、增强体育仲裁委员会的专业性等设立体育仲裁委员会的基本思路。《仲裁规则》则强调提升体育仲裁效率、多元化解体育纠纷,并关注兴奋剂纠纷的特殊性。在未来运行中,体育仲裁委员会仍需进一步协调国内仲裁制度间的关系,做好与国际体育纠纷解决机制的衔接,并在实践中不断丰富中国特色体育仲裁理论,推动发展具有中国特色的体育仲裁制度。

新修订的《体育法》新设"体育仲裁"专章,为我国体育仲裁制度的构建提供了明确的法律依据,它要求国务院体育行政部门组织设立体育仲裁委员会、制定体育仲裁规则。由此,体育总局政策法规司组织专家学者、体育行政部门工作人员与实务工作者,对《组织规则》《仲裁规则》的制定展开研究、讨论起草,最终于2022年12月予以公布。《组织规则》《仲裁规则》体例严谨、体系完备,与新修订的《体育法》"体育仲裁"专章相呼应,初步构建了较为完整的体育仲裁法律规范体系。

一、《组织规则》《仲裁规则》的制定过程

《组织规则》《仲裁规则》的制定工作于2021年12月启动,经历了前期调

---

* 李智、王俊晖:福州大学。

研论证、中期研究起草与后期征求意见三个阶段,着重解决了《仲裁规则》体例、《组织规则》规定模式、仲裁范围确定方式、临时措施设置方案等问题。

（一）前期调研论证阶段

2021年12月,体育总局政策法规司组织起草专家组,以体育总局重大决策咨询项目《我国体育仲裁机构设立及运行机制研究》（项目首席专家:福州大学李智教授）为研究基础,开展规则的研讨和起草工作。工作伊始,专家组即进行了大量的资料收集工作,对具有代表性的国内外仲裁机构仲裁规则、组织规则及体育组织管理规定、体育赛事活动管理规定进行了较为全面的收集、翻译、梳理、分析和汇编,并在此基础上,研究、论证如何制定规范体育仲裁机构设立与运行的部门规章。经过密集研讨与充分论证,专家组于2022年5月形成了内部研究、审议的《中国体育仲裁委员会章程（专家意见稿）》《仲裁规则（专家意见稿）》初稿。2022年8月,体育总局政策法规司在杭州组织专题研讨会,来自全国人大法工委、体育总局、中国反兴奋剂中心、中国足协、中国篮协、福州大学、浙江省体育局等单位的专家学者、体育与法律实务工作者对专家意见稿进行专门研究审议,会议在体育仲裁委员会的基本治理结构、普通仲裁程序等方面达成了广泛的共识,形成了一致意见。

第一,决定制定《组织规则》。起草专家组按计划草拟了《中国体育仲裁委员会章程（专家意见稿）》,但此方案也显露出明显不足。首先,体育总局既是体育仲裁委员会的设立机构,又参与制定章程,并负责安排体育仲裁机构的组成人员与日常管理,甚至直接影响体育仲裁机构的日常管理运行,影响体育仲裁机构的独立性。其次,由体育总局制定的《中国体育仲裁委员会章程》,在性质上会成为部门规章或规范性文件,其修改、完善需要经过相应的立法程序,欠缺一定的灵活性。为此,会议讨论认为,通过制定《组织规则》构建仲裁机构内部治理体系,并由体育仲裁委员会自行制定《中国体育仲裁委员会章程》更为妥当。如是,在满足《体育法》关于体育总局设立体育仲裁委员会要求的同时,确保体育总局对体育仲裁委员会的有效指导,保障了体育仲裁委员会的独立性与机构设置的灵活性,符合我国体育纠纷解决的实际需要。

第二,明确《仲裁规则》的体例。体育仲裁是特殊的行业仲裁,既具备一般仲裁的特征,又有其他仲裁程序无法兼顾的特殊之处。从纠纷主体来看,既可以是俱乐部、运动员等平等主体之间的注册、交流纠纷,也可以是运动员、体育组织或运动员管理单位的管理性纠纷；从申请依据来看，既可以依仲裁协议申请仲裁，也可以依体育组织章程、体育赛事活动规则申请仲裁；从纠纷产生时间来看，既可以是在赛内发生的纠纷，也可以是在赛外发生的纠纷。由此产生了两方面的问题：其一，是否需要针对不同类型的纠纷设计不同的仲裁程序并专章安排；其二，特别程序应成为仲裁规则的部分章节，还是作为独立的仲裁规则。与会专家经研究认为，首先，在关注不同类型纠纷特殊性的同时，也应注意体育仲裁在仲裁程序上的普适性要远超其纠纷内容的特殊性，在部分条款中作出相对特别的程序安排，已经能满足不同类型纠纷的解纷需求。其次，将特别程序设置为体育仲裁规则的部分章节更为妥当。一方面，新修订的《体育法》规定，特别程序由体育仲裁规则规定，在表述上倾向将特别程序置于《仲裁规则》内；另一方面，将特别程序作为仲裁规则的特殊规定，能有效避免条文冗余。

在此基础上，起草专家组草拟了《组织规则（专家意见稿）》一稿，并在《仲裁规则（专家意见稿）》一稿的基础上，完善了体例、仲裁范围、特别程序设计、仲裁规则与反兴奋剂协调、仲裁期限设置、仲裁规则溯及力等内容，于2022年8月底完成了《仲裁规则（专家意见稿）》二稿。

（二）中期研究起草阶段

2022年9月，由体育总局政策法规司指导、福建省体育局和福州大学联合主办的"中国体育仲裁机构设立和运行问题研究"专题研讨会在福州大学举办，会议邀请全国性单项运动协会、专家学者与实务工作者，对体育仲裁机构的组成人数、监督制度、体育解纷机制衔接等数十个问题展开研讨，提出了相应的修改意见，明确了《组织规则》的总体内容与《仲裁规则》中仲裁范围的体现形式问题。

第一，《组织规则》应当在何种程度上明确体育组织的组织机构与职责，是制定《组织规则》的基本问题。会议研究认为，《组织规则》在关于体育仲裁委员会组织机构与日常运行管理方面的规定不宜过细，应秉持独立性原则，以提高机构治理效率与仲裁活动效率为基本目的。具体来说，《组织规则》需要注意规定三方面内容，即各机构的设置方案、各机构的日常职能以及在仲裁程序中的职责。首先，《组织规则》规定体育仲裁机构内部治理权力的总体安排，要求体育仲裁委员会应当按照有效制衡、权责对等的原则制定章程；其次，《组织规则》应允许体育仲裁委员会设立专门委员会履行具体职能,但不对其设置专门委员会的数量、类型进行限制。最后,明确规定需要按照《仲裁规则》履行职责的组织机构或个人,确保其与《组织规则》相协调。

第二,《仲裁规则》关于仲裁范围的规定应沿袭新修订的《体育法》的规定。新修订的《体育法》关于体育仲裁范围的规定存在一定的模糊性。其一,何种规定属于体育社会组织、运动员管理单位、体育赛事活动组织者的其他管理规定;其二,何种处理决定属于当事人可以申请体育仲裁的其他处理决定;其三,何种纠纷属于竞技体育中发生的可以申请仲裁的其他纠纷。对此,主要有在《仲裁规则》中细化阐释《体育法》规定与《仲裁规则》严格依照《体育法》规定两种方案。会议研究认为,两种方案的价值选择不同,均具有合理性。细化规定侧重于保护运动员权利,更具人文关怀;严格规定则侧重于稳定价值,更利于实践解纷。不过,在体育仲裁制度建立初期,严格依照《体育法》规定设置《仲裁规则》的仲裁范围条款更为妥当。一方面,《仲裁规则》系部门规章,确保其条文符合《体育法》的规定,是规则制定的基本遵循。对《体育法》规定进行细化阐释,实际上是对《体育法》进行积极解释,可能违背《体育法》的条文原意。另一方面,体育仲裁委员会可通过制定申请指南与办案规则的方式,对运动员申请体育仲裁、工作人员受理案件、仲裁员判断案件管辖权起到引导作用;有关部门可通过撰写《体育仲裁规则释义》的方式,向社会进一步阐释《仲裁规则》中仲裁范围条款的内涵,起到一定的"释法"作用。

根据此次会议提出的要求与建议,起草专家组于2022年9月底完成了《组织规则(专家意见稿)》《仲裁规则(专家意见稿)》三稿的起草工作,基本形成了体例完整、程序科学、规范合理的文本。

(三)后期征求意见阶段

推进起草工作的同时,体育总局内部征求意见工作也积极展开。2022年10月上旬,体育总局各机关单位、运动员管理中心、中国反兴奋剂中心、北京体育大学、各省市体育局等对《组织规则(专家意见稿)》《仲裁规则(专家意见稿)》中的条款表述与具体内容提出了修改建议。起草专家组在积极吸收采纳修改建议的同时,对专家意见稿进行修订。体育总局政策法规司在斟酌参考专家意见稿后,于11月1日公布了《组织规则(征求意见稿)》《仲裁规则(征求意见稿)》,面向全社会征求意见。在征求意见的过程中,社会各界针对体育仲裁程序、体育仲裁机构的内部监督等问题提出了大量有益建议。本阶段中,体育仲裁临时措施设置的相关问题得到了高度关注。

为保障当事人的紧迫利益,劳动仲裁、商事仲裁与诉讼均设置了证据保全、财产保全等临时措施。在国际体育仲裁实践中,由于体育纠纷具有不同于商事、劳动仲裁的保护内容,体育仲裁临时措施在申请条件、种类上也得到了特别规定。征求意见稿针对体育解纷特点,也设置了专门的临时措施。体育仲裁临时措施并不完全等同于传统意义上的财产保全、证据保全、行为保全。比如,体育组织的禁赛决定限制了当事人参加比赛的权利,在紧急情况下,当事人需要临时参加比赛,即需要体育仲裁委员会采取一定的措施来临时暂停执行体育组织的禁赛决定。因此,征求意见稿专门规定了临时注册或交流、临时获得代表资格或参赛资格、暂停执行体育组织决定及其他适当的措施。此外,征求意见稿也关注到体育仲裁对传统意义上财产保全、证据保全的需求,允许当事人申请财产保全与证据保全,体育仲裁委员会或仲裁庭也可以要求当事人提供一定的担保,在当事人滥用临时措施的情况下,有效补偿被申请人因此受到的损害。经过多方讨论,大多人认为由于《体育法》并没有专门规定临时措施条款,也没有为临时措施提供执行保障,在《仲裁规则》中设置临时措施,既可能超出《体育法》的授权范围,也可能面临难以执行的困境。因此,目前可暂时不作详细规定,留待日后完善。最终,《仲裁规则》将体育仲裁临时措施条款安排在附则,授权体育仲裁委员会根据实际情况另行制定临时措施规则。

2022年12月25日,体育总局正式公布《组织规则》《仲裁规则》,标志着我国体育仲裁机构设立进入了快车道。

二、《组织规则》《仲裁规则》的主要亮点

《组织规则》《仲裁规则》秉持着遵守法律规定、立足中国实践的思路,形成了体系完备、亮点突出的体育仲裁机构组织规范与体育仲裁活动规范体系,为体育仲裁机构的设立与运行提供了有力指引。

(一)《组织规则》的主要亮点

《组织规则》是规范中国体育仲裁委员会组织与运行基本方案的部门规章,共5章27条,规定了中国体育仲裁委员会的所在地、内部治理结构、仲裁员管理、内部监督机制等内容,体现出三方面的特点。

第一,保障体育仲裁委员会的独立性。一方面,《组织规则》承袭了《体育

法》的规定，明确体育仲裁委员会由体育总局设立，确立了党建引领的原则，要求体育仲裁委员会组成人员拥护中国共产党领导，弘扬社会主义核心价值观和中华体育精神。另一方面，《组织规则》多层次地保障体育仲裁委员会的独立性。首先，总则提纲挈领地规定，体育仲裁依法独立运行，不受行政机关、社会组织和个人的干涉。其次，强调体育仲裁委员会组成人员来源的广泛性和代表性，体育仲裁委员会由体育行政部门代表、体育社会组织代表、运动员代表、教练员代表、裁判员代表以及体育、法律专家共同组成，能够独立制定、修改章程，对体育仲裁委员会的内部治理问题作出决定；体育仲裁委员会有权自行决定聘任与解聘仲裁员，对仲裁员的管理不受外部干涉。最后，仲裁员能够独立处理体育纠纷，在仲裁活动中享有应有的职权和工作条件，在履行职责时不受行政机关、社会组织和个人的干涉。

第二，提升体育仲裁委员会的公正性。《组织规则》通过强化对仲裁员的规范与管理、构建内部监督管理机制两方面的制度安排，着力提升体育仲裁裁决的公正性。首先，在仲裁员管理与规范方面，《组织规则》明确规定仲裁员具有依法处理体育纠纷，保护当事人合法权益的积极义务。同时，规定仲裁员的消极义务，详细列举仲裁员在仲裁活动中禁止实施的偏袒一方当事人、私自会见当事人，接受请客送礼等十类行为。其次，在内部监督管理机制方面，《组织规则》专门设置监督管理一章，设立监事会，建立健全监督管理制度，在不干涉具体案件的前提下，既对组织机构、仲裁员、仲裁机构工作人员的行为进行监督，也对申请受理、办案程序等仲裁活动展开监督，并设置惩戒规定，对于在内部监督管理过程中发现的违反法律法规及有关规定的仲裁员与工作人员，视情节予以惩戒。

第三，增强体育仲裁委员会的专业性。满足体育纠纷解决的专业性需求，是建设体育仲裁机构的重要目标。为此，《组织规则》规定了两方面的措施强化体育仲裁机构的专业性。首先，拓宽体育仲裁委员会组成人员的来源，强调体育仲裁委员会组成人员的专业知识，提升体育仲裁委员会内部治理的专业性。比如，体育仲裁委员会三分之二以上的组成人员应当具有八年以上体育或法律教学、科研或者实务经历。其次，建立仲裁员培训与考核制度，提升仲裁员的专业性。仲裁员负有参加聘前培训和履职培训的义务，体育仲裁委员会依考核标准对仲裁员进行考核，对不合格的仲裁员予以解聘。另外，体育仲裁委员会根据《组织规则》授权，设置了专家咨询委员会，由来自法律行业的专家学者与实务工作者组成,根据仲裁委员会或仲裁庭的要求,对某些案情复杂、争议较大、社会影响广泛的重大疑难案件进行专门研讨,提供咨询意见,这也为体育仲裁的专业性增添了一份"保险"。

(二)《仲裁规则》的主要亮点

《仲裁规则》立足我国实践,重视体育纠纷的特点与我国体育纠纷解决的实际需求,共8章78条,规定了体育仲裁的基本原则,受案依据与管辖权,案件申请与受理,仲裁庭组成,案件审理、决定和裁决作出以及适用于体育赛事活动期间的特别程序等内容,构建起了完备的体育仲裁程序,着重凸显出三方面的亮点。

第一,提升体育仲裁效率,保障运动员权利。体育纠纷对仲裁的时效要求极高。比如,在注册、交流纠纷中,当事人若未能在转会窗口期关闭前解决纠纷,就可能无法完成转会;又比如,在体育赛事活动中,当事人在第一天比赛中发生的纠纷,往往需要在第二天开赛前得到解决,否则可能影响比赛进度。为此,《仲裁规则》强调提高体育仲裁的效率,保障运动员的合法权利。在普通程序中,《仲裁规则》将仲裁期限确定为3个月,并相应地缩短了其他仲裁程序的期限,极大地减少了纠纷解决的时间;允许采取线上开庭的方式审理案件,节约当事人参加庭审的时间;允许通过发送电子邮件的方式往来仲裁文书,缩短文书往来时间,提高仲裁效率。在特别程序中,《仲裁规则》不仅授权体育仲裁委员会主任直接指定仲裁庭的组成人员,还要求仲裁庭应当在24小时内作出裁决,并采取了更为便捷的送达方式,如先行电话通知,随后补充送达纸质文书材料等。诸如此类旨在提高仲裁效率的条款,在《仲裁规则》中不一而足。

第二,注重多元化解体育纠纷。体育仲裁作为诸多体育解纷方式中的一种,实际上是一种"保障性"的解纷方式。换言之,体育仲裁是在其他纠纷解决方式不能妥善解决体育纠纷时,一裁终局地解决争议。因此,《仲裁规则》注重发挥其他解纷方式的积极功能,促进体育纠纷解决的多元化。首先,《仲裁规则》承袭《体育法》关于鼓励体育组织建立内部纠纷解决机制的规定,重视通过体育组织内部纠纷解决机制解决体育纠纷,要求当事人在体育组织内部纠纷解决机制未能及时解决纠纷或没有内部纠纷解决机制的情况下,才可以申请体育仲裁。其次,设置调解制度,在体育仲裁中延续我国商事仲裁中仲裁与调解相结合的经验。当事人既可以在仲裁程序中随时要求进行调解,也可以自行和解。当事人调解达成一致的,应当签订和解协议。签订和解协议后,当事人可以撤回仲裁请求或请求仲裁庭根据和解协议的内容作出裁决书或制作调解书。

第三,关注反兴奋剂纠纷的特点,设置适用于兴奋剂纠纷的条款。与兴奋剂有关的体育纠纷具有一定的特殊性,主要体现在两方面:其一,兴奋剂纠纷专业性较强,如兴奋剂检查调查、治疗用药豁免、特定与非特定物质、滥用运动员行踪管理等。其二,我国的兴奋剂管制活动受到《世界反兴奋剂条例》的约束,体育仲裁委员会在开展与兴奋剂有关的体育仲裁时,需要符合《世界反兴奋剂条例》的规定。针对上述特点,《仲裁规则》作出了三方面的安排。首先,允许体育仲裁委员会在《仲裁员名册》中设置专门的《反兴奋剂仲裁员名册》,确保反兴奋剂仲裁员具备专门的反兴奋剂知识,提高反兴奋剂仲裁的专业性。其次,尊重中国反兴奋剂中心对兴奋剂处罚决定的复核权,当事人通过调解解决兴奋剂争端的,需要得到反兴奋剂中心的同意,避免当事人通过体育仲裁程序中的调解制度规避反兴奋剂中心的审查。最后,尊重《世界反兴奋剂条例》及有关国际标准的规定,要求解决与兴奋剂有关纠纷的仲裁庭中,应至少有一名具有法学背景或法律专业经验的仲裁员;当事人希望在反兴奋剂仲裁中公开审理的,仲裁庭应当根据其申请进行公开审理。

三、我国体育仲裁制度发展展望

体育仲裁制度在我国系初次建立,我国体育事业也在日新月异地发展,可以预见,体育仲裁委员会在建设初期,将会不断面对新局面、面临新挑战。对此,体育仲裁委员会可以将以下三方面作为工作抓手,不断推动我国体育仲裁事业实现新的发展,建设具有中国特色的体育仲裁制度。

(一)进一步协调国内仲裁制度间的关系

《体育法》在制定时出于维护法律制度稳定性的考虑,采取了"列举+兜底+排除"的方式规定体育仲裁的仲裁范围。其中,列举性规定是指明确列举当事人对体育组织处理决定不服的纠纷与注册交流纠纷属于体育仲裁的仲裁范围;兜底性规定是指当事人可以就竞技体育活动中产生的其他纠纷申请体育仲裁;排除性规定是指将劳动仲裁机构与商事仲裁机构能够受理的纠纷,排除在体育仲裁的范围外,当事人不能申请体育仲裁。新修订的《体育法》的此种规定模式,一方面确定了体育仲裁制度的独立地位,推动了体育仲裁、商事仲裁、劳动仲裁等仲裁制度间的互补,另一方面也可能导致部分纠纷的管辖存在一定争议。比如,由于体育领域中的运动员工作合同纠纷的性质仍不清晰,其究竟由劳动仲裁、商事仲裁来解决恰当,还是由体育仲裁来解决更为恰当,将是体育仲裁委员会在受理案件时面临的主要问题。对此,可以从准确理解兜底条款、灵活开展体育仲裁实践两方面来解决。

第一,准确理解体育仲裁的兜底条款。首先,合理确定兜底条款中"竞技体育活动"的范围。结合《体育法》以及《体育赛事活动管理办法》等法律法规、部门规章的规定,高水平运动员从事的体育活动应当属于竞技体育活动的核心范围。同时,其他竞技性强的体育活动中产生的纠纷,可以根据实际需求,作为竞技体育活动的外延范围,能动地纳入体育仲裁的范围。其次,充分运用兜底条款的保障功能,发挥体育仲裁的解纷功能,尽可能地使纠纷得到解决,保障当事人的合法权益。不论是建立体育仲裁制度,还是规定体育仲裁范围的"兜底条款",均是为了解决实践中一些体育纠纷"求告无门"的痛点。因此,应当合理发挥兜底条款的保障作用,使竞技体育活动范围内的纠纷尽可能得到解决。比如,平等主体间的纠纷如俱乐部间因运动员培训补偿和联合培训机制发生的纠纷,可以尝试通过仲裁协议提交仲裁委员会解决。

第二,在实践中动态解决管辖权模糊问题,保持体育仲裁范围的灵活性,提升体育仲裁制度的适应力。从实际情况来看,《仲裁规则》无论是继续严格承袭《体育法》的规定设置仲裁范围,还是在《仲裁规则》中对仲裁范围进行细化、列举,都难以完全明确体育仲裁的范围。未来,随着我国体育强国建设的逐步深入,竞技体育与学校体育、全民健身不断融合,体育纠纷也将不可避免地朝着多元化、多类型的方向发展,尤其可能会向商事和劳动方面扩展,对体育仲裁范围采取较为严格的限制,不利于体育仲裁的长远发展。因此,体育仲裁范围的确定,还需要在实践中根据案件的实际情况,与劳动仲裁、商事仲裁机构密切沟通,尊重人民法院的司法审查,并适当行使自裁管辖权,合理确定具体争议案件的管辖主体,逐步形成一定的惯例,推动仲裁范围边界的划定。鉴于此,体育仲裁可在确定核心仲裁范围的基础上,根据体育事业发展与体育纠纷解决的现实需求,依法能动地扩张或限缩体育仲裁范围,最大限度地保护当事人合法权益,使体育仲裁成为专业解决体育纠纷的最佳方式。

(二)做好与国际体育纠纷解决机制的衔接

国际体育纠纷解决机制通常包括国际体育仲裁与国际体育组织内部争端解决机制。国际体育仲裁一般是指由位于瑞士洛桑的国际体育仲裁院（Court of Arbitration for Sport，以下简称"CAS"）对体育纠纷进行的仲裁。依CAS的管辖规定，其受理当事人依据仲裁条款、仲裁协议、体育组织章程或特定协议申请的与体育有关的纠纷。国际体育组织内部争端解决机制主要是指由体育组织内设的纠纷解决机构解决体育纠纷，例如国际足联内部设置了争议解决委员会和球员身份委员会，根据相关自治规则受理案件。值得注意的是，国际体育组织内部争端解决机制作出的裁决，并不是法律意义上的仲裁裁决，其在效力上更类似于一个新的处理决定。一般来说，当事人可以就国际体育组织内部争端解决机制作出的决定，继续申请 CAS 仲裁。这样一来，在涉国际级运动员纠纷和涉外体育纠纷中，我国体育仲裁机构很有可能与国际体育组织内部争端解决机制产生管辖冲突，因而，需要处理好与国际体育纠纷解决机制的衔接。

为此，我国应在重视国际强制性规范的同时，坚持既独立又协同的理念。一方面，《世界反兴奋剂条例》关于世界反兴奋剂机构可以向 CAS 就国际级运动员、国际体育赛事纠纷申请仲裁的规定具有一定的强制性，我国体育仲裁委员会应当予以重视。另一方面，体育仲裁委员会也应当加强与国际体育仲裁机构和国际体育组织的沟通交流，按照互惠原则处理相关事务。这就需要做好两方面的工作：首先要积极与国际体育组织、仲裁机构保持沟通交流，尽可能推动各方在管辖权或案件处理方面形成相对一致的看法；其次要贯彻互惠原则的要求，合理行使《仲裁规则》赋予的自裁管辖权，由体育仲裁委员会根据案件情况，灵活决定是否受理涉外体育纠纷。事实上，在竞技体育国际化的形势下，轻易排除我国体育仲裁机构对我国境内发生的涉外体育纠纷的管辖权，可能继续造成"国内纠纷国际化"的现象，不利于保护我国运动员与俱乐部的合法权益。因此，体育仲裁机构应综合考虑，尽可能地受理涉外体育纠纷案件。

(三)在实践中不断丰富中国特色体育仲裁理论

未来，随着我国体育仲裁实践的不断丰富，应适时总结凝练我国的体育纠纷解决经验，推动形成我国关于体育仲裁的基本观点与立场，为我国体育仲裁的进一步发展赋能。这就要求学界积极展开理论层面研究，不断充实具有中国特色的体育仲裁理论。在体育仲裁委员会成立与运行初期，学术理论研究可以主要就以下问题展开。

第一，中国体育仲裁委员会的学理性质。在学理层面，我国体育仲裁机构的性质、定位仍有待梳理明晰。体育仲裁委员会并非商事仲裁机构或劳动仲裁机构，但又同时具备商事仲裁机构的部分特征，即解决平等主体间的纠纷，仲裁程序相近；同时也具有一定的行政仲裁特征，即由体育总局组织设立，解决纵向主体间的管理类纠纷。由此，体育仲裁机构在学理上的性质究竟为何，可以进一步讨论探究。

第二，中国特色体育仲裁制度与国内外商事仲裁、劳动仲裁制度的异同。体育纠纷的相当部分属于涉及多个部门法的复合型争议。若从不同的面向理解，一桩体育纠纷既可被解释为体育仲裁的受案范围，又可被解释为商事仲裁或劳动仲裁的受案范围。但是，体育仲裁机构与商事仲裁机构、劳动仲裁机构在内部治理、仲裁活动保障等方面是否应当有所区别，我国的体育仲裁制度与国内外商事仲裁制度之间的相同点和不同点分别体现在哪些方面，仍不清晰。有鉴于此，深入研究我国的体育仲裁制度与商事仲裁制度、劳动仲裁制度的相似之处，揭示三者之间的不同点，尤为必要。

第三，体育仲裁裁决司法审查的边界及审查形式。根据新修订的《体育法》的规定，当事人若对体育仲裁裁决结果不服，且体育仲裁裁决具有一定的瑕疵或错误，可向体育仲裁委员会所在地的中级人民法院申请撤销体育仲裁裁决，或通知仲裁庭重新仲裁。这种由人民法院根据当事人申请对仲裁裁决进行的审查，一般被称为仲裁裁决的司法审查。从国际实践看，法院一般尊重体育行业自治地解决纠纷，对体育仲裁裁决的审查采取较为审慎的态度，不轻易否定体育仲裁裁决的效力。体育仲裁制度建立初期，我国法院在对体育仲裁裁决进行司法审查时，应坚持什么样的审理原则？对于重新仲裁或撤销仲裁的案件，应如何进一步完善后续程序？这些问题也亟待分门别类地进行探讨。

我国地方体育立法发展报告(2022)*

加强地方体育法治建设是依法治体的重要环节,体育系统要高度重视地方体育立法工作,在地方立法和政策制定中不断植入体育元素,增强体育领域获取资源配置的能力,推动地方体育繁荣发展。2022年度的地方体育立法,受到《体育法》修订的积极影响,各地都积极采取行动,贯彻落实新修订的《体育法》。

一、地方体育立法背景分析

推动地方体育立法是各地重视体育运动、发展体育事业的重要表现形式,也是体育领域获取资源配置和实现制度保障的重要方式。突发公共卫生事件一方面影响了体育事业和体育产业的积极开展,另一方面也给居家健身、线上办赛和提供更高水平的全民健身公共服务提出了新的时代难题。如何破解时代难题,如何发挥地方优势和特色,创造性地推动地方体育法治与地方体育事业发展,成为各地体育立法和政策制定的一个重要创新点。

(一)学习贯彻新修订的《体育法》的需要

2022年6月24日,我国新修订的《体育法》正式颁布,全国上下掀起学习贯彻新修订《体育法》的热潮。新修订的《体育法》是习近平法治思想和习近平总书记关于体育的重要论述的重要体现,是实现体育治理体系和治理能力现代化的重要契机,对于全面推进体育强国和健康中国建设具有十分重要的意义。新修订的《体育法》在立法目的、工作方针、章节体系、制度设计、保障条件、监督管理等方面都作了重大调整,各地必须深入学习贯

---

* 陈华荣:运城学院。

彻新修订《体育法》的规定，及时完成地方体育配套立法，避免法律冲突、制度矛盾和实践滞后。

(二) 构建更高水平全民健身公共服务体系的需要

全民健身活动的开展情况是衡量一个国家现代化程度的重要标志，高水平的全民健身公共服务体系也是衡量中央和地方政府治理体系和治理能力现代化的重要指标。进入新时代以来，全民健身国家战略得到全面实施，全民健身场地设施、组织保障、赛事活动、服务指导等方面得到明显改善，全民健身公共服务体系基本建立。2022年，中共中央办公厅、国务院办公厅印发《关于构建更高水平的全民健身公共服务体系的意见》，以增强人民体质、提高全民健康水平为根本目的，聚焦"更高水平"，积极回应和满足人民群众对体育健身和美好生活的更高需求。各地按照中央安排，结合各自实际，都在有条不紊地推动构建更高水平全民健身公共服务体系的工作。

二、地方体育立法现状分析

2022年，地方各级人大和政府在推动全民健身、促进体育产业、保障赛事安全、扩大场地设施等方面开展了具有地方特色的体育立法工作，充分体现了地方体育立法的实施性、特色性、创新性，促进了地方体育事业发展，规范了地方体育治理。本文通过对2022年出台的与体育相关的地方性法规、地方政府规章和地方规范性文件从数量、类型、领域、立法技术四个方面进行分析，介绍地方（不含香港特别行政区、澳门特别行政区和台湾地区）体育立法的年度概况。

(一) 地方体育立法性文件数量分布

从收集的数据看，2022年我国地方体育立法性文件共64件，其中地方性法规10件，地方政府规章2件，地方规范性文件52件。具体情况为：天津1件，辽宁1件，吉林1件，上海1件，江苏5件，浙江9件，福建1件，湖北1件，湖南1件，安徽3件，江西3件，山东10件，河南4件，广东3件，广西3件，四川3件，贵州2件，云南1件，陕西3件，甘肃5件，青海1件，河北2件。以上文件通过全国人大常委会国家法律法规数据库、各省级人大常委会官网、各省级人民政府官网、各省级体育局网站以及北大法宝等官方网站和法律数据库获取，以"全民健身""体育设施""竞技体育""体育赛事""体育产业""学校体育""体育教育""运动员""乒乓球""羽毛球""围棋"等关键词进行检索与分析。

与2020年和2021年相比,2022年与体育相关的地方规范性文件总体数量居于稳定。

从地域来看,2022年东部、中部、西部、东北部的地方体育立法性文件分别为32件、12件、18件、2件,具体情况如下:

东部:天津1件,河北2件,上海1件,江苏5件,浙江9件,福建1件,山东10件,广东3件,共计32件;

中部:安徽3件,江西3件,河南4件,湖北1件,湖南1件,共计12件;

西部:广西3件,四川3件,贵州2件,云南1件,陕西3件,甘肃5件,青海1件,共计18件;

东北部:辽宁1件,吉林1件,共计2件。

区域间立法数量仍然存在较大差异。东部地区立法数量最多,达32件,浙江、山东、江苏三省数量居多。西部地区的地方体育立法性文件显著增加,达18件,中部地区增长较慢。值得一提的是,位于西部地区的甘肃率先修订《甘肃省实施〈中华人民共和国体育法〉办法》,与新修订《体育法》的章节设置、修订条文相衔接,及时保障新《体育法》的贯彻实施。

(二)地方体育立法整体类型

从收集的资料来看,2022年地方体育立法中规范性文件居多,地方性法规仅10件,地方政府规章仅2件。

地方性法规包括省级地方性法规5件:《甘肃省实施〈中华人民共和国体育法〉办法》《湖北省全民健身条例》《天津市全民健身条例》《福建省全民健身条例》《青海省全民健身条例》。设区的市地方性法规5件:《衢州市围棋发展振兴条例》《石家庄市全民健身条例》《日照市全民健身促进条例》《贵阳市推进全民健身规定》《泰州市全民健身条例》。地方政府规章2件:《湖南省实施〈公共文化体育设施条例〉办法》《山东省体育竞赛管理办法》。

(三)地方体育立法涉及领域分析

对地方体育立法文件进行分析,从涉及领域来看,除《甘肃省实施〈中华人民共和国体育法〉办法》是综合性的体育立法外,其余大多皆属于专门性立法。总体而言,对其立法涉及的领域可作以下划分:

(1) 体育综合。此类地方立法从体育强省/市的宏观角度出发,对体育事业涉及的各门类都作出了详尽的规划。例如《甘肃省实施〈中华人民共和国体育法〉办法》,对体育建设总目标、全民健身、青少年和学校体育、竞技体育、体育产业、保障条件、监督管理、法律责任等作出了全面系统的规定。

(2) 全民健身。《湖北省全民健身条例》《天津市全民健身条例》《福建省全民健身条例》等通过专门立法或修订的方式对全民健身战略加以贯彻深化,强调完善全民健身公共服务体系,完善省、市、县三级全民健身工作联席会议制度,构建政府主导、社会协同、公众参与、法治保障的全民健身工作格局。

(3) 体育文化与体育产业。《衢州市围棋发展振兴条例》是我国首部围棋法规,为围棋立法落子,用法律保护和弘扬中华优秀传统文化进入实质性阶段,对推动全民健身工作,普及围棋运动,弘扬围棋文化,提高围棋竞技水平,发展振兴围棋事业,推动世界围棋圣地建设,推动衢州围棋文化走向世界、打造文化高地金名片具有重要意义。《河南省体育产业基地管理办法》就河南省体育产业示范基地的申报条件、申报程序、评审程序等作了详细规定。

(4) 体育赛事安全。在体育事业迅猛发展的当下,越来越多的地方开始关注体育赛事安全,做好赛事的预警预案和风险评估,确保在疫情防控常态化的形势下顺利开展赛事。如《山东省体育竞赛管理办法》、山东省人民政府办公厅《关于进一步加强全省体育赛事活动安全风险防范工作的通知》《浙江省体育赛事活动社会风险评估工作实施细则(试行)》等,均强调了赛事安全的重要性和紧迫性,并从赛事安全责任落实、赛事风险隐患排查等方面进行了规范。

(5) 青少年与学校体育。《甘肃省实施〈中华人民共和国体育法〉办法》《湖北省全民健身条例》《天津市全民健身条例》《福建省全民健身条例》《衢州市围棋发展振兴条例》等文件均对促进青少年和学校体育进行了规定。《江苏省体育事业发展专项资金(体校建设和体育后备人才培养奖补)项目实施细则》为了推动和促进青少年体育后备人才培养、激励体校科学选材育才、改善训练条件、进一步提高竞技体育训练水平,将体校建设补助和体育后备人才培养奖补纳入"江苏省体育事业发展专项资金"扶持范围。

(6) 体育保障和支持。《长沙市体育品牌评选奖励办法》《舟山市竞技体育贡献奖励办法》等规范性文件均对加速推进体育事业发展,提高竞技体育综合水平,激发运动健儿发扬奥林匹克精神,奋勇争先、奋力拼搏,为高质量建设现代化体育强市贡献新力量作出奖励规定。

(7)重点群体体育保障。各地针对老年人、乡村居民、残疾人、儿童等重点人群开展体育立法,使全民健身覆盖社会所有群体,确保体育设施向大众普及。如《天津市残疾人参加重大体育比赛奖励暂行办法》为鼓励残疾人运动员在重大体育比赛中争创佳绩,进一步规范重大残疾人体育比赛的奖励机制,充分调动残疾人运动员、教练员和体育工作者的积极性和创造性,促进残疾人体育事业高质量发展。江苏省政府办公厅《关于进一步加强全省老年人体育工作的意见》要求完善老年人健身场地设施布局,结合实施新型城镇化、乡村振兴等战略,科学规划建设适合老年人健身的场地设施,做到与老年人口数量、结构、流动趋势相匹配。充分发挥老年人体育组织"桥梁纽带、得力助手"的协调服务职能,积极构建"党政主导、部门尽责、协会组织、社会支持、重在基层、面向全体"的老年人体育工作格局。

(8)冬奥会保障。为保障冬奥会筹备和举办工作顺利进行,河北省、北京市、天津市人大常委会于2021年7月先后通过决定,授权当地省、直辖市人民政府可以根据需要,在不与法律法规相抵触,不与本市地方性法规基本原则相违背的前提下,按照必要、适度、精准的原则,通过制定政府规章或者发布决定的形式,在环境保护、公共安全、公共卫生、道路交通等方面规定临时性行政措施并组织实施。例如,为保障北京2022年冬奥会和冬残奥会期间交通正常运行,根据北京市人民代表大会常务委员会《关于授权市人民政府为保障冬奥会筹备和举办工作规定临时性行政措施的决定》,市政府决定在2022年1月21日至3月16日期间,采取临时交通管理措施。2022年1月14日,北京市政府决定冬奥会和冬残奥会开幕式闭幕式及彩排预演期间,在指定地点燃放烟花。

(四)地方体育立法技术分析

就立法名称而言,2022年地方性法规以"条例"命名的居多,而地方政府规章则均以"办法"命名。此外,存在从名称上难以区分立法类型的情况,如《贵阳市推进全民健身规定》,地方性法规以"规定"命名,调整范围又较广,确实值得商榷。

就立法主题而言,《甘肃省实施〈中华人民共和国体育法〉办法》是综合性的体育立法,其他大多是专门性立法,主要涉及全民健身、体育设施、体育赛事等方面。

就立法内容而言,2022年的地方体育立法主要针对不适应现行法律规定和时代发展要求的地方体育立法作补充完善,比如,2022年《甘肃省实施〈中华人民共和国体育法〉办法》所作的修订。就立法语言而言,新立法更加规范、准确,比如《湖北省全民健身条例》根据新《体育法》和国家体育总局《关于印发〈公共体育场馆基本公共服务规范〉的通知》的相关规定,将原第32条的"适当收取费用"改为现第19条的"低收费"。

三、地方体育立法个案分析

(一)《甘肃省实施〈中华人民共和国体育法〉办法》

1996年9月25日,甘肃省制定《甘肃省实施〈中华人民共和国体育法〉办法》。该办法自颁布施行以来,对保障公民体育权利、推动该省体育事业发展起到重要作用。但是甘肃省自《甘肃省实施〈中华人民共和国体育法〉办法》出台后,一直未根据《体育法》的修正、修订作出相应的调整,使得甘肃省的体育配套立法在立法技术、立法理念等方面都滞后于实践发展需要。为了全面落实体育强国战略,积极呼应上位法,2022年9月23日,甘肃省第十三届人民代表大会常务委员会第三十三次会议修订通过《甘肃省实施〈中华人民共和国体育法〉办法》(甘肃省人民代表大会常务委员会公告第138号),并自2022年12月1日起施行。

《甘肃省实施〈中华人民共和国体育法〉办法》这一立法的主要启示有:其一,积极与上位法保持对应,提升立法技术水平。《甘肃省实施〈中华人民共和国体育法〉办法》根据立法技术规范的要求,对原《甘肃省实施〈中华人民共和国体育法〉办法》的章节、名称、立法语言都进行了规范化修订,提升了立法的规范性和科学性。同时,对与上位法不相符的内容进行修改或删除,如对"学生体育合格标准"等国家已废止的指标参数予以调整,以更新立法内容。其二,结合甘肃地方特色,突出满足实际工作需要。《甘肃省实施〈中华人民共和国体育法〉办法》对体育赛事安全管理责任、体育活动风险防控等上位法尚未明确但实际工作迫切需要的内容,都作出了明确规定和细化。同时,鼓励支持发展以资源禀赋为依托的运动项目,推动具有区域特色的体育产业发展,发展甘肃特色体育产业。其三,注重保障体育安全,为体育活动的安全有序进行提供制度保障。《甘肃省实施〈中华人民共和国体育法〉

办法》不仅注重对体育赛事和高危险性体育活动的监管,还注重对学校体育安全的管理,明确各参与主体的安全保障责任,注重体育安全发展。

(二)《湖北省全民健身条例》

《湖北省全民健身条例》自2013年12月1日实施以来,对保障该省全民健身事业发展发挥了重要作用。但随着经济社会的发展,湖北省全民健身事业面临着一些新情况、新问题,如政府职能和主体责任不清晰、全民健身保障措施不健全、城乡体育发展不均衡、区域发展不充分等。《湖北省全民健身条例》在体育公共服务领域依然存在不足,比如主体法律责任规定不明确、倡导性条款过多不利于贯彻执行、层级责任不清晰、执行监督机制缺失等。本次《湖北省全民健身条例》修订充分汲取了新修订《体育法》的最新立法成果,以解决体育领域的突出问题为抓手,着力破除束缚体育事业发展的障碍,将全民健身事业的发展纳入法治化轨道,为构建更高水平的全民健身公共服务体系提供坚实保障。

《湖北省全民健身条例》的立法启示主要体现在以下三个方面:

其一,以突出问题为抓手,着力破解全民健身难题,促进全民健身设施共建共享。《湖北省全民健身条例》充分认识到湖北省存在的场地设施总量不足、分布不均、利用不充分等突出问题,着力破解"健身难"的问题,如通过优先保障贴近社区的全民健身场地设施的建设和配置、为居民住宅区配套建设健身设施等,解决就近健身难的问题;通过公共体育设施的规划和建设、项目综合开发时建设全民健身设施、改建旧场地等解决"一地难求"的问题;通过加大公共体育设施开放力度、明确开放时间、低收费等方式解决"一场难求"的问题;通过规范全民健身设施管理制度,建立健全维护管理和服务制度,解决"管理不善"的问题。

其二,加大组织力度,突出地方特色,拓展全民健身活动的广度和深度。《湖北省全民健身条例》明确了省、市、县各级人民政府举办运动会的频率,推广具有湖北特色的龙舟、武术、摆手舞等民族民间传统体育项目,积极开展小型多样的健身赛事活动,支持全民健身活动向基层延伸。另外,《湖北省全民健身条例》加强对特殊群体的健身活动的保障,突出体育社会组织、社会体育指导员在服务基层体育工作中的重要作用。

其三,提升公共体育服务水平,补齐全民健身事业发展的短板。《湖北省全民健身条例》明确政府及有关部门应当在全民健身宣传周加强全民健身宣传,加强科学健身指导。同时,完善体质健康监测体系,及时修订全民健身实施计划,鼓励科研机构、高等院校、企业等开展运动营养、运动心理、运动康复等全民健身相关领域的科学研究,依靠科学技术发展全民健身事业。另外,《湖北省全民健身条例》规定体育主管部门应当提升全民健身智慧化服务能力,加强全民健身设施管理维护、公共体育场馆预订等信息化建设,建立线上线下相结合的服务模式。

(三)《衢州市围棋发展振兴条例》

衢州市人大常委会以立法下好"四步棋",留住围棋文化的"根脉"。《衢州市围棋发展振兴条例》的制定,是衢州市用法律保护和弘扬中华优秀传统文化进入实质性阶段的举措,对推动浙江省全民健身工作、普及围棋运动、提高围棋竞技水平、弘扬围棋文化、发展振兴围棋事业具有重要意义;是深入贯彻落实全民健身、体育强国、文化强国、健康中国等国家战略的需要,是更好满足人民对美好生活的需求、城市名片提档升级的需要。

《衢州市围棋发展振兴条例》制定的启示主要体现在以下几个方面:

其一,中国围棋发展地方性法规的参照和模板。《衢州市围棋发展振兴条例》既突出了衢州地方特色,又反映了围棋行业需求,同时也对全国围棋法规体系建设具有普遍的指导作用,是中国围棋发展地方性法规的参照和模板。《衢州市围棋发展振兴条例》作为一部专门地方性法规,为围棋的保护和利用提供了法律支撑和制度保障,是中国围棋运动发展史上第一次依靠法治力量推进围棋运动开展,为各地探求地方体育特色探索出一条新路径。

其二,出台法规实施配套方案与《衢州市围棋发展振兴条例》规范衔接,确保《衢州市围棋发展振兴条例》落地生根。《衢州市围棋发展振兴条例》正式施行后,结合上述立法特色,衢州市有针对性地健全完善法规实施配套政策,如衢州市人民政府办公室印发了《关于加快建设"世界围棋圣地"的若干政策措施》,市体育局、市教育局联合制定了《衢州市围棋体教融合实施方案》。地方体育立法的全面落实不仅依靠普法宣传,而且相关主体要及时制定实施方案,结合《衢州市围棋发展振兴条例》规定,全面梳理需要落实的职责事项,确保相关工作落细、落地。自2022年9月1日起,市体育局、市教育局每年面向全市联合举办"衢州市围棋后备人才选拔赛",致力打造"班—校—县—市"四层级围棋竞赛体系,推动形成班班有比赛、校校有联赛、县级有年赛、市级有决赛的竞赛格局。立足"双减"背景,结合地域特色,突出因地制宜、因校施策,与地方课程、拓展课程、选修课程、课后服务等融合开发开设围棋校本课程,初步形成"一校一品"围棋特色课程文化发展新局面,但实践中仍然存在部分学校将围棋教育设置为样本课程的情况,围棋进入校园的力量较小。

其三,合理评估各领域奖励、支持政策实施的可行性。对已经具备相应条件、制度环境相对成熟的领域应当严格落实奖励措施;发挥奖励措施在表彰先进上的号召作用,保证奖励实施的严肃性与透明度;杜绝配套措施不够全面细致、宣传工作不够广泛深入等影响《衢州市围棋发展振兴条例》实施的突出问题。

其四,加强相关规范性文件的合法性审查。对涉及围棋产业政策、市场竞争、资源配置等领域的奖励支持政策,严格落实公平竞争审查。执法部门协调联动、有效衔接,实现围棋文化古迹保护监管常态化,围棋赛事活动安全保障精准化,确保《衢州市围棋发展振兴条例》各项规定要求全面落实。

其五,完善公众参与,推进《衢州市围棋发展振兴条例》的立法后评估。立足衢州围棋文化的本土生态,引导社会力量有序参与、扩大社会服务志愿者规模,充分尊重和发挥群众在《衢州市围棋发展振兴条例》普及活动中的主体地位。同时增强立法后评估中的公众参与,通过多种方法对《衢州市围棋发展振兴条例》的实施绩效进行分析。对于立法后评估的参与主体,应当坚持包容性,根据不同评估阶段、不同评估对象的特定需要来选取相应参与主体。

四、地方体育立法问题与对策分析

(一)问题分析

1. 法的效力位阶较低,反映出地方对体育立法重视不足

2022年度的地方体育立法中,地方人大及常委会制定的地方性法规仅有10件,其中省级地方性法规仅有5件,分别是《甘肃省实施〈中华人民共和国体育法〉办法》《天津市全民健身条例》《青海省全民健身条例》《湖北省全民健身条例》《福建省全民健身条例》;设区的市地方性法规仅有5件,分别是《泰州市全民健身条例》《石家庄市全民健身条例》《贵阳市推进全民健身规定》《日照市全民健身促进条例》《衢州市围棋发展振兴条例》;省级地方政府规章仅有2件,分别是《湖南省实施〈公共文化体育设施条例〉办法》《山东省体育竞赛管理办法》。其余体育立法大多为地方规范性文件或者地方工作文

件。地方体育立法效力位阶较低,反映出地方对体育领域立法关注度不高。

2. 通过立法贯彻落实《体育法》的步伐偏缓

2022年6月24日,第十三届全国人民代表大会常务委员会第三十五次会议修订通过了《体育法》,但仅有甘肃省人大常委会于2022年9月23日公布了《甘肃省实施〈中华人民共和国体育法〉办法》,其他省份均未出台贯彻落实《体育法》的配套立法。

3. 立法内容涉及领域较为局限

2022年度的地方体育立法,大多涉及全民健身、公共体育设施管理、体育赛事安全风险防范、体育产业发展、兴奋剂、体育校外培训机构规范等传统领域,对于体育与地方特色融合,体育与农业、林业、服务业等融合发展等新兴领域涉及较少。

4. 各地立法发展不均衡

东部地区省份地方体育立法数量较多,内容涉及老年人体育、体育发展资金、体育赛事安全风险防范、全民健身赛事管理、校外培训机构规范、高危项目经营许可等方面,立法数量较多、涉及领域较广。

5. 立法技术有待提高

部分地方体育立法技术有待提高,比如存在通过立法名称无法区分其效力位阶及制定机关、表述不规范、逻辑不清晰、重复规定或者规定自相矛盾等问题。

(二)对策建议

1. 加快地方体育立法进度,提升地方体育立法水平

各地体育行政部门应当抓住机遇,在学习贯彻《体育法》、推动《体育法》配套立法的过程中,争取党政领导和各部门的大力支持,增加地方体育立法数量,构建完整的地方体育立法制度体系,为地方体育发展提供强大的法律和制度保障。

2. 各地应结合地方特色,因地制宜,构建各地特色的地方体育法治

我国幅员辽阔,地区差异较大,各地要充分发挥在地理、气候、环境、人文和经济、社会各方面的独特优势,在地方体育立法中,彰显特色,提升特定地方体育(项目)在全国的知名度、美誉度。同时,要针对竞技体育、全民健身、学校体育、体育产业等开展行业性体育立法,形成全方位立体化的地方体育法律体系。

3. 地方体育立法应当充分体现融合发展理念

积极扩大公众参与度,争取社会各方面支持,既有"体育+"的广阔视野,也有"+体育"的主动热情,使得体育在各项地方立法中不断显现,各类社会主体的体育权益得到更大保障,各类社会事业的发展融入更多体育元素。

4. 地方体育立法应当更加注重立法技术的改进与完善

充分发挥体育、法律专家的作用,用好"外脑""智库",提升地方体育立法水平。体育立法是一项系统工程,需要具备扎实的理论功底,既需要熟悉体育,也需要精通法治,从理论的高度来指导体育立法,注重提高立法技术,制定出高水平高标准的地方体育立法体系。

5. 加强体育法治宣传,提升依法治体意识

各地体育主管部门要加强对体育法治的宣传,构建体育立法普法体系。一方面,要加强体育法律知识的学习,提升依法治体的意识和能力;另一方面,要通过媒体、自媒体等传播媒介加强体育法治的宣传力度,营造良好的体育普法环境。

体育行政篇

我国体育行政执法检查改革调研报告(2022)*

——以高危险性体育项目行政执法监督检查为例

体育行政执法是实施国家体育法律规范的主要途径,是依法行政、实施依法治国方略的关键环节,是体育行政部门实现国家在体育领域行政管理职能的重要方式,是体育领域体育法治监督体系的重要组成。体育执法检查是体育行政主管部门行使监督职权的重要形式和有力抓手。近年来,登山、攀岩、翼装飞行、赛车等高危险性体育运动事故频发,引发社会广泛热议。为了督促全国各级体育行政部门切实加强、改进和提升对高危险性体育项目经营活动的行政执法水平,筑牢体育领域安全生产防线,根据《全民健身条例》《经营高危险性体育项目许可管理办法》《关于开展 2022 年高危险性体育项目经营活动行政执法监督检查工作的通知》等文件要求,2022 年体育总局在全国范围内开展了对高危险性体育项目经营活动的行政执法监督检查工作。这是体育总局首次开展体育行政执法监督检查。

此次执法检查是体育行政执法监督检查,强调监督检查,也是行业监管的手段。行业监管与行政执法既有联系又有区别,行业监管是个大概念,既包括行政手段、政策手段、财经手段,又包括党纪约束、道德教育与行业自律。行政执法监督是上级行政机关对下级行政机关行政执法工作的层级监督,有助于促进行政机关规范文明执法,提高行政执法质量,建立权责明确、依法行

---

* 韩勇:首都体育学院;张健:江苏大学。

政的政府治理体系。监督检查的内容是行政机关贯彻执行法规文件、开展行政主体执法建设、健全行政执法体制机制、完善行政执法配套制度、实施行政执法行为活动等情况。

一、执法检查工作的法律依据

《全民健身条例》第四章"全民健身保障"第31条第3款规定："国家对以健身指导为职业的社会体育指导人员实行职业资格证书制度。以对高危险性体育项目进行健身指导为职业的社会体育指导人员,应当依照国家有关规定取得职业资格证书。"第32条规定："企业、个体工商户经营高危险性体育项目的,应当符合下列条件,并向县级以上地方人民政府体育主管部门提出申请:(一)相关体育设施符合国家标准;(二)具有达到规定数量的取得国家职业资格证书的社会体育指导人员和救助人员;(三)具有相应的安全保障制度和措施。县级以上地方人民政府体育主管部门应当自收到申请之日起30日内进行实地核查,做出批准或者不予批准的决定。批准的,应当发给许可证;不予批准的,应当书面通知申请人并说明理由。国务院体育主管部门应当会同有关部门制定、调整高危险性体育项目目录,经国务院批准后予以公布。"此外,第五章"法律责任"对未经批准,擅自经营高危险性体育项目的,以及高危险性体育项目经营者取得许可证后,不再符合条例规定条件仍经营该体育项目的行为明确了处罚措施。

《体育强国建设纲要》第三部分"政策保障"中的"(五)推进体育领域法治和行业作风建设"明确提出,要"深化体育领域'放管服'改革,精简行政审批事项,加强对体育赛事、体育市场经营等活动的事中事后监管,不断优化服务。强化体育执法,建立体育纠纷多元化解机制"。

2021年2月2日,经体育总局局长办公会议审议通过,并经商中央编办、司法部同意印发的《关于进一步规范和加强地方体育行政执法工作的若干意见》提出,"体育行政执法是各级体育主管部门履行政府管理体育事务的法定职责,是推进依法治体、建设法治政府的重要内容,是实现体育强国建设的重要法治保障","地方体育主管部门无专门体育行政执法机构和人员的,应当积极争取地方政府支持,将体育行政执法的相关职责纳入相对集中行政处罚权综合执法范围,也可以依法委托综合执法机构承担,建立完善有关工作机制,由综合执法机构依法行使纳入相对集中行政处罚权综合执法范围或者受委托的体育行政处罚权以及与之相关的行政检查权"。

2021年10月8日，体育总局公布的《"十四五"体育发展规划》第十一部分"完善中国特色社会主义体育法律规范体系，提升依法治体水平"第52条规定，"落实地方体育执法责任制，支持地方委托综合执法机构开展体育行政执法活动"，并在专栏24"体育执法队伍建设工程"中明确提出了四条具体的建设举措。

2022年6月24日，新颁布的《体育法》将《全民健身条例》中的相关内容上升为法律条款，第十章"监督管理"第105条对经营高危险性体育项目作出了同样规定，修改了几个字，如将"体育主管部门"修改为"体育行政部门"，将"经国务院批准后予以公布"修改为"予以公布"等。第十一章"法律责任"第116条则对"未经许可经营"与"违法经营"的行为作出了相关加重处罚的规定。

二、执法检查工作的基本情况

（一）检查内容和形式

根据体育总局等多部门于2013年5月1日联合发布的《第一批高危险性体育项目目录公告》可知，第一批高危险性体育项目包括游泳、滑雪（高山、自由式、单板）、攀岩、潜水。体育总局2022年高危险性体育项目经营活动行政执法监督检查的主要项目是游泳、攀岩、潜水，重点是游泳。此次检查主要围绕责任落实、许可申请、许可审批、告知承诺以及制度建设、执法检查开展、执法规范建设、执法决定执行、执法主体建设等情况展开。

主要检查形式包括查阅资料、个别谈话、组织座谈和实地检查等。具体形式由各组根据实际情况自行决定。

（二）参与人员与组织方式

参加执法检查工作的人员有近60名，包括体育总局办公厅、政策法规司，游泳、水上、登山运动管理中心，体育总局体育科学研究所及其综合实验中心，北京国体认证中心、北京华安联合认证检测中心等相关人员，中国法学会体育法学研究会相关专家，中国政法大学、北京工业大学、首都体育学院、南京体育学院、南京师范大学、华中师范大学、沈阳体育学院、浙江工业大学、上海体育学院、上海政法学院、山东大学、潍坊学院、运城学院等院校的体育法学者以及法律实践部门的专家。

执法检查以工作组为单位,设10个工作组,包括9个监督检查组和1个综合协调组。监督检查组每组11人,每个组平均至少前往17个体育行政部门进行执法检查,其中省级1个,地市级4个,县级12个。每个监督检查组都由总局机关或者总局系统相关单位的司局级同志作为组长,并配备两位副组长。两位副组长一位侧重行政执法的法理方面,另一位则侧重现场检查的实务方面。检查组严格按照政策规定和工作要求,认真开展监督检查工作,注重每个环节、每个细节。检查组实行组长负责制以健全内部日志制度,强化应急处理机制,每日上报情况,重大情况第一时间上报。

(三)执法检查关注的相关问题

1. 关于管理权限

"放管服"改革后,国家将一部分体育行政执法权力下放至地方;省级部门的执法检查相对简单,市、县级部门不仅自身要开展行政执法检查,还要接受省级部门的督导检查。

2. 关于执法机构

国家鼓励提倡综合执法,体育行政部门单独执法,还是体育行政部门将体育执法纳入当地政府的综合执法范畴,这一问题涉及体育行政部门单设与合并的问题。据不完全统计,全国2844个县,单独设立体育行政部门的有29个县,约占总数的1%;截至2022年12月,全国有333个地级市,其中,单独设立的体育行政部门有177家,占50%以上。总体来看,基层大多将体育执法纳入当地政府的综合执法范畴。

三、各地主要经验和做法

(一)出台与完善地方性规范

为规范行政检查行为,促进严格规范公正文明执法,保护公民、法人和其他组织的合法权益,维护公共利益和社会秩序,不少地方出台了地方性规范。

2006年,在国家尚未出台高危险性体育项目经营活动管理法律法规的情况下,广东省先行先试制定了《广东省高危险性体育项目经营活动管理规定》,确定游泳、潜水、漂流、攀岩、蹦极、射击、射箭、卡丁车、轮滑、滑翔伞、动力滑翔伞、热气球12个项目为高危险性体育项目,对规范和促进广东省体育市场健康发展起到了积极作用。2020年11月27日,修订后的《广东省高危险性体育项目经营活动管理规定》公布,并自2021年1月1日起施行,建立了统一、权威、高效的体育市场监管执法体系,促进了体育市场的长期稳定繁荣发展。广东省部分县级体育行政部门采用第三方专业机构开展执法检查工作,通过以查促改的方式帮助地方行政执法人员更好地开展工作。2022年4月,由广州市体育局提出并归口的地方标准DB4401/T 147—2022《游泳场所开放条件与技术要求》正式实施,为体育行政部门的行政审批和行政执法工作提供了有效指导,进一步保障了广大游泳者的生命安全,进一步满足了人民群众对健身锻炼、安全游泳、快乐游泳的需要。

(二)推动健全体育综合执法

体育行政部门与其他部门协同开展体育执法。2022年7月,浙江省体育局按照体育总局《关于进一步规范和加强地方体育行政执法工作的若干意见》要求和浙江省委、省政府统一部署,将浙江省高危险性体育项目监管全部纳入"大综合一体化"行政执法改革,推进跨领域跨部门综合执法、整合精简执法队伍、下沉执法权限与执法力量。改革后,体育行政部门负责事前审批许可和事中监管,受理投诉、举报,对发现、移送的违法线索进行处理,责令改正;需要立案查处的,将相关证据材料移送综合行政执法部门,综合行政执法部门按程序办理,并将处理结果反馈回体育行政部门。

与此同时,浙江省地方各级体育行政部门有序划转行政执法权力事项。2022年,在省级层面,体育行政部门继续保留全部执法事项;在市级层面,保留跨区域执法和重大案件、举报案件的查处权力;在县级层面,部分地方体育行政部门的执法权限划转至文化市场综合执法机构,部分划转至综合行政执法机构。

2021年12月,湖北省市场监管局制定《湖北省市场监管领域部门联合抽查事项清单(第二版)》,对经营高危险性体育项目的检查由体育部门、文旅部门联合负责,其他部分省市也制定了相关事项清单。

2021年,湖南省文化市场综合行政执法改革后,将市级以下的体育行政执法事项纳入文化市场综合行政执法部门,统筹协调行政执法工作和执法资源。长沙市体育局每年常态化联合市公安局、市卫健委、区县(市)政府开展暑期游泳专项安全检查,2022年专项检查更为规范。

2022年6月,四川省体育局会同省级公安、住房和城乡建设、卫生健康、市场监督管理等有关部门共同开展执法监督检查,要求属地体育行政部门联合相关部门切实履行治安管理、工程质量安全管理、卫生水质监测、消防监督检查、市场经营秩序等监管职责,不断强化高危险性体育项目经营活动事中、事后监管。

(三)优化行政许可流程

调研发现,2022年,各地积极落实"放管服"要求,优化经营高危险性体育项目行政许可流程,实行便民措施。2022年,浙江省11个设区市全部实现高危审批系统在"浙里办"平台上线,同时为申请者提供线上线下两种许可选择模式,在国家规定的高危许可30个自然日时限基础上,浙江省承诺5个工作日内办结。福建省通过网上办事大厅、政务服务网、体育局网站、政务服务大厅、闽政通APP等提供经营高危险性体育项目行政许可的办事指南及材料清单。体育行政部门收到申请材料后,一般在3个工作日内进行现场核验,一些区县体育行政部门自备核验设备,许可的结果在市体育局官网、市政务数据汇聚平台等网站公示。

2022年1月,湖北省体育局联合省卫健委、省消防救援总队等部门发布《健身房/健身馆(含游泳馆)行业综合许可办事指南》,施行一单告知(行政审批机关提供告知单)、一书承诺(申请人签署承诺书)、一表申请(申请人填写申请表)、一窗受理(综合服务窗口受理)、一次核查(审批部门联合相关部门一同现场核查)、一并审批(高危许可、公共场所卫生许可、消防安全检查)、一证准营(行业综合许可证),告知承诺制审批时限为1个工作日,一般程序为5个工作日。申请人可通过湖北政务服务网登录"一业一证"平台进行在线申报或到各地政务服务中心"一业一证"综合服务窗口现场办理,为申请人提供了极大便利。此外,一些市(州)体育行政部门印发关于做好政务服务事项审批流程再造有关工作的通知,对市、区高危险性体育项目政务服务事项进行了优化调整,制定了办事指南。比如湖北政务服务网设置"我要开高危险性体育项目场馆(游泳馆、潜水馆、攀岩馆、滑雪场等)(试运行)"主题集成服务/一事联办专栏,优化高危险性体育项目申请流程、精简办事材料,压缩办理时限,提高了群众和企业满意度。

从2021年至今,广东省积极推进政务服务事项网上办理。申请人通过网上提交申请,并及时进行实地核查,审批、办理时限由20个工作日压缩为15个工作日。此外,各地市体育行政部门先行先试,大胆探索,如广州市越秀区承诺经营高危险性体育项目许可审批办结时限为1个工作日,获得了市民的好评;江门市蓬江区通过减少许可环节、压缩许可时限、全力做好服务等措施,做到了便民惠民。

（四）健全安全防范措施

1. 开展线上执法

浙江省体育系统行政监管事项全部纳入浙江省"互联网+监管"数字平台。所有执法行为在该平台和浙政钉"掌上执法"系统中同步录入,平台与浙江省的"基层治理四平台""公共信用信息平台""统一政务咨询投诉举报平台"等相关统建共用平台(系统)打通联通,执法结果定期公布,实现执法事项、执法工作网上办、掌上办,全程留痕可追溯。

2. 定期开展专项督查工作

近年来,浙江省体育局连续下发通知,开展全省夏、冬季高危体育项目安全专项督查。2022年6月,浙江省体育局专门对室内冰雪场所开展了紧急安全检查,由分管局领导任专项督查组组长,经济处处长任副组长,对市、县（市、区）体育行政部门高危场所许可和监管工作进行督查,并随机抽取高危场所进行实地暗访检查。

3. 开展双随机检查工作

2022年,浙江省市场监督管理部门《关于做好2022年度"双随机、一公开"监管工作的通知》要求各市、县(市、区)局要对本地区"双随机、一公开"监管的开展情况进行跟踪研判,及时掌握进展情况,分析存在问题并提出合理化建议。省局将根据行政执法监管平台相关指标数据,对各地"双随机、一公开"监管工作开展情况进行定期通报和督查督促。

广东省体育局于2022年7月发布《关于开展2022年全省经营高危险性体育项目"双随机一公开"安全监督检查工作的通知》,为实现监管全覆盖、常态化目标,加强对省内体育市场的监管。在辽宁,根据大连市司法局《关于印发〈大连市2022年度市直机关涉企行政执法检查计划〉的通知》部署的工作任务,大连市体育局按照"双随机、一公开"原则,完成了全市体育行业2022年体育行政执法检查工作。

4. 委托专业第三方进行检测验证工作

浙江省通过购买服务的方式委托第三方检验机构,对全省利用"双随机"抽取的部分高危场所进行检测。此外,部分体育局委托第三方对行政许可中"体育设施符合相关国家标准的说明性材料"进行验证。此外,湖南省于2022年暑期采取行政机关三级联合的方式,对全省高危险性体育项目经营场所进行监督检查。在检查过程中,由具备专业检测资质的第三方机构协助检查和整改,加强高危险性体育项目经营场所的行业建设。

5. 加强信用监管

浙江省制定的《浙江省经营高危险性体育项目(游泳)场所信用监管管理办法》于2020年实施,2022年该管理办法进一步推进实施。该管理办法对全省游泳经营场所进行信用等级评定(ABCDE五级),评级结果在省体育公共服务平台公布,在保障消费者合法权益的同时维护诚信经营。

6. 日常检测与突击检查相结合,重点时间加强监督

湖南省长沙市体育主管部门采取日常巡查与突击检查相结合的方式,2020年机构改革后,执法力度进一步加强。2022年,长沙县体育行政部门联合县卫健局、县执法局、所属街道等相关职能部门进行联合检查已形成常态化机制,强力打造24小时随时接听投诉,30分钟赶到现场处置的"24×30"全天候执法圈。

此外,湖南省注重特殊时段安全检查。自2009年开始,长沙市连续14年暑期向中小学生免费开放游泳场所和开展体育项目免费培训。为加强安全监管,2022年,长沙市体育行政部门联合市公安局、市卫健委、区县(市)政府开展暑期游泳专项安全检查。怀化市将体育与文化旅游行业安全(含高危险性体育项目)同部署同推进同落实,将其纳入每年工作要点、纳入行业安全重点内容、纳入市对县考核内容。2022年7月至9月,长沙市体育行政部门组织开展暑期文化旅游市场专项整治行动,暑假期间全市体育执法工作人员取消休假,加大对游泳场馆巡查检查的频次和力度,对违法违规行为及时查办,确保安全。

7. 加强培训与宣传教育

2022年7月,广州市天河区组织高危险性体育项目经营场所、经营企业开展线上安全生产专题培训,并邀请市体育局相关专家,指导经营企业开展安全生产标准化建设,督促经营企业落实安全生产主体责任。100多家经营

企业负责人参加此次培训。

2022年7月,湖南省岳阳市县两级体育行政部门充分发挥当地游泳协会、救生组织等社会力量,利用新闻媒体、学校、社区、场馆,通过张贴防溺水宣传单,向市民发放宣传手册的方式宣传防溺水、自救的正确方法;严禁青少年到水库、湖泊等非正规开放游泳场所的危险水域游泳,推广和普及游泳安全知识和技能,增强群众自防自救能力。

8. 开展新业态联合检查

针对新兴业态或存在监管边界不清的业态,温州市体育局联合温州市旅游安全专业委员会办公室开展高危险性体育项目及漂流等旅游新业态项目行政执法检查,采用"白加黑""5+2"的工作模式,重点检查安全隐患突出的部分场所,专门组织专家团体全程参与主管部门组织的现场督查,以完善的技术设备、领先的技术手段和科学的检验方法,为行政执法监管全力做好支撑保障。

四、执法检查发现的主要问题

(一)监管边界不清晰

1. 审批和执法的边界不清晰,给监管工作带来困难

监管职责边界划分不清晰是制约监管效能提升的主要障碍。国家体育总局《关于做好经营高危险性体育项目管理工作的通知》中对于行政审批的主体要求不仅局限在企业和个体工商户,也包括有经营行为的事业单位、社会团体、民办非企业单位等,同时提及存在经营行为的不以营利为目的的市场主体也在审批范围内。调研发现,基层体育行政部门对事业单位、社区和公司配套高危体育场所监管边界不清。对监管范围的不同理解,使监管工作充满矛盾和阻碍。

2. 高危险性体育项目界定不清

基层体育行政部门对高危险性体育项目经营活动界定不够清晰,如对儿童游泳、婴幼儿游泳、充气式泳池、戏水、戏雪等项目是否要纳入高危险性体育项目许可,说法不尽相同。夏季游泳需求旺盛,橡胶或塑料气模等气垫式游泳池充斥市场,因经营者没有固定营业场所,逃避执法情况严重。

3. 高危行政审批名录少,体育监管边界不够清晰

多数新兴项目还没有纳入高危体育经营项目目录,也没有相关安全标准,基层工作人员也难以准确监管,新兴项目与新业态游离在监管范围之外,不利于高危体育项目的健康发展,需要尽快完善管理制度、标准规范。例如,健身房、台球厅等包含体育元素的项目监管职责边界模糊,漂流、山地越野、戈壁穿行、翼装飞行等新兴体育活动存在管理责任不清、规则不完善、安全防护标准不明确等问题,体育行政部门与其他部门监管边界不清晰。

4. "大综合一体化"执法改革中职责边界还需进一步厘清

调研发现,云南省、浙江省、广东省等市、县(市、区)体育领域的行政执法体系尚未完全理顺,市级执法检查和属地监管涉重,根据每月综合查一次的要求,市级对区县市辖区监管对象的检查和属地监管会带来重复检查,这在一定程度上干扰了企业的正常经营。

(二)行政执法能力有待加强

基层体育行政部门普遍有行政执法力量薄弱、行政执法人员专业能力有待提高、行政审批和行政执法队伍建设有待加强的问题。

1. 执法人员专业性不足

一些省份,比如江西省、广东省的市、县级体育行政部门大多与文化、旅游、新闻、出版等部门合并,多部门合并后,高危险性体育项目行政执法人员主要来源于文化部门,体育专业行政执法人员数量严重不足,在区县一级几乎没有专人负责体育或高危险性体育项目监管。基层行政许可和执法人员普遍反映对于高危险性体育项目不了解、不熟悉,行政许可和执法业务能力建设有待加强。高危险性体育项目行政执法人员应具有较高的专业能力,能够理解并掌握国家标准的内容。推行综合一体化执法后,若执法人员专业性不强,又不具备专业设备,易出现监管漏洞。

2. 经费保障不足,体育行业行政执法装备设施力量薄弱

由于地方财政以及体育行政部门经费紧张,无法配备专业检测设备或购买第三方服务,无法验证照度、静摩擦等指标真实性。条件好的区县才配有执法记录仪,大部分区县没有执法记录仪,仅以手机拍照记录为准。

(三)具有职业资格证书的人员不足

按照相关要求,进行行政许可申报时应使用国家职业资格证书。国家体育总局《关于做好经营高危险性体育项目管理工作的通知》规定,需持人力资源和社会保障部统一印制的社会体育指导员(游泳)、游泳救生员职业资格证书及复印件作为经营高危险性体育项目行政许可的申请材料。调研发现,各地组织的攀岩、潜水等社会体育指导员培训考试较少,有资质的救生员、社会体育指导员的职业鉴定周期较长,获证数量无法满足需求,部分地区存在考证难、用人难的情况。

随着各地机构改革推进,体育部门与其他部门合并的情况较多,从事体育工作的人员数量少,部分区县负责体育行政工作的仅一到两人,且同时负责多项工作。从事体育执法工作的人员专业性不足且流动频繁,制约了部分行政执法工作的正常有序开展。某南方省份的一个区级体育行政部门仅有两名执法人员在岗,除高危险性体育项目行政执法外,还担负广播、卫星电视、电影、网络、旅游等多方面的监管和执法任务,面对区内两百余家游泳池,执法力量严重不足。

以游泳救生员和社会体育指导员为例,游泳救生员和社会体育指导员的考核是基于职业技能水平的一次性通过类考核,部分省份,比如云南省与福建省,均未开展游泳救生员和社会体育指导员的年度证件审核和持续能力评定工作,无法确定已经获得资质的人员是否具备持续符合工作要求的能力。在监督检查中了解到,部分游泳救生员年龄已经达到法定退休年龄,劳动合同已终止,但由于人员能力年度认定工作尚未开展,仍兼职从事相关工作。同时基层行政执法人员提出,部分游泳场所救生员虽然在岗,却在从事教学活动,现有地方性法规文件中尚无相关规定,只能以提醒警示为主,无法作出处罚。

(四)行政许可尚未实现全覆盖

经营高危险性体育项目行政许可工作未能实现全部覆盖,还存在无证经营现象。高危险性体育项目经营许可属于工商登记后置审批,部分经营者合法经营意识不强,未到体育行政部门办理许可手续。由于部分游泳场所安全生产主体责任落实不到位,管理制度及应急预案等文件制度不完善,对于突发事件,场馆应急处置能力、事故防范措施不足,管理流程存在漏洞。

室外游泳池营业季节性强,主要集中在每年的7、8月份,经营主体变更频繁,场所工作人员流动性大,部分体育行政部门对变更事项不再进行现场审核,无法确认设施设备、救生人员、制度、标识变化情况。对于已发放的许可证未办理吊销、注销手续,存在安全隐患。

高危险性体育项目监管存在漏洞。已获许可的游泳场所存在救生观察台数量不足、泳池中出发台设置不符合规定、缺少水深度标识、缺少救生员培训制度、救生员数量不足、救生员一证多用(同一个救生员证在多家游泳馆公示使用)、泳池登记面积与实际不符等问题。

(五)高危险性体育项目许可的做法不统一

(1)各地市、各区县行政审批部门不统一。审批时限不统一,一般在2日至6日不等。审批要提交的材料不统一,有的区县将消防、卫生等达到一定条件的证明材料作为审批的前置条件或以第三方机构的卫生检测报告为依据发放许可证等。行政审批方式、审批流程、审批时间都没有统一明确的标准,给企业带来困扰,降低了办事效率。

(2)执法标准不统一。基层体育行政部门对国家标准中救生员配备要求理解不同,导致处罚标准不同。部分地区游泳场所按照单个游泳池面积单独计算游泳救生员配备数量,部分地区按照多个游泳池面积合并计算游泳救生员配备数量。部分度假区、景区游泳池结合自然环境建设了海水、泉水游泳池,已出具的检测报告存在检测内容不统一、部分指标缺失等情况。另外,非标准游泳场地数量多,不规则游泳池存在盲区、阻挡视线等安全隐患。体育行政部门未出台相关政策办法说明不规则泳池是否属于高危险性游泳场所范围,未细化检查标准。

(3)许可审批和行政执法不规范不严谨。发证、换证的档案材料不全、不规范,如现场勘验等必要的材料缺失。有的地方,许可证制发的严谨性存在问题,如有效期起算时间早于发证时间。个别区县的游泳场馆营业执照没有游泳、健身、体育类营业范围。个别体育行政部门未公示"双随机、一公开"随机抽查结果等,许可决定未在平台上公示。部分区县采取综合执法、联合执法方式,但材料档案不全。部分区县一级体育行政部门未开展"双随机、一公开"平台随机抽查工作。部分区县有相关检查记录,但未制作完整台账。

(六)委托第三方检验机构的机制不明确

(1)体育行政部门对于委托第三方检验机构的资质能力标准、方式方法不明确、不清晰。经营实体没有合适的渠道选择专业机构。

(2)在检查案卷的过程中发现,经营实体提交的第三方检测报告存在检测条件明显不符合国家标准要求、数据不可用的情况,但由于缺乏对检测报告的认定程序和能力,导致报告直接被认可,进而发放了许可证,带来了一定的安全风险隐患。

(3)在第三方机构收取检测费用与检测标准的衔接方面,体育行政部门缺乏监管能力,在暗访中发现存在相关收费争议。

五、对策及建议

为进一步加强与规范地方体育行政部门对高危险性体育项目经营活动的行政执法,结合监督检查中发现的问题和收到的反馈,我们就重点加强行政执法等方面,提出如下对策与建议:

(一)强化立法工作

(1)进一步明确体育行政部门对健身房、台球厅等包含体育元素的项目监管职责,加快制定山地越野、戈壁穿行、翼装飞行等新兴体育活动的国家标准,规范、细化高危险性体育项目许可、监管和执法的依据、流程等。新修订的《体育法》出台后,以1995年《体育法》为依据制定的一系列法规、规章、规范性文件需要作出相应调整。

(2)及时修订《经营高危险性体育项目许可管理办法》(国家体育总局令第17号)和相关国家标准,为高危险性体育项目监管提供技术依据。推动修订高危险性体育项目的强制性国家标准及相关配套标准,明确标准的适用范围,准确界定高危险性体育项目的相关术语和定义,根据行业发展新情况调整标准技术要求,提高标准的可操作性。同时,制定统一的安全监管规范。启动GB 19079《体育场所开放条件与技术要求》系列国家标准中涉及高危险性体育项目的标准修订工作,并同步启动标准条款的说明和解释工作,细化条款内容,结合行政许可和行政执法工作中存在的问题和难点,开展标准宣贯工作。

(3)完善高危险性体育项目管理制度,明确高危险性体育项目管理边界。制定、调整新的高危险性体育项目目录,明确各项目的边界,组织论证各体育项目的风险点,在此基础上明确高危险性体育项目,明确监管边界。实践中,不少地方出台了细化规定,比如广东省的《广东省高危险性体育项目经营活动管理规定》,又比如无锡市的《梁溪区文化体育和旅游局高危险性体育项目安全管理制度》,可以在既有的制度基础上进行进一步的完善。

(4)完善高危险性体育项目相关法律法规及省级配套法规。根据《行政处罚法》(中华人民共和国主席令第70号)中的"限制开展生产经营活动、责令停产停业、责令关闭"的行政处罚种类,修改完善省级相关法规办法,赋予基层行政执法部门除罚款以外的更多权力,明确监管对象和范围,加强对高危险性体育项目经营的执法力度。

(5)进一步完善高危险性体育项目许可管理办法,细化行政审批、日常监管、行政执法的要求和程序,会同应急、住建、市场监管等相关部门出台体育经营活动联合监管的意见。

(二)深化放管服改革,完善体制机制建设

深入推进行政审批制度改革。加大简政放权力度,推进"证照分离""一照通行"改革,全面梳理行政许可清单,优化制度建设,组织开展政务服务事项办事指南自查整改,提升办事指南准确度和申报易用度。深化"双随机、一公开"监管。突出多元协同联动,着力构建"双随机、一公开"监管工作新格局。针对突出问题和风险实施精准监管,强化智慧化监管手段的运用,形成综合监管事项全覆盖、信用分类结果全运用、监管方式全融合、问题处置全闭环的"四全"工作机制,促进"双随机、一公开"监管更加科学规范高效,监管的综合化、精准化、智慧化水平得到显著提升。就高危险性体育项目而言,应当综合考虑放管服改革、行政执法改革等因素,结合管理的特点,争取在省(区、市)范围内做到审批主体、监管主体、执法主体三个主体的统一,促进全国统一大市场建设。

(三)加强队伍建设,加大行政许可和执法培训力度

针对部分地方体育行政部门对高危险性体育项目界定认识不清、对许可依据的国家标准理解不透彻、许可证制发不够严谨等问题,建议体育总局定期组织全国高危险性体育项目监管培训,由此带动地方逐级开展培训,培训内容包括高危险性体育项目的相关法律政策及国家技术标准,培训范围从省级体育管理部门覆盖至区县一级的一线体育行政管理人员,进一步提高体育系统行政管理人员的执法水平。另外,体育总局可以发布经营高危险性体育

项目政策汇编、标准汇编、案卷评审分析案例集,定期更新,供行政许可和执法人员学习提升,提高市、县两级人员执法能力水平;联合多家第三方专业机构,线上线下开展高危险性体育项目相关政策法规、行政许可、行政执法、安全管理等相关内容培训,不断提升基层体育行政部门对于法律法规的理解,提高行政管理和工作水平。

(四)丰富监督检查方式方法

地方体育行政部门大多采用专项检查、不定期抽查等形式开展高危险性体育项目监督检查,具体包括听取汇报、专题座谈、现场谈话问询、实地查看、第三方专业机构评估(服务认证)和飞行检查等多种方式。

未来应该进一步提升执法检查力度,丰富执法监督检查形式,坚持探索创新,不断丰富监督检查的方式方法,综合运用法律评估、大数据分析、课题研究等方式,努力做到客观、准确、深入了解法律实施情况。第一,法律评估客观呈现法律实施效果。尝试在执法检查中引入法律评估机制,通过机构评估、部门评估、科研机构评估等方式,客观展现法律实施效果,推动形成关于法治建设"立法决策、法律实施、效果反馈"的完整闭环,为执法检查组掌握法律实施情况提供有力支撑,也为完善法律制度提供重要参考。第二,利用大数据分析"准确"反映社会舆情。全方位立体式地展现法律的社会关注度、执法效果以及存在问题,与实地检查结果相互印证,增强执法检查报告的说服力。第三,开展课题研究,深入了解问题成因。围绕执法检查中的重点难点问题进行专题研讨,为执法检查组把握相关领域发展趋势、精准提出意见建议奠定理论基础。

(五)加强职业资格鉴定工作

就加强职业资格鉴定工作来说,未来应从如下几方面展开:其一,增加救生员和社会体育指导员供给。体育市场、高危险性体育项目行业急缺救生员、社会体育指导员,建议加大对该类人员的培训和鉴定力度,增加人员供给,满足市场需求和人民健身需求。其二,扩大职业社会体育指导员和救生员培训鉴定的服务供给,完善体育专业人才职业培训、继续教育和等级鉴定的管理机制,满足体育经营活动对各种专业人才的需求。其三,建立救生员等人员能力年审制度。明确工作职责、规范,避免多场所从业,减少不规范行为发生。

(六)加强安全宣传教育

未来应当加强高危险性体育项目安全宣传教育,做好典型事故警示教育。通过网络、新闻媒体等渠道,向社会宣传高危险性体育项目注意事项、安全提醒并制作典型事故警示教育宣传片,增强群众参与高危险性体育项目时自我保护的安全风险意识,降低体育项目参与风险。

我国体育行政部门标准化工作发展报告(2022)*

体育行政部门各项工作的标准化进行是促进体育行政行为更加规范化的重要手段，是体育行政部门内部管理的基本要求，也是维护人民群众体育权益的现实需要，更是体育法治建设最直接的体现。随着国家体育行政改革和体育标准化工作的逐步推进，我国体育行政部门已在体育标准化制度建设、体育协会实体化改革、国家重大政策文件的标准化配套、重点领域标准制定修订、体育组织体系和人才队伍建设、国内外体育标准对接等方面积攒了大量工作经验，但受体育机构编制、体育行政人员思想观念、体育行政部门工作模式等因素的影响，部分地方体育行政部门中还存在体育行政行为不规范、体育行政服务不到位、行为标准不统一等问题。

一、体育行政部门工作标准化政策法规建设

国家关于行政部门工作标准化的政策法规是我国体育行政部门工作标准制度健全和创新的现实基础和实践依据。

（一）中央层面

2017年修订通过的《标准化法》（中华人民共和国主席令第78号）将"社会事业等领域"纳入标准化工作范畴，体育是社会公共事业的重要组成部分。

2021年中共中央、国务院印发了《国家标准化发展纲要》，为体育标准化建设提供了更具体的依据，提出要探索开展行政管理标准建设和应用试点，重点推进行政审批、政务服务、政务公开、财政支出、智慧监管等标准制定与推广，从行政管理和社会治理方面提出行政部门工作标准化改革创新意

---

* 吴香芝：江苏师范大学；许秋红：江苏省体育局。

见,强调要建立健全标准化工作协调推进领导机制,将标准化工作纳入政府绩效评价和政绩考核。其中第五部分"加快城乡建设和社会建设标准化进程"第21条"提升保障生活品质的标准水平"提出,制定公共体育设施、全民健身、训练竞赛、健身指导、线上和智能赛事等标准,建立科学完备、门类齐全的体育标准。

2017年,体育总局印发的《体育标准化管理办法》明确了体育标准化工作的任务,具体为制定标准、宣传贯彻标准、组织实施标准、对标准的实施进行监督等。《体育标准化管理办法》从标准化工作的管理、标准的分类、标准的制定、标准的实施和监督、保障机制若干部分分别对职责部门、主旨要求、适用范围等方面作出详细规定。

2019年,国务院办公厅《关于全面推进基层政务公开标准化规范化工作的指导意见》提到行政部门要坚持依法依规基本原则,运用法治思维和法治方式全面推进基层政务公开标准化规范化,提出要基本建成全国统一的基层政务公开标准体系的目标。

体育总局《关于进一步规范和加强地方体育行政执法工作的若干意见》针对体育行政执法监管不到位等问题,提出规范执法行为、明确执法责任、提升执法能力等多项优化意见。

2021年,体育总局梳理汇总了体育行政执法事项,并编制了《体育行政执法事项指导目录》,从国家层面明确了各类体育行政处罚的具体事项、处罚的依据和标准、实施主体和责任部门。2022年,体育总局公布了现行有效的体育法律、法规、规章、规范性文件和制度性文件目录。截止到2021年12月31日,存在现行有效的法律1部,行政法规7部,中央与国务院文件26件,部门规章31件,规范性文件165件,体育总局制度性文件110件。2022年,中央与地方又出台并修订了若干体育法律法规文件,为体育部门的标准化工作提供了依据和保障。

2022年,体育总局办公厅印发了《2022年体育标准化工作要点》,为做好2022年体育标准化工作提出了完善标准化制度和组织体系建设、聚焦重点领域标准的研制、推进团体和地方标准化优质发展、加强人才培养工作四个方面的标准化工作要点,发挥了体育标准化在推动群众体育、竞技体育和体育产业发展中的基础性、引领性作用。

(二)地方层面

就地方层面而言,各省市行政工作相关规章制度对地方各级体育行政部门的标准化工作有很强的指导作用,地方体育行政部门作为地方政府行政部门之一,制定了若干工作标准化政策法规来维持体育行政工作的稳步进行。

山东省体育局2022年体育标准化建设取得显著成效,标准化工作机制、政策体系、推进路径以及标准实施应用、培训宣贯、队伍建设、检测检验等各项创新工作为全国体育标准化工作建设起到了示范作用。其中,《青少年足球技能等级评定与测试方法》《社会体育指导员志愿服务规范》等一批团体标准在全省推广应用;《体育场地分类与代码》被应用于全国体育场地统计调查工作中;《运动场地合成材料面层》和《体育用人造草坪》系列地方标准被多个省市采用,其主要技术参数被列为国家标准。此外,针对各项标准化政策文件的有效落实,山东省各级体育行政部门在2022年间多次召开体育标准化培训工作,邀请各专家和领导进行标准化理论知识、标准化工作改革要求、体育标准化工作实践、国家标准立项评估及地方标准开展工作方法等内容的培训,充分提升了各级体育系统工作人员对标准化理论的认识和理解,加强了体育行政部门标准化工作的实践能力。

江苏省体育局在体育部门标准化工作的法规政策建设方面取得了较大发展。《江苏省全民健身实施计划(2021—2025年)》提出健全标准体系的目标。江苏省体育局、江苏省发展和改革委员会、江苏省财政厅、江苏省卫生健康委、江苏省应急管理厅五部门联合发布的《江苏省全民健身基本公共服务实施标准(2022年版)》成为构建更高水平全民健身公共服务体系的重要抓手,要求各设区市人均体育场地面积不少于3.4平方米,新建居住区按室内人均建筑面积不低于0.1平方米或室外人均用地不低于0.3平方米的标准配建公共体育设施;乡镇建有小型全民健身中心、不少于2000平方米的多功能运动场、不少于2000平方米的健身公园(广场);行政村建成不少于100平方米的体育活动室和不少于1000平方米的多功能运动场或不少于1000平方米的健身公园(广场)等;要求乡镇(街道)建成体育总会、社会体育指导员协会、老年人体协和2个单项体育协会,其中每年开展2次(含)以上、50人(含)以上活动的协会占60%以上;乡镇和涉农街道建有农民体协;明确了设区市、县(市、区)、乡镇(街道)、行政村每年举办全民健身赛事活动的数量和规模。这一标准性文件是对《国家标准化发展纲要》的具体贯彻,也是在场地设施开放、健身服务信息获取、赛事活动供给等方面为群众健身权益的获取提供兜底性保障,对于推动全民健身公共服务高质量发展意义重大,具有较强的引领性、针对性和可操作性。

2022年,江苏省体育局《关于开展体系化建设运动促进健康机构试点工作的通知》提出了运动促进健康机构的建设试点标准,比如县(市、区)运动促进健康机构每年共举办6次以上运动促进健康知识讲座,向1000人次提供运动处方服务;乡镇(街道)运动促进健康机构每年共举办2次以上运动促进健康知识讲座,向300人次提供运动处方服务;行政村(社区)运动促进健康机构每年共举办1次以上运动促进健康知识讲座,向100人次提供运动处方服务。

自《国家标准化发展纲要》提出以来,标准化作为国家行政管理工作的重要理念被应用于社会各领域。到2022年年底,在各项标准化政策法规的发布基础上,我国体育行政部门已形成了较为全面的标准化工作体系和制度建设框架,体育法律规范体系在标准化建设下得到不断完善,体育法治建设得到不断推进和提升。在体育行政部门标准化工作政策法规的不断建立健全下,体育行政执法更加规范,职权更加清晰,体育事业的健康发展也得到了充分的保障。但由于法律法规的相对滞后性,体育行政工作标准化政策法规对于未来标准化实施的具体规划还存在一定的欠缺,所以在体育标准制度的实施和落实中,还需根据现实状况进行判定和调整,作出最为合适的决策和部署。

二、体育行政部门标准化工作的实施

(一)标准化贯彻宣传情况

《标准化法》第31条规定:"县级以上人民政府应当支持开展标准化试点示范和宣传工作,传播标准化理念,推广标准化经验,推动全社会运用标准化方式组织生产、经营、管理和服务,发挥标准对促进转型升级、引领创新驱动的支撑作用。"为普及体育标准化知识,推动体育领域高质量发展,体育总局体育器材装备中心于2021年12月出版了《体育标准化百问百答》,以通俗易懂的书面解释的方式为体育标准化工作的推进提供便利,从而实现体育标准化人才专业水平的提高,优化对体育标准化工作的管理,进一步增强体育领域对体育标准的认知和运用,促进体育标准化工作的改革,提升体育标准化综合治理能力建设,推动高质量发展的体育标准体系建设,实现体育标准化在体育强国战略和体育"十四五"规划中的重要支撑作用。

各项体育标准化政策法规颁布之后,各级体育行政部门积极组织学习,透彻理解相关政策法规;依照各地具体情况进行精准的传达落实和标准的行为实施,并通过体育服务的形式不断进行创新。例如,宁夏、西藏、新疆、云南等省份体育行政部门以专家解读标准化政策文件、培训授课等方式进行体育标准化政策文件的宣传和教育,帮助体育行政部门相关人员理解标准化政策、促进标准化工作的有效落实。江苏省体育局依据《体育赛事活动管理办法》开展了体育赛事活动的相关培训,授课内容包括体育赛事申报立项、流程设计、组织运行、风险防范及信息采集与评估等,为江苏省各级各类体育赛事活动培养了一批高标准的、高水平的赛事信息采集、分析和评估的专业人才,促进了江苏省体育赛事服务的标准化水平。

(二)标准化工作推行情况

体育标准包括赛事、产业、装备、等级等内容。根据标准适用范围进行分类,可以分为国家标准、行业标准、地方标准、团体标准和企业标准。根据标准的法律约束力分类,可以分为强制性标准和推荐性标准。体育行政部门对竞技体育、全民健身等管理的各个环节都应该有一定的标准,不仅要有技术标准,还要有管理标准、工作标准等。

我国体育行政部门在进行各项体育事务的管理过程中,不断向全面标准化靠近,不断落实从管理型政府到服务型政府的身份转变。在政策文件编制和修订、决策咨询项目研究方面,为加强和规范体育决策咨询专家库建设和管理,更好发挥体育决策咨询专家库专家作用,体育总局于2022年12月公布了《体育决策咨询专家库管理办法》。该办法明确,体育总局政策法规司为体育决策咨询专家库管理部门,负责专家库的建设及日常管理,具体负责体育决策咨询专家的遴选聘用、管理服务、联络协调和考核评价,收集汇总整理咨询、评估、论证意见等工作;在体育总局决策咨询研究项目管理中,《国家体育总局决策咨询研究项目管理办法》对研究项目、承接人的确定、研究成果管理和研究经费审批发放等全过程进行了详细说明和规定,为提高项目研究质量和服务决策水平,进一步规范决策咨询研究项目标准化管理提供了基本的政策保障;在体育赛事管理方面,体育总局《关于做好高危险性体育赛事活动管理工作的通知》中提到,要明确高危险性体育赛事活动管理范围和对象,规范高危险性体育赛事活动许可程序，提升高危险性体育赛事活动管理工作水平，要求各级体育行政部门在进行关于高危性体育赛事活动管理相关工作时，要严格依照《体育法》中关于高危险性体育赛事活动行政许可制度、《体育赛事活动管理办法》中关于高危险性体育赛事活动行政许可专门章节以及《高危险性体育赛事活动目录（第一批）》中的具体条目进行严格审批和规范化管理。

自国家深化"放管服"改革以来，体育行政部门为规范行政审批行为、改进行政审批工作、精简行政审批材料、优化行政审批流程，进一步提高体育工作效率和为人民群众服务水平，在精简优化体育审批程序的同时，并未降低审批的标准和规范，而是在不断加强线上审批平台建设的同时对审批事项进行更加规范化、标准化的管理。

各地方体育行政部门也进行了标准化管理的相关工作。2022年，云南省体育系统在落实深化"放管服"改革过程中，以"一部手机办事通"平台公布了145项公益性体育赛事活动等数据，实现赛事信息"指尖查"，全省体育类行政审批通过"一网通办"实现了体育政务服务标准化管理。

2022年，浙江省体育局建立了比较健全的指标体系、工作体系、政策体系、评价体系，形成了部门联动、责任清晰、分工明确的体育工作格局，推进实施了责任制，实现了健康浙江考核与市体育工作考核的有机衔接，确保了目标、任务、政策、措施的落实到位。同时，浙江省体育局积极创新体育人才体制机制，不断完善体育人才培养、引进、选拔、激励工作体系。在标准化工作要求中，浙江省在干部队伍建设、安全稳定工作、杭州亚运会举办工作、体育产业协调发展工作等方面取得了较好成效。

2022年，陕西省体育行政部门以第53届世界标准日为契机，开展体育标准化宣传普及工作，明确了体育标准化是推动体育转型升级、提质增效的重要保障，也是推进体育治理体系和治理能力现代化建设的重要途径和工作思路，提出在面对全省体育事业高质量发展新形势、新需求时，陕西体育标准化工作要以满足市场需求、规范行业秩序、支持政府监管为出发点，发挥标准化的基础性和引领性作用，促进全民健身、竞技体育和体育产业协调发展。

在2022年推进标准化建设的过程中，山西省体育局开展了多种形式的宣传教育培训，推进标准化进机关、进企业、进社区，培育标准化文化，让讲标准、用标准、守标准成为体育界的共同行动，让更多的人了解标准、熟悉标准、用好标准,避免出现"无标可依、有标难依、有标不依、执标不严"现象。

山东省体育局举办了2022年全省体育标准化工作线上培训班,促进体育标准化在推进全民健身公共服务、青少年体育、体卫融合等重点领域中的作用。山东省体育标准化工作精准服务体育高质量发展的理念得到大力提升,有效推进了标准化在体育各领域中的普及应用和深度融合,使体育标准体系建设、体育标准实施与监督,体育类团体标准规范得到优质发展。

(三)标准化工作监管情况

自2019年国务院《关于加强和规范事中事后监管的指导意见》实施以来,为贯彻落实国务院关于加强和规范事中事后监管的相关要求,深化体育领域"放管服"改革,全国各省市体育行政部门在加强体育监管行为方面作出多方面努力,获取了大量工作经验,形成了较为完善的标准化监管体系。2022年新修订的《体育法》对体育赛事活动监管提出了更加具体的要求。我国各级体育行政部门逐步丰富了体育赛事活动标准化监管体系,完善了体育赛事活动标准化监管工作机制,推进了体育治理体系和治理能力现代化。

三、体育行政部门标准化工作存在的问题

标准化工作必须依照出台的法律法规、政策文件、协会规章等进行,以达到工作执行的统一性、标准性。体育行政部门在执行工作中想要达到工作执行的统一性,就必须要遵守《体育法》《体育赛事活动管理办法》《经营高危险性体育项目许可管理办法》等一系列标准化文件以及各种行业标准、专业技术标准、地方标准等标准文件。同时,需要培养相应的标准化工作管理人才,建立负责体育行政标准化工作的部门以及标准化工作绩效评价体系。但是,在体育行政部门实际的行政执法过程中,往往存在标准化工作依据不完善、标准化工作推进机制不健全、标准化工作绩效评价缺失等问题。

(一)标准化工作依据不完善

我国体育行政部门标准化体系覆盖还不够全面,没有及时结合实际情况,更新和优化已经不符合实际的体育行政标准。体育行政部门所依据的标准也存在修订不及时的情况,使标准得不到及时的改进和完善。例如,有些体育部门所制订的标准计划和工作规划缺少前瞻性,导致体育行政标准的实施和监督存在一些困难。有些体育行政部门对体育行政工作标准化体系建

设的重视程度不够,还存在重视标准制定数量,轻视标准体系质量的现象,导致标准体系的整体作用没有得到高效发挥。在现行体育法律规范中,对体育行政部门标准化工作的规定依然比较原则化,在实践中缺乏可操作性,存在"标准不一""流程不规范""自由裁量权偏大"等问题。

（二）标准化工作推进机制不健全

标准化工作推进机制不健全主要体现在未及时跟进体育行政部门标准化工作人才培训中的指导思想,不能根据我国体育事业的快速发展作出相应调整,体育行政部门标准化人才能力与素养良莠不齐等方面。同时,部分体育行政部门管理人员对标准化工作人才培养的重视程度不够,在一些单位或部门甚至被弱化。体育行政部门标准化工作人才对体育行政标准化理论体系知识的掌握匮乏,在日常管理工作中凭经验开展工作,对各级标准掌握不清楚。另外,有些部门没有形成标准化管理的科学理念。

地方市、县两级标准化管理工作体系不健全,有些体育行政部门将标准化管理工作职责放在省市级单位,作用得不到有效发挥;有些体育行政部门把标准化工作职责落实在县级管理部门;有些体育行政部门将工作标准、管理标准、作业标准分配至不同行政部门负责,标准化管理得不到有效强化;有些标准化工作职责不清,标准化管理人员更换频繁,对标准化工作缺乏足够的重视与必要的指导。

（三）标准化工作绩效评价缺失

在体育行政部门的标准化实际工作中,有些体育行政标准宣传不及时,体育行政部门人员不了解标准的要求,在执行标准上打折扣,而体育行政部门对标准实施情况的监督结果缺乏有效评价,对监督后的管理更多的是予以行政或经济奖惩,缺乏对标准执行情况的有效评价,更谈不上合理利用评价结果,导致体育行政部门部分工作人员认为在体育行政部门工作中进行相应的标准化建设,只是为了应付检查,标准化工作难以长期执行,更难以有效改进工作效率。在这种片面的认识情况下,可能导致相关工作人员参与主动性不强,难以发挥主观能动性并提高参与效率,进而使体育行政部门标准化工作建设流于形式,难以达到应有的效果。体育行政部门作为一种特殊的公共服务型机关,其承担着多元化的综合职能,许多工作都无法量化,例如赛事组织、器材规格、场地规划、运动员资格审查等,从而导致缺乏统一的执行标准和监督机制。

四、体育行政部门标准化工作优化建议

（一）完善标准化政策法规建设

健全制度体系、法规建设，对于行业标准、地方标准，精准地下达推荐性标准；对于高危险性体育项目涉及人身安全和生命财产安全的方面制定强制性国家标准；对跨项目跨领域、存在重大争议标准的制定和实施，体育总局要及时进行协调，为体育事业和体育产业的发展提供坚实保障，统筹推进体育行政部门标准化工作制度建设、法规建设。

（二）加强从业人员法规意识

加强对基层体育行政部门工作人员体育标准化管理办法的教育，提高工作水平、工作效率，明确体育标准化管理方面的职责，使执法更加严谨合理。对于体育设施、全民健身、训练竞赛、健身指导、线上和智能赛事等方面从业人员，应加大标准化宣传力度。"放权"同时应加大监督力度，推动体育事业持续健康发展，在增效的同时提高质量，形成高质量的体育行政标准化工作环境。

（三）完善标准化信息服务平台

针对技术咨询、信息服务等功能进行优化升级，提供标准化政策发布、体育标准制定修订、标准化信息查询和技术指导等各方面服务；提供交流平台，实现中央到地方以及部门之间的信息数据融合，地方单位积极配合体育总局统一管理全国体育标准化工作，逐步形成在团标采信、机构管理、实施信息跟踪反馈等关键环节的技术保障；有效提高监管工作效率，打通各部门间的数据壁垒，以跨部门、跨区域、跨层级数据互通共享支撑跨部门综合监管。

（四）提高标准化工作水平

体育行政部门执法工作人员需要在日常工作中提升综合素养以及专业素养，加强通识知识、专业理论知识的学习，了解最新政策以及相关规定的调整更新，以便在工作中灵活运用，及时应对突发状况并能够正确处理，以防出现因对规定不清楚而导致的"错判漏判"；积极开展全国体育系统标准化工作培训，夯实人才储备基础，在人才培养方面，需要更多既懂专业又懂技术的标准化人才，必要时可由政府提供补贴。

体育组织篇

全国性单项体育协会法治化发展报告(2022)[*]

2022年是全国性单项体育协会(以下简称"单项协会")法治化发展成果丰硕的一年。新修订的《体育法》中体育组织、体育仲裁等规定为单项协会治理的法治化提供了法律依据与原则性指导,打破了束缚单项协会进一步发展的诸多桎梏。2022年以来,单项协会在推进良好治理方面取得了重大进展,但一些单项协会在内部治理与外部运行方面仍存在不符合法治化要求的现象与问题。单项协会作为国家体育治理体系中承上启下的枢纽,应加强自身建设和行业纪律,为单项协会的发展提供科学的治理规范体系、规范执行机构运行、增设监管机构及配套机制,并进一步完善独立公正的内部解纷机制。

一、单项协会法治化发展年度概况

独立的法律地位和主体资格,是单项协会法治化发展的首要前提。根据《行业协会商会与行政机关脱钩总体方案》以及《关于全面推开行业协会商会与行政机关脱钩改革的实施意见》的规定,单项协会应于2020年年底前基本完成脱钩。2022年,这一进程仍在推进之中。除此之外,单项协会的法治化发展集中表现为三大方面:

第一,《体育法》完成修订与中国体育仲裁机制酝酿启动。新修订的《体育法》在第六章"体育组织"中通过新增单项协会的法律地位、职责范围以及

[*] 张春良、侯中敏:西南政法大学。

其与体育行政部门的关系,为单项协会社团法人的地位提供了明确法律依据,也为单项协会的法治化发展提供了有力的法律支撑。此外,新修订的《体育法》增设"体育仲裁"专章,明确建立体育仲裁制度。体育总局于2022年12月22日审议通过了《中国体育仲裁委员会组织规则》和《体育仲裁规则》作为配套制度,并酝酿启动中国体育仲裁委员会的创设,这从外部为单项协会的法治化发展提供了坚实的环境保障。

第二,单项协会依法治理与依法"行政"的能力建设与实际行动得到全面推进。2022年以来,体育总局作为单项协会的业务指导部门,依法颁布了多项指导性政策,指导单项协会在党建工作、项目管理、赛风赛纪、赛事活动监管等方面提升依法治理的能力和完善依法"行政"的规则。在体育总局政策法规司的指导下,中国篮球协会(以下简称"中国篮协")、中国足球协会(以下简称"中国足协")、中国国际象棋协会、中国轮滑协会、体育总局水上运动管理中心、体育总局社会体育指导中心、体育总局武术运动管理中心等协会和中心根据文件政策的精神并结合实际发展情况,对项目的各类运行标准、管理制度作出了与时俱进的更新。

第三,单项协会反腐败治理拉开序幕。腐败是单项协会法治化进程中必须跨越的障碍。在反腐败治理方面,中央纪委国家监委驻体育总局纪检监察组和湖北省监委对涉嫌犯罪的中国国家男子足球队原主教练李铁进行监察调查,体现出国家对单项协会坚定不移推进反腐败工作、肃清体育行业风气的决心和意志。

二、单项协会法治化发展具体表现

2022年,单项协会法治化发展取得了一系列的成就,主要体现在以下四大领域:

(一)去行政化进程

"去行政化"是从单项协会与体育行政机关的关系角度而言的,其实质是单项协会的行政脱钩问题。没有独立的法律人格和完整的法律地位,单项协会就谈不上法治化发展。2019年《关于全面推开行业协会商会与行政机关脱钩改革的实施意见》实施后,单项协会与行政机关之间应落实"五分离,五规范"的脱钩改革要求,即实现机构、职能、资产财务、人员管理、党建外事五分离,规范综合监管关系、行政委托和职责分工关系、财产关系、用人关系以及管理关系。

从单项协会的运行情况来看,脱钩改革使单项协会脱离了与体育总局的从属关系,单项协会成为独立的社团法人,能够以自己的名义对外从事活动和承担责任。在职能分离方面,体育总局能够依据国务院办公厅《关于政府向社会力量购买服务的指导意见》制定清单目录,转移、委托适合由单项协会承担的职能。同时,通过政府购买服务以及单项协会逐渐展开的市场化运营,单项协会得以具备经济创收、独立发展的能力。在人员管理上,单项协会能够根据章程进行民主选举,自改革以来,许多单项协会的主要负责人由知名运动员、教练员等专业人士担任,通过进一步发挥其专业能力素养,为运动项目及单项协会的发展注入活力。最后,在外事分离方面,脱钩后的单项协会享有了独立自主地举办和参与国际性体育赛事的权利,在国际体育赛事活动的申办中只需要根据体育总局发布的《体育赛事活动管理办法》进行审批或备案,这为单项协会的外事活动提供了法治依据。

(二) 内部治理法治化

1. 静态指标

内部治理的静态指标主要指单项协会的建章立制与机构设置的法治化情况,这一指标关注的是单项协会内部法治化中"科学立法"的问题。在建章立制方面,经检索发现:第一,中国曲棍球协会通过新版章程并提交各单位征求意见,其中新增党建机构即党支部,将坚持中国共产党的领导载入章程;新增"信息公开与信用承诺"专章,分别规定向会员、向社会公开的信息范围,以便接受社会公众的监督。第二,中国篮协发布新闻,表示其在第十届中国篮协会员代表大会第一次会议上审议通过了新修订的章程,对涉及党的领导、执委数量、负责人数量、年龄、业务范围、分支机构等的相关条款作了调整,但截至2022年年底其尚未在官方网站上进行新版章程的公示。

除单项协会章程的修订外,在协会行业规则制定方面,体育总局也打出"组合拳",不断发挥其顶层设计者的作用。其主要颁布了涉及单项协会法治化发展工作的如下指导性规则:《关于进一步加强体育项目管理制度建设工作的通知》《体育赛事活动管理办法》《关于严肃查处赌博、假球等违规违纪违法行为 切实强化行业自律自治的通知》《中国女子足球改革发展方案(2022—2035年)》《中国青少年足球联赛赛事组织工作方案(2022—2024年)》。各单项协会据此进行规则的修订或新建,具体体现在更新单项协会管理制度、管理规程、纪律准则、球员转会注册规则、后备人才选拔标准、赛风赛纪以及赛事安全和反兴奋剂等方面的具体规则。

在机构设置方面,绝大多数单项协会形成了"权力机构—执行机构—日常管理机构"三者分工合作的架构模式,并根据章程开展日常事务。具体而言:(1)中国篮协、中国台球协会、中国风筝协会、中国信鸽协会、中国拔河协会5家单项协会设置了监事机构;中国轮滑协会、中国汽车摩托车运动联合会则在2022年新增的纪律委员会工作规则中规定由纪律委员会行使监督和处罚职能。(2)在内部解纷机构方面,外部独立体育仲裁制度的建立也倒逼各单项协会构建专门的内部解纷机构,并做好内外衔接工作。在设立了内部解纷机构的单项协会中,中国足协属先行者,具有代表性,但关于其管辖范围内的争议应提交足协或国际足联有关机构解决的规定与新通过的《体育仲裁规则》尚需协调。(3)一些单项协会在章程中规定了建立仲裁委员会或民主协商和内部纠纷解决机制,但未检索到相关的配套工作规则。

2. 动态指标

内部治理的动态指标主要指机构职能的运行以及对章程宗旨的贯彻落实情况,这一指标关注的是单项协会内部法治化的"严格执法、公正司法、全民守法"的问题。以中国足协、中国篮协为实体化改革先锋的协会,在项目普及与技术水平提高方面富有成效。2022年,中国足协举办全国性业余足球赛事——"我爱足球"中国足球民间争霸赛,促进青少年足球、社会足球意识的普及和足球事业的发展。中国篮协通过在全国范围内开展"体总杯"中国城市篮球联赛热身活动系列赛,极大地促进了篮球项目的普及。另外,在国家队的建设方面,中国男篮在2023年男篮世界杯预选赛第五窗口期比赛中获胜,提前获得男篮世界杯入场券。中国女篮在2022年国际篮联女篮世界杯决赛中获得亚军,这也是中国队继1994年之后,第二次获得世界杯的亚军。同时,中国女篮主帅郑薇当选本届世界杯最佳教练。除对项目的发展之外,单项协会在机构运行方面也发挥了较大作用。例如,中国足协纪律委员会依据《中国足球协会纪律准则》对违纪的球员、官员和俱乐部作出处罚决定,并使决定得以落实。

3. 透明度指标

内部治理的透明度指标主要指单项协会的治理决策与行动应对内部成员和外部社会保持必要和适当的开放度,为单项协会内部监督与外部监督提供信息获取的机会。透明度指标是单项协会善治的必要指标,也是单项协会法治化发展的重要衡量标准。该指标主要强调信息公开,"让权力在阳光下运行"。同时,建立官网公布信息,是数字体育的题中应有之义。通过对体育总局官方网站显示的全国性体育社会组织进行网络调查,在56家单项协会中,共有55家单项协会拥有独立运行的官方网站;其中,中国武术协会是唯一一家与体育总局武术运动管理中心合并使用网站的单项协会。

另外,透明度要求载入单项协会章程规范之中并得到贯彻。在率先脱钩改革的中国足协、中国篮协章程中,均明确设置了"信息公开与信用承诺"章节,规定要及时向会员公开年度工作报告、第三方机构出具的报告、会费收支情况以及经执委会研究认为有必要公开的其他信息,及时向社会公开登记事项、章程、组织机构、接受捐赠、信用承诺、政府转移或委托事项、可提供服务事项及运行情况等信息;接受公众对年度报告内容的监督。实际上,大多数单项协会都能够做到公布主要规章制度,但对于各类组织机构运行信息的公布则存在不足。例如单项协会的执行机构一般每年至少召开1次会议,但2022年公开执行机构会议信息的仅有3家,分别是中国篮协、中国棒球协会和中国拳击协会。由此可见,单项协会在透明度方面与章程规定的社会公开情形存在较大差距。

(三)纠纷治理的法治化

纠纷治理的法治化是从单项协会内部解纷机制与外部体育仲裁、国家司法治理的关系角度进行考察的。它有两大关键衡量指标:一是内部解纷机制的有无及其相对独立性;二是外部解纷机制的确立与衔接。

1. 内部解纷机制的有无及其相对独立性

(1)关于单项协会内部解纷机制的定性问题,最高人民法院颁布的一则指导性案例具有重要的参考价值。2022年12月,最高人民法院在其发布的第201号指导性案例中作出如下规定:国际足联具有纠纷解决管辖权的球员身份委员会属于行业自治解决纠纷的内部机构,而不是具有独立性的仲裁机构,因而其作出的裁决并非具有独立性、终局性的仲裁裁决。

上海市徐汇区人民法院作出的此项生效裁判,为单项协会内部解纷机构作出裁决的性质提供了参考与启示,即单项协会内部解纷机构作为行业内部自治机构,其作出的决定不具有独立性和终局性,因而不能影响当事人依据相关规定向单项协会外部独立仲裁机构或有关法院寻求救济。

(2) 截至 2022 年年底,全国共有 12 家单项协会建立了专门的内部解纷机构,占 56 家单项协会的 21.4%。12 家单项协会内部解纷机构的设置情况各有不同。在名称方面,各单项协会的内部解纷机构名称情况如表 1 所示:

表 1　单项协会内部解纷机构名称

内部解纷机构名称	协会
仲裁委员会	中国足协、中国垒球协会、中国自行车协会
纪律仲裁委员会	中国网球协会
纪律与仲裁委员会	中国冰球协会
纪律监查和仲裁委员会	中国滑冰协会
仲裁纪律委员会	中国跆拳道协会、中国空手道协会
法律仲裁委员会	中国棒球协会
监督仲裁委员会	中国手球协会
纠纷解决委员会	中国篮协
纪律与道德委员会	中国田径协会

在内部解纷机构的运行规则方面,目前仅查询到《中国足球协会仲裁委员会工作规则》对机构性质、受案范围、仲裁程序等作出规定。其他单项协会内部解纷机构的运行规则未能通过公共路径检索到。

北京市朝阳区人民法院在司法建议书中指出,中国足协仲裁委员会并非《体育法》或《仲裁法》规定设立的仲裁机构,其裁决不具备法律规定的"一裁终局"的效力。依据法律法规,并参考上述司法建议书,可以确认国内各单项协会内部设立的仲裁委员会都不是《体育法》或《仲裁法》规定设立的仲裁机构。

2. 外部解纷机制的确立与衔接

单项协会的纠纷治理必须从行业纠纷治理的角度进行更为宏观的考察。从行业纠纷治理的角度看,2022 年度值得关注的进展主要包括体育仲裁机制的突破和中国仲裁机制的新进展。

在体育仲裁领域,新修的《体育法》明确并细化了体育仲裁机制,并与修订中的《仲裁法》形成了规则上的互动和呼应。依据新修订的《体育法》,体育总局通过了《中国体育仲裁委员会组织规则》和《体育仲裁规则》。前者明确体育仲裁委员会由体育总局依法设立并依法独立运行,并对体育仲裁委员会、仲裁员、监督管理等事项作出详尽规定,从而为体育仲裁委员会的设立提供指引和制度支持。后者则主要对体育仲裁活动进行规范,规定了受案依据和管辖权、申请和受理、仲裁庭、审理、决定和裁决、特别程序等事项。

在商事仲裁领域,新修订的《仲裁法》也力图包容体育仲裁,将其纳入仲裁法体系。值得关注的是,在中国体育仲裁委员会设立之前,西安、成都等地的仲裁委员会便设立了体育商事仲裁机构,但此类机构在2022年度的工作情况未能通过公共路径检索得到。2022年10月,中国仲裁协会在民政部登记成立,该协会的成立将对仲裁与体育领域的关系产生影响,其具体工作的展开还需跟踪关注。此外,中国仲裁法学研究会通过决议,设立体育仲裁与调解专业委员会,于2022年11月举行了揭牌仪式暨研讨会。

(四)统筹内外法治工作

一是积极培养单项协会治理人才,为国际单项协会任职推荐做好准备工作。为助力单项协会更好地与国际体育组织对接交流、积极参与好国际体育事务,2022年体育总局举办国际体育组织任职及后备人员培训班,提升单项协会法治的基本水平,补充后备人才力量。

二是单项协会也在对标国际单项协会的新规则、新标准,履行国际义务,陆续对内部规则进行修改。如中国足协发布《IFAB足球竞赛规则2022/2023规则变更及解析》,将内部规则对标国际足联规则,完成国际化接轨,提升了内部规则的法治化水准。

三是持续深化单项协会的行业治理。中国反兴奋剂中心于2022年8月在北京举办第二届国际反兴奋剂工作专业研讨会,为科技助力国际反兴奋剂工作相关议题提供了良好的交流平台,体现出中国在世界体育治理过程中的大国担当,在合作过程当中也进一步提升了国内单项协会的法治化和国际化水平。

三、单项协会法治化发展存在的问题

(一)去行政化尚未完成

首先,当前单项协会与体育行政机关之间在职能方面存在混同。一般而言,行政机关作为业务主管部门,应对单项协会的实体化发展提供业务指导、公共服务和外部监管。但就目前运动项目管理中心的实际运作而言,许多中心实质上承担了单项协会这一社团法人的职能。例如,体育总局社会体育指

导中心仍然在其职能中明确表示其是体育总局直属事业单位,也是中国轮滑协会、中国龙舟协会等协会的常设办事机构;体育总局射击射箭运动管理中心表示其承担统一管理全国射击射箭项目发展规划、运动队伍建设、全国竞赛组织,与国际单项协会联络、国家队训练、竞赛和保障等工作,而这些职能实际上应由射击协会、射箭协会以及击剑协会自行开展。

其次,单项协会在人事和财务方面尚未与行政机关实现彻底分离。在人员任职上,当前存在诸多运动项目管理中心的领导班子成员同时担任单项协会的机构成员的现象,例如体育总局举重摔跤柔道运动管理中心主任同时也是中国摔跤协会主席;体育总局航管中心主任是中国航空运动协会主席等。这与我国《关于部门领导同志不兼任社会团体领导职务问题的通知》《关于党政机关领导干部不兼任社会团体领导职务的通知》中的规定相违背,也与协会脱钩改革的政社分离要求相背离。在财务管理上,单项协会资产并未在实践意义上实现与行政机关的真正切割。一方面,单项协会的资产具有国有性质,另一方面,这些国有性质的资产又难以明确各主体的股权份额,导致资产处置权行使混乱和经营性收入分配失衡。所以单项协会目前仍然属于持有国有资本产权的虚化、泛化主体,实体化改革还是难以跳脱出行政部门与单项协会之间、单项协会内部与外部市场之间的资产分配失衡失序的怪圈。

(二)治理规范体系不完善

第一,关于单项协会运行的法律规范立法层次相对不高。目前,能够引导单项协会改革的规范,大都是部门规章和各类政策文件,仅有为数不多的政策文件来源于国务院,这类政策文件已经属于级别相对较高的规范。除此之外,如《民法典》,也只是对非营利法人的性质、章程、会员代表大会和理事会作了概括性的规范;我国新修订的《体育法》第六章有关"体育组织"的规定,也未涉及有关体育组织内部治理的具体规定。比较体育产业较为发达国家的体育社团法人治理的经验,如通过美国《业余体育法》对国内单项体育联合会的规定可看出其社团立法制度中具体而又具有操作性的规范体系。

第二,相关立法规定比较杂乱分散,且存在相互冲突的现象。我国的单项协会按照《体育法》《社会团体登记管理条例》《反兴奋剂条例》等规定,可以行使章程制定和修改权、体育事务管理权以及兴奋剂违规行为处罚权等权力,但单项协会相关法律立法存在规范与规范之间交叉矛盾的现象。例如,我国新修订的《体育法》虽然对单项协会市场经营权限缺乏相对明确的规定,但是在原则上赋予其通过一定的市场行为自筹资金的权力,而《社会团体登记管理条例》第4条则明确规定,社会团体不得从事营利性经营活动。虽然根据《民法典》及其司法解释能够明确"不得从事营利性经营活动"主要指以获取利润为主要目的的活动,体育社会团体仍然可以从事商业性、经营性活动,只要其不以获取利润为运作目的。但在实际运行中,此类规范未对何为营利性、何为非营利性进行合理明确的界定,因此单项协会无法确保自身经营行为的合法性,一定程度上阻碍了单项协会的改革实践。

第三,以导向性政策为主,专业指导性文件缺失。国务院下发的诸多政策文件具有较强的导向性和指导意义,引领我国体育事业发展方向。体育总局在根据这些导向性政策文件指导单项协会改革时,在主动性、全面性和精细化方面还有提升的空间。例如,除中国足协改革方案以外,体育总局还没有制定其他单项协会的实体化改革方案。

(三)机构运行不合理

单项协会的执行机构称谓不一,但在职能履行方面存在统一性,其都是在本单项协会会员代表大会的领导下,根据会员代表大会对重大事项的决策,在闭会期间具体负责单项协会内部的日常管理工作。现行体制下执行机构的组成成员包括主席、副主席、秘书长或其他具有同等地位、扮演类似角色、发挥同类功能的成员等。

就执行机构的设置及其运行中存在的问题来说,主要是执行机构职能一家独大。执行机构是常设机构,权力机构则不是,这也在客观上迫使执行机构不得不代行某些决策职能,从而导致权力机构与执行机构之间的职能虚化与侵入。

就执行机构组成人员而言,存在兼职兼任或职位空缺情形。根据民政部印发的《全国性行业协会商会负责人任职管理办法(试行)》第4条的规定,一般情形下,禁止单项协会领导层的兼职和兼任。但是,部分单项协会秘书长或副秘书长的兼职情况并不鲜见,甚至存在秘书长或副秘书长职位空缺的情形。例如,在中国滑冰协会的组织机构设置中,主要由主席和副主席负责单项协会日常事务的管理,不设立秘书长,而是由副秘书长根据主席或副主席的工作部署和指令进行具体管理活动,并且由主席和副主席对执行行为进行监管,即副秘书长对主席负责。这种机构设置在一定程度上模糊了机构职权,加大了主席或者副主席的工作压力,职位空缺或兼职的情形不利于单项协会内部治理的法治化水平提升。

(四)监管机制缺位

在单项协会内部法人治理的一般范式中,监事或者监事会作为单项协会的专门监督机构,对其他机构,包括权力机构、执行机构以及解纷机构的履职情况,承担着监管职能。然而到目前为止,大多数单项协会都没有设置专门的监事机构和配套机制。在未设置监事制度的协会章程中,监督职权一般赋予理事会,或者由体育行政部门进行监督,从而使单项协会的内部监督有被虚置的倾向。

以中国足协为例,单项协会领导层具有相当的监督权限,这种决策权与监督权存在于同一机构的监督制度,难以发挥监督制度的真正作用。虽然中国足协还设置了纪律委员会和道德与公平竞赛委员会,以期弥补前述监督模式的不足,但是,此两者在监督过程中以事后处罚代替事前与事中监督,在监督对象上以球员或会员为主,几乎不涉及对相关权力机构、执行机构及其工作人员的监督。从制度学角度看,没有独立的监督制度,单项协会的内部工作就无法得到有效监督。

(五)内部解纷机制不足

单项协会目前存在三种内部解纷模式,单设纪律委员会模式、纪律委员会和仲裁委员会同构模式,以及未常设纠纷解决机构的模式。除上述三种模式之外,中国台球协会等虽然也在章程中规定要建立内部解纷机制,但事实上除了在章程中作出构建民主协商和内部矛盾解决机制的文本规定,并没有实质负责运行的机构。从机构设置情况来看,诸多单项协会内部缺乏解纷机构,当纠纷出现时,在单项协会内部治理与外部司法介入的关系尚未得到明确之前,单项协会的自治权可能会在一定程度上阻碍司法的介入,使得纠纷主体陷入求告无门的境地。单项协会的纪律委员会通常会基于相关管理规则行使纪律处罚权,对主体的行为进行否定性评价,因而此类纪律处罚行为在本质上不同于纠纷的处理,且现实中的诸多纠纷往往源于对纪律处罚的不服,因此此类机构的设置及运行无法有效缓解单项协会内部产生的矛盾。仲裁委员会虽然能够对纠纷进行管辖,但由于当前单项协会内部对该机构的设置较少,导致其实际运行效果不佳、中立性及公正性也有待加强。

四、单项协会法治化发展解题路径

(一)加速去行政化进程

1. 明确各类管理中心与相关单项协会之间的权力界限

当前,政府"放管服"改革以及协会实体化改革要求对单项协会与体育行政机关之间的职能进行明确界定。在前者依附后者的情况下,两者之间的公权和私权界限较为模糊,导致权力界限不明,脱钩后下移的一些事务的最终决定权仍归体育行政部门所有,无法直接判定单项协会实际享有的职能范围。《体育法》只规定了单项协会制定相应项目技术规范、竞赛规则、团体标准,规范体育赛事活动,未对其职能进行规定。对此,为了消除单项协会与运动项目管理中心职能的重叠和交叉,双方应当通过利益表达和协商,使双方职权配置达到一个公认的阈限,并将各自的职能范围在中心规则与单项协会章程中明确。

鉴于单项协会的自治范围较大,在一定程度上能够承接运动项目管理中心的某些职能,建议采取"负面清单+兜底条款"的形式明确单项协会的职能范围。负面清单在于防止能够自治的职能被排除在外,兜底条款则通过赋予法律解释权,防止单项协会肆意行使不具有自治性的职能,进而起到一种法律监管的作用。一放一收的立法技术能够保障单项协会的职能处于自治与过度自治的理性平衡之中。

2. 明确在人财物事等方面实现单项协会与行政机关之间的切割

单项协会作为独立运行的法人,应当遵照民主协商制度选举机构成员,避免上级机关直接任命的行政化方式,从而更好地发挥其社会中介组织作用。在经费来源上,单项协会首先要摒弃依赖思想,将自身利益与政府利益划分开来,从根源上摆脱资源依赖的现状,形成稳定、良性且可持续的资金供给链体系。这要求单项协会改变自身定位,从市场需求的角度出发,创新体育文化产业化路径,找到社企目标的交集,打造常态化的合作机制。同时要求单项协会承担更多的社会责任,从群众中来,到群众中去,推动公共体育事业的社会化发展,广泛调动全民参与体育活动的积极性,并为体育活动交流提供便利的平台。

(二)完善科学的治理规范体系

综观单项协会治理的法律规范体系,仍然存在位阶低、较分散、不完整和滞后性四个主要问题,导致各单项协会存在不同程度的问题,缺少一些科学的、共性的顶层设计。因此可考虑制定一部主要针对单项协会内部治理的组织性条例,即《体育组织条例》。单项协会属于非营利性、体育类社团法人,不同于公司的营利性质,对比其他社团法人存在较明显的个性,为此可考虑制定配套的、更具针对性的《体育组织条例》,作为《体育法》体育组织章的配套行政法规,有助于实现对单项协会法治化发展的专门规范。该条例是对所有在我国设立的单项协会的外部环境制度与内部治理规则的共性问题的高度浓缩,为其法治化发展提供顶层设计,发挥"基本法"的作用。

首先,法律位阶较高的《民法典》《体育法》等主要对单项协会的法律地位、与行政机关的关系、宗旨等作出原则性指导,缺乏具有系统性、可操作性的具体规范。制定《体育组织条例》,能够解决法律规定缺失的问题,作为《体育法》配套的体育组织行政法规,为单项协会提供具有法律拘束力的立法指引。

其次,现有法律规范分别从单项协会存在的合法基础、登记、准入、管理等层面设置了明确规定,存在立法碎片化现象,不利于单项协会的依法自治。为此,通过制定一部单行的《体育组织条例》,对现有分散的法律进行整合,对不具有科学性的法律条文进行修订,对不同位阶的规范、示范规则等进行统一,从而为单项协会治理的外部环境与内部要素提供全面、系统且具有科学性的法律根据。

再次,现有法律在有关单项协会的财产盈余分配、财政年度支出比例、协会透明度要求、内部监督机制设立等问题上未作规定,而这些问题正是影响单项协会法治化发展的关键因素,因此为了规范单项协会内部财政运行活动、增加单项协会运作透明度以及加强内部分权制衡,有必要在组织条例中对前述问题进行明确规定,为单项协会的高质量发展斩断束缚因素、提供法律指引。

最后,对于现行有效的法律规范中存在的与协会脱钩改革、法治化发展不符的情形,例如《社会团体登记管理条例》中仍规定社会团体实行双重管理体制,与协会脱钩改革政策不符,有必要在《体育组织条例》中消除运动项目管理中心给单项协会改革带来的弊端,促进单项协会的自主发展,适应脱钩这一发展趋势。

总之,通过制定一部符合体育强国战略的《体育组织条例》,一方面承接

《宪法》《体育法》《民法典》的上位法之精神与原则性规定,另一方面对下进行专门化统合、清理和优化,对现有法律、规范、示范文本中存在的有关单项协会等体育组织的个性化、独特性问题进行全面、系统的回应,从顶层设计层面规范单项协会的存在环境、组织形式和活动职能,对单项协会的改革环境、管理登记、设立目的、业务范围、机构设置、制度设计和运行调控等问题作出积极回应,为单项协会提供一个风清气正、规范有序的外部环境,指引单项协会在科学、合法发展的基础上推动我国从体育大国向体育强国转变。

(三)规范执行机构运行

1. 厘定执行机构的职权

少数单项协会的执行机构运行混乱的问题,主要原因在于未明确按照章程规定行使其权力。这一问题的深层次原因在于单项协会内部的权力滥用造成的权责不清晰,以至于权力集中于少数人。这一问题需要通过外部激励予以解决,建议单项协会内部主动建立问责机制。通过问责机制,对不符合章程、主席一人行使决策权的不当行为进行追究,由此,可以促使单项协会内部人员依照章程合理、高效地行使权力,防止权力实施的不规范与权力过分集中。

2. 限制兼职

单项协会主席、副主席和秘书长等重要人员采取兼职方式行使职权,具有不合理之处。例如,主席在单项协会中具有主持会议、领导监督秘书处工作、提名分支机构负责人、检查决议落实情况等职责,如果由兼职人员担任,会造成其工作量巨大、工作效率低等问题。因此,主席等重要组成人员的任职采取专职方式较合理。针对执行机构的其他组成人员,可以适当地设置兼职标准和比例。

此外,针对部分单项协会不设立秘书长,加重主席或副主席工作任务的情况,建议在章程中予以明确,并增设秘书处或秘书长的职位,实现单项协会治理的专业化,提升其法治化水平。

(四)增设监管机构及配套机制

单项协会作为非营利性法人,在遵循法人治理结构的基础上,迫切需要建立独立且专门的监督机构,对权力机构和执行机构进行制衡。从一定意义上说,有多好的监督机构,就有多好的内部治理。不仅如此,监督机构也是一种成本最低、对违规违法乃至犯罪行为具有预防功效的制度设计。特别是针对单项协会较为普遍的行政化情形,监督机制还有助于抵消行政化的消极影响,以督促建、以监促立,助推单项协会在体制机制和观念意识上的行政脱钩和法治化进程。针对监督机构的设置改革,应重点把握如下几个方面:

1. 从根本上确保监督机构的独立性

为确保监督机构独立行使监督权,避免外在的干涉,防止监督的形骸化,应强化监督机构的独立性。在独立性方面可以借鉴我国国家机构的设置,单项协会的监督机构由会员代表大会产生,享有职务上的豁免权,仅仅产生于、服从于会员代表大会,不受行政机关、执行机构和其他机构与个人的干涉,彻底斩断监督机构与行政机关,特别是与单项协会执行机构及其负责人之间的关联。在专门性上,监督机构的组成人员应当与权力机构、执行机构的组成人员分离,不能存在人事重叠和交叉,实现监督职能的纯粹化。

2. 提升监督机构在单项协会中的地位

在实践中,很多监督机构,包括法人制度最为完善的公司的内部监督机构通常存在着有名无实的监督权限,丧失了监督制约的功能,监督机构成为可有可无的"民主的点缀"。具体表现为,监督人员的兼职现象较为突出,监督人员的经济与人事任免权被执行机构或其他机构掌控,监督机构缺乏实质的监督动力,缺乏专门的监督职能的训练和必要的监督能力,等等。为此,首先,需要在章程规范中将监督机构提升至与其他三大类核心机构同等的法律地位;其次,赋予其履行职责的便利权限,包括调阅文件、资料,参与会议等方面的权利,以及在职责履行过程中的言行豁免权;再次,明确规定执行机构、解纷机构、纪律机构以及其他机构的重要决策决议,必须经过监督机构负责人核阅;继次,赋予监督机构负责人质询权力,就单项协会重大事项直接对决策者、实施者和利益相关者进行调查,对主要负责人提出异议,进行质询;最后,应赋予监督机构负责人在必要时启动会员代表大会的权力。

3. 提升监督人员的专业化程度

过硬的监督能力、敏锐的监督意识和多样的监督技巧,是有效监督最必要的三种要素。这三种要素都源于监督人员的专业化程度,任缺其一都容易导致监督无法起到第一道重要防线的作用。所以,应对监督人员进行专业化培训,形成一支素质过硬的监督专业化队伍,可供采取的建议措施包括但不限于:一是中华全国体育总会应当建立监督人员培训上岗机制,所有单项协会的监督岗位必须持证上岗;二是监督人员的"入口"资格,监督人员应经过法律或纪检监察方面的训练,或者有相关工作经验,强化单项协会内部监督方面的能力供给;三是做好监督人员的"出口"退出机制,存在重大过错、监督过失,能力匮乏的监督人员,应退出监督岗位,避免监督岗位成为一个解决烦冗过剩人员的虚职闲职,避免监督机构空转、监督职能形式化。

4. 提升单项协会治理的透明度

阳光是最好的防腐剂。让权力在阳光下运行,是有效监督的前提和基础。当前我国许多单项协会未充分对外公布应予披露的信息,这在很大程度上对外部监督者、社会构成了"无知之幕",迫切需要"揭开单项协会的面纱"。为此,建议如下:第一,单项协会监管者应颁布规范,明确单项协会治理的信息类型,可分为"三级信息管理制度",即将信息分为必须披露的、无须披露的,以及可自由决定是否披露的三类,并要求通过适当的方式,例如完善单项协会官网,对必须披露的和选择披露的治理信息予以及时、充分的披露或公示。第二,借助数字中国、数字体育、数字体育行政管理的浩荡东风,对所有单项协会内部治理的重要数据进行集中管理,统一到中华全国体育总会,作为"数字体育"中的子信息系统即"数字体育治理",为国家行政管理者、单项协会管理者和其他合法主体供给治理数据。

(五)构建独立公正的内部解纷机制

"穷尽内部救济原则"是单项协会自治的一项基本权利,单项协会优先解决内部纠纷也已经成为体育界共识,单项协会内部未设立解纷机构或解纷机构未独立于执行机构,将导致无法实现纠纷解决自治,并且会受到执行机构的不利影响,作出的裁决缺乏独立性。为此可采取如下举措:

第一,在章程中明确并实际设立独立的解纷机构。建议章程明确规定中国体育仲裁院或仲裁委员会的设立事宜,这是目前得到国际体育社会普遍接受和认可的体育纠纷解决机构,也有助于与国际接轨。解纷机构的法律地位应提升到与执行机构、监督机构齐平的地位,减少纠纷解决过程中来自其他机构的干预。

第二,中国体育仲裁委员会的产生方式。该仲裁机构应当由会员代表大会产生,并且独立于执行机构。针对部分单项协会将仲裁委员会作为执行机构的分支机构,并受到后者一定干涉的情形,应当对章程中关于解纷机构设置的规范内容进行修改,明确体育仲裁委员会的独立地位和独立解纷、不受干涉的原则。

第三,中国体育仲裁委员会的人员组成。该仲裁机构应当由具备体育解纷专业知识且具有长期纠纷解决实践经验的人员组成,包括从事体育研究的专家、学者、仲裁员,以及体育业从业人员中具备相应资格者。

第四,中国体育仲裁委员会的管辖范围。该管辖范围涉及属人管辖和属事管辖,也常称为主观可仲裁性和客观可仲裁性。据此,只有当特定体育纠纷在主体和事项适格的情况下,中国体育仲裁委员会才能行使管辖权。一方面,从主体范围上讲,仲裁委员会能够管辖的主体需要与单项协会具有隶属关系,即组织上的隶属性,包括单项协会本身、会员协会、体育俱乐部、运动员、教练员、经纪人,等等。另一方面,从事项范围上讲,可以采取管辖标准,即只要是单项协会管辖范围内的纪律处罚类争议,均可提交该机构解决。同时,明确规定穷尽内部救济是当事人寻求外部仲裁的先决条件。

我国职业体育法治化发展报告(2022)*

2022年,我国职业体育法治化发展迎来了重大进展。立法方面,新修订的《体育法》增加了保障职业体育俱乐部发展的倡导性条款,支持运动员、教练员朝职业化发展,保障运动员各项权利成了国家法定义务。执法方面,破坏职业体育健康发展生态的各类违法违规违纪行为正在得到有力纠正。司法和仲裁方面,我国职业体育主体积极维护自身合法权益,勇于参与国际体育仲裁事务。守法方面,我国职业体育主体在落实体育法律法规方面取得了积极成效。展望未来,我国职业体育法治化发展定将取得更高水平的进步。

职业体育是体育市场化、社会化发展的重要形态,既有竞技体育的特性,也有体育产业的属性。职业体育是商品经济条件下竞技体育自身演进的产物。从竞技体育的视角观察,促进和规范职业体育的市场化、职业化发展,有助于提高职业体育赛事能力和竞技水平;从体育产业的视角考察,我国《体育产业统计分类(2019)》将商业化、市场化的职业体育赛事活动的组织、宣传、训练,以及职业俱乐部和运动员的展示、交流等活动定义为职业体育竞赛表演活动,并将其纳入体育产业范畴。完善和拓展职业体育发展体系与渠道,有助于提高职业体育的成熟度和规范化水平,助力我国职业体育产业高质量发展。

2019年国务院办公厅印发《体育强国建设纲要》,进一步明确了体育强国建设的目标、任务及措施,"推进职业体育发展"是"提升竞技体育综合实力,增强为国争光能力"的重要战略任务。2021年体育总局印发《"十四五"体育发展规划》(以下简称《发展规划》),围绕体育强国建设,对"十四五"体育改革发展进行了全面部署,力求推动"十四五"体育重点领域实现高质量发

---

* 席志文;湖北文理学院。

展。其中,《发展规划》特别强调了创新竞技体育体制机制,完善职业体育发展体系,统筹谋划了专栏9"职业体育发展工程",其主要目标是引导规范职业体育健康发展,走中国特色职业体育发展道路。《发展规划》公布实施以来,我国职业体育发展工程中的各项工作稳步推进,职业体育发展的支持、监管政策稳步完善。职业足球改革继续深化,其他项目如篮球、网球等的职业化发展也在进一步推进。国家统计局和体育总局在2022年12月30日联合发布了《2021年全国体育产业总规模与增加值数据公告》,经核算,2021年全国体育产业总规模(总产出)为31175亿元,增加值为12245亿元。与2020年相比,体育产业总产出增长13.9%(未扣除价格因素),增加值增长14.1%;从增长速度来看,与上年相比,体育竞赛表演活动增加值增长26.1%。由此可见,随着新冠肺炎疫情防控取得进展,体育赛事得到了有序恢复,体育产业实现了较快增长。

新修订的《体育法》增加了"职业体育"的内容,其中,第40条"国家促进和规范职业体育市场化、职业化发展,提高职业体育赛事能力和竞技水平"和第72条"国家完善职业体育发展体系,拓展职业体育发展渠道,支持运动员、教练员职业化发展,提高职业体育的成熟度和规范化水平。职业体育俱乐部应当健全内部治理机制,完善法人治理结构,充分发挥其市场主体作用"的规定,成为指引我国职业体育发展的重要规范依据。

上述《体育强国建设纲要》《发展规划》和新修订的《体育法》的公布实施,为我国职业体育发展创造了重要的历史机遇。然而,2022年,在新冠肺炎疫情的严重影响下,我国职业体育发展中的重点领域和关键环节改革任务出现了一些困难,职业体育的法治化治理进程也受到了一定的影响。因此,回顾并梳理2022年我国职业体育法治化发展中的得与失,总结《发展规划》实施中的重难点问题,展望新修订的《体育法》实施后我国职业体育发展的空间,探索我国职业体育治理能力与治理体系现代化的道路,将有助于我国体育强国目标的实现。

职业体育发展的法治化,究其实质是运用法治思维和法治方法来促进和保障职业体育的发展,确保其形成良善的规则体系与治理体系,形成现代职业体育治理结构,最终实现职业体育"自律"和体育行政部门"他律"相结合的治理模式,构筑一个健康的职业体育发展生态。职业体育的发展离不开职业体育中的重要利益相关者如职业体育俱乐部,职业运动员和职业体育联赛的参与。因此,职业体育法治化发展本质上是职业体育利益相关者的法治化和治理能力与治理体系的现代化,即职业体育俱乐部、职业运动员(教练员)、职业体育联赛的法治化发展。

一、我国职业体育俱乐部的法治化发展

(一)立法保障得以加强

2010年国务院办公厅发布的《关于加快发展体育产业的指导意见》首次明确了"支持和规范职业体育发展"的政策,提出"严格职业体育俱乐部准入和运行监管,扶持职业体育俱乐部建设"。2014年,国务院《关于加快发展体育产业促进体育消费的若干意见》进一步明确职业体育俱乐部的地位,提出"完善职业体育俱乐部的法人治理结构,加快现代企业制度建设。改进职业联赛决策机制,充分发挥俱乐部的市场主体作用"。新修订的《体育法》第72条第2款将国务院上述政策文件中的规定进行了"提纯",设置条款规定"职业体育俱乐部应当健全内部治理机制,完善法人治理结构,充分发挥其市场主体作用"。

职业体育俱乐部的法治化发展有了明确的国家法律保障,换言之,一方面,职业体育联赛的俱乐部准入审查部门,都负有相应的义务将职业体育俱乐部的内部治理机制和法人治理结构纳入职业体育准入审查标准之中,在年度的职业体育准入审核中,审查这些职业体育俱乐部履行上述法定义务的情况;另一方面,职业体育俱乐部也负有积极按照现代法人治理结构完善其各项制度建设,提升自身的法治治理能力的法定义务。在职业体育俱乐部自身法人治理结构不完善或不具备现代企业的制度能力时,国家体育行政管理部门也应当提供相应的业务指导与帮助。例如,2021年12月,民政部办公厅印发了《全国性行业协会商会章程示范文本》,为全国性体育单项协会的实体化改革、社团法人规范治理提供指导,这实质上就是行政机关履行行政指导职能的范例。职业体育俱乐部在法治化发展进程中,在自身治理能力和法人治理结构不成熟的情况下,也需要由相关职业体育联盟或主管项目协会推广此类治理方式至各职业体育俱乐部,帮助其更好地实现现代法治治理。

从实践层面观察,中国足协和中国篮协在提升职业体育俱乐部自身法治化能力方面,也一直在提供此类指导。典型的例子是,中国足协在2021年曾向中超、中甲俱乐部提供《国内球员工作合同范本(2021)》和《外籍球员工作

合同范本(2021)》,指导职业足球俱乐部与国内球员、外籍球员签约,这些合同范本继续在 2022 赛季中国足球联赛中使用;中国篮协也相应地发布《2022—2023 赛季 CBA 联赛球员选秀、工资帽、聘用及交易管理规定》,用以指导职业篮球俱乐部实现更好的合规治理。

(二)行政部门持续支持职业俱乐部

2022 年,我国地方政府甚少出台新的支持职业俱乐部发展的相关规范,职业俱乐部的发展状态也不同程度地受到突发公共卫生事件的影响。地方政府基本上延续了 2022 年之前各项关于支持体育产业的基本策略,采取产业支持、行政奖励、税收减免等措施来鼓励职业俱乐部的发展。

首先,部分省级地方政府依然延续了此前关于支持体育产业和职业体育发展的政策措施。例如,内蒙古自治区人民政府在 2015 年 9 月率先出台了《关于加快发展体育产业促进体育消费的实施意见》;2017 年 9 月 30 日,山西省人民政府办公厅发布的《关于扶持职业体育发展的意见》,是我国省级地方人民政府出台的唯一一个"职业体育"主题的地方规范性文件。这两份地方规范性文件均没有终止实施的期限。换言之,这些支持职业体育发展的地方规范性文件仍然发挥着指引、规范和保障作用。此外,部分省级体育主管部门也出台了关于支持职业体育俱乐部发展的规范。例如,安徽省体育局制定了《安徽省推进职业体育俱乐部发展实施办法(试行)》,对职业体育、职业体育俱乐部及其任务、管理、扶持、奖励等方面作出了较为细致的规定,该规范性文件在 2022 年仍然是指导安徽省职业体育俱乐部向法治化发展的重要依据。

其次,我国两个经济特区深圳市和厦门市的文体部门此前出台的资助奖励职业体育俱乐部发展的地方性规范文件持续实施,对职业俱乐部的发展产生促进作用。例如,2022 年 8 月 10 日,厦门市体育局发布了《关于开展高水平职业体育俱乐部资助奖励申报工作的通知》,调整了财政资助和奖励对象的参赛等级和成绩要求,采取了事后资助奖励的方式提高职业体育俱乐部的积极性。深圳市在 2020 年也利用行政奖励手段助力职业体育俱乐部从突发卫生公共事件中脱困,相继出台了《深圳市文化和体育产业专项资金管理办法》和《深圳市高水平职业体育俱乐部资助奖励操作规程》。其中,冠"深圳"队名的足球、篮球、排球、网球、乒乓球、羽毛球、高尔夫球、帆船、冰球、五人足球、三人篮球、国际象棋、象棋和围棋高水平职业体育俱乐部是受资助和奖励的对象,每赛季受资助的最高额度为3500万元,取得优异成绩受奖励的最高额度为8000万元。上述规范自2020年开始实施,至2025年实施终止,在此期间,深圳市足球俱乐部是此项行政奖励规范的较大受益者。

最后,部分县级市发挥税收政策的优势,鼓励职业体育俱乐部的发展,助力我国青少年足球后备人才发展。例如,梅州市税务部门主动上门为职业足球俱乐部辅导各项税费优惠政策,组建"足球税收服务团队",以专业的业务知识、优质的纳税服务助力当地足球产业发展。2022年,梅州客家足球俱乐部享受了相应的增值税留抵退税,解了职业俱乐部发展的燃眉之急。

总体而言,地方政府虽然有意支持职业体育俱乐部规范化法治化发展,但是部分职业体育俱乐部在经营过程中违背体育项目发展规律,造成俱乐部难以为继,这种现象在2022年度尤为显著。职业体育俱乐部的发展面临着严重困难,而问题的根源仍然是我国职业体育俱乐部缺少严格的内部监管和外部监督,急功近利,职业体育俱乐部的经营者采取"阴阳合同"等多种违反职业体育监管政策的形式规避监管,最后自食苦果。这些问题,也是职业体育发展政策需要着力解决的重点问题。

(三)涉外体育法律争议解决不容乐观

《国际体育仲裁院(CAS)与足球2022年年度报告》(CAS & Football Annual Report 2022)显示,CAS在2022年裁决了10件涉及中国职业足球俱乐部的案件,占到CAS全年受理的足球相关争议案件总数的1.54%。

第一个案件CAS 2021/A/8014 Shanghai Shenhua FC v. FIFA,是上海申花足球俱乐部与FIFA关于纪律处罚的纠纷,涉及上海申花足球俱乐部未能遵守FIFA纪律委员会于2021年4月22日作出的纪律处罚决定。该处罚涉及上海申花足球俱乐部未执行FIFA球员身份委员会(PSC)于2020年2月27日作出的关于向前主教练支付违约解除赔偿金的生效决定,案件审理裁决结果为上海申花足球俱乐部败诉。

第二个案件CAS 2020/A/6854 Wuhan Zall FC v. Jorge Sammir Cruz Campos & CAS 2020/A/6887 Jorge Sammir Cruz Campos v. Wuhan Zall Professional FC,是武汉卓尔足球俱乐部与外援萨米尔(Sammir)之间的工作合同解除纠纷,案件的核心裁判要旨是:如果俱乐部已经对球员的违法行为(如季前赛迟到)进行了纪律处分,而且球员已经接受并履行了这一处分,那么俱乐部就无权再重提此事,并对球员实施额外的、更严厉的处分,如终止合同,在这种情况下,终止合同是没有正当理由的,违反"一事不再罚"原则。

其他涉及无正当理由解除事由的案件还包括:武汉足球俱乐部与外援巴普蒂斯唐(Baptistão)之间的欠薪解约赔偿纠纷(CAS 2021/A/8511 Wuhan FC v. Leonardo Carrilho Baptistão)、北京北体大足球俱乐部与外援阿南格诺(Anangono)之间的欠薪解约赔偿纠纷(CAS 2021/A/7889 Beijing BSU FC v. Juan Luis Anangono Leon)、外援尼古拉·久尔吉奇与成都蓉城足球俱乐部之间的解约赔偿纠纷(CAS 2022/A/8621 Nikola Djurdjic v. Chengdu Rongcheng Football Club LTD)。无一例外,这些职业体育俱乐部与外籍球员之间的纠纷都以俱乐部的败诉告终。

第四个案件 CAS 2020/A/7482 Nantong Zhiyun FC v. Caracas FC 和第六个案件 CAS 2021/A/7784 CD Saprissa v. Nantong Zhiyun FC & Roman Rubilio Castillo Alvarez 均涉及南通支云足球俱乐部。第四个案件的实质是附条件转会协议的有效性问题。南通支云足球俱乐部在转会合同中同时设置了医疗检查条款与足球技能条款,但是转会协议签订后,球员通过了医疗检查而俱乐部却称其未通过足球能力检测,因此产生纠纷入禀 FIFA 足球裁判所,后上诉至 CAS。最终 CAS 独任仲裁员维护了 FIFA 足球裁判所的决定,认为球员未能通过球员水平测试并不代表他未通过医疗检查,故而转会协议已生效,南通支云足球俱乐部败诉。而第六个案件则涉及球员转会失败后的连带赔偿责任问题,由于其代理律师未能在 FIFA 审理阶段将第三方俱乐部 CD Saprissa 追加为负有连带责任的第三人,被该俱乐部上诉至 CAS,并成功驳回对方要求承担连带赔偿责任的诉求,最终南通支云足球俱乐部取得了"名义"上的胜利,但实际上却无法得到任何赔偿款。此外,第三个案件 CAS 2020/A/7281 Koninklijk Diegem Sport VZW v. Club Atletico de Madrid & Dalian Professional FC 涉及职业足球运动员联合机制补偿,大连人职业足球俱乐部与马德里足球俱乐部最终赢得了胜利。第五个案件 CAS 2020/A/8620 Beijing Guoan FC v. Fernando Lucas Martins 则涉及双方当事人合意解除球员工作合同所产生的纠纷,可以判断,中国职业足球俱乐部仍然免不了败诉。

从中国职业足球俱乐部参加国际体育仲裁的情况来看,中国职业俱乐部不仅不像以往那样惮于参与国际体育仲裁,而且已经学会了运用国际体育仲裁规则为自己谋求相应的程序利益。例如,在第一个案件中,上海申花足球俱乐部在 2019 赛季中超联赛结束后无正当理由解除前主教练 Flores 团队,2020年2月底取得FIFA PSC争议解决阶段的决定后,利用CAS的上诉程序规则首先上诉至CAS以达到暂缓执行FIFA PSC决定的效果,并且于2020年5月17日在CAS上诉程序中取得了立案号,进入了CAS上诉听证排期日程表。随即,上海申花足球俱乐部在2021年1月底向CAS办公室撤回上诉,并使得FIFA PSC的决定最终生效。最后,上海申花足球俱乐部利用FIFA纪律处罚程序,再次进行上诉,并举行了视频听证,虽然上海申花足球俱乐部最终未能扭转败绩,但是从整个过程来看,中国职业俱乐部已经具备了积极参与国际体育法律事务的能力,值得肯定。

（四）职业俱乐部欠薪问题严重

2022年,中国职业足球俱乐部都面临着难以为继的局面,各类欠薪讨薪事件层出不穷。为了更好地维护中国职业足球联赛的稳定性和整体形象,一部分存在欠薪事实的职业足球俱乐部被有条件地授予了2022赛季的准入资格,前提是这些存在欠薪的职业足球俱乐部需要按中国足协的要求提交具体欠薪解决方案。中国足协为此专门制定并公布了《关于2022赛季中超联赛、中甲联赛、中乙联赛相关工作的通知》,明确了"俱乐部欠薪解决方案及罚则",要求"俱乐部2021赛季及之前欠薪,原则上在2022年12月31日前全部解决",并且进一步细化了欠薪解决的实施方案,对于那些能够按欠薪解决原则完成的俱乐部,采取分阶段、分批次解决的措施:设7月31日为第一个节点,解决欠薪不低于总额的30%,否则禁止2022赛季第二次转会窗口注册新球员并处罚扣除联赛积分3分;设10月31日为第二个节点,解决欠薪不低于总额的70%,否则扣除联赛积分6分;设12月31日为第三个时间节点,解决全部欠薪,否则处以降级或取消准入资格的处罚。

毫无疑问,那些已经存在严重欠薪的职业足球俱乐部已无力按期承诺履行欠薪的清偿义务。2022年11月5日,中国足协发布了《关于对部分职业足球俱乐部未能依规落实欠薪还款进行处罚的通知》（足球字〔2022〕460号）,确认了河北足球俱乐部、武汉长江足球俱乐部和湖南湘涛足球俱乐部未能依规落实第一个节点的清欠义务,前述3个俱乐部各被扣除2022赛季联赛积分3分。2022年11月23日,中国足协再次发布了《关于对部分职业足球俱乐部未能依规落实欠薪还款进行处罚的通知》（足球字〔2022〕492号）,确认上海申花足球俱乐部、武汉长江足球俱乐部、河北足球俱乐部、陕西长安竞技足球俱乐部、四川九牛足球俱乐部、黑龙江冰城足球俱乐部、淄博蹴鞠足球俱乐部和江西北大门足球俱乐部未能依规落实第二个节点的清欠义务，前述8个俱乐部各被扣除2022赛季联赛积分6分。

此前，除青岛中能足球俱乐部在2019年年初因未执行国际足联作出的处罚决定被扣除2019赛季中国足协乙级联赛积分6分外，中国职业足球俱乐部再未受到扣分的纪律处罚。而这两份重磅处罚是2022赛季中超和中甲职业足球俱乐部首次因为欠薪被扣除联赛积分，凸显了中国足协作为中国足球行业监管者保障职业足球从业主体（包括但不限于俱乐部一线队球员、梯队球员、教练员及工作人员等与俱乐部签订正式合同的人员）利益的决心。

尽管如此，中国职业足球俱乐部欠薪问题已经积重难返，此前"金元足球"时代未严格遵守中国足协限薪令产生的泡沫在2022赛季末已然破裂。归根到底，出现此类问题的原因是职业足球俱乐部在主观层面的"肆意妄为"和客观层面的"无法无天"：一部分职业足球俱乐部在明知自身运营经费不足的情况下，仍然坚持转会引进高薪职业运动员，甚至不惜变相采取"阴阳合同"等方式规避中国足协的行业监管，逃避国家税收征管；更有甚者，一部分职业足球俱乐部为了谋求不正当体育利益、经济利益，采取操纵比赛、赌球等方式来破坏职业足球比赛的纯洁性。2022年年末，部分中国职业足球俱乐部的董事长和总经理因涉嫌严重违法被国家监察机关留置调查，在一定程度上说明职业足球俱乐部的法人治理面临着危机。如果中国职业足球俱乐部能够严格落实完善法人治理结构和内部治理机制，在作出任何影响职业足球俱乐部的决定时，严格遵循股东会或者股东大会、董事会、监事会、经理层的治理机制运转，那么此类问题可能会得到有效遏制。可以说，当下中国职业足球俱乐部的股权结构单一，投资来源单一，限制了法人治理结构的实现。职业足球俱乐部虽然具有外观上的法人治理结构，但是在实践中往往都沦为董事长或总经理的"一言堂"。在投资人所代表的股东会监督阙如的情况下，任何确保职业俱乐部合规合法运营的努力，都难以取得积极的效果。

二、我国职业运动员、教练员职业化发展

（一）"支持运动员、教练员职业化发展"法定化

职业体育的高水平、高质量发展离不开优秀的运动员和教练员队伍。新修订的《体育法》第72条第1款规定："国家完善职业体育发展体系，拓展职业体育发展渠道，支持运动员、教练员职业化发展，提高职业体育的成熟度和

规范化水平。"该条规定为职业体育运动员、教练员的职业化发展提供了直接的规范基础。

《体育法》将此前《体育强国建设纲要》《发展规划》中已经明确的推动职业运动员和教练员发展的政策措施上升为法律规范之后，将具备法律制度应有的刚性，改变相关政策措施在实施过程中"打折""放水"等问题，也势必成为我国制定职业体育配套立法的上位法根据。《2022年全国体育政策法规规划工作要点》（体政字〔2022〕29号）已经明确了"启动《体育赛事活动管理条例》《体育市场管理条例》《职业体育条例》《体育俱乐部条例》等的研制工作"，同时加强体育政策研究，围绕职业体育发展中的重点、难点、热点问题，研究制定相关制度规范，形成政策文件的工作也如火如荼地开展，规范职业运动员、职业教练员的配套性法律法规的制定驶入了快车道。

（二）配套制度规范仍然供给不足

首先，我国现行的体育法律、法规、规章、规范性文件和制度性文件中，仅有几个关于"职业运动员"的规范表达，且不同规范之间还存在一定冲突。例如，《体育强国建设纲要》提出"建立体育经纪人制度，积极探索适应中国国情和职业体育特点的职业运动员管理制度"，国务院办公厅《关于加快发展体育竞赛表演产业的指导意见》提出"积极探索适应中国国情和职业体育特点的职业运动员管理制度"，这是仅有的明确要求建立"职业运动员管理制度"的文件。然而，过去几年来，关于职业运动员管理的制度规范并没有出台。此外，2019年4月1日国家统计局公布的《健康产业统计分类（2019）》将"职业运动员的训练辅导"排除出了"体育运动培训"，而2020年12月3日国家统计局公布的《教育培训及相关产业统计分类（2020）》则将"职业运动员的训练辅导"纳入了"培训服务核心部分"，两个生效的规范文件对同一事物的统计归类出现了冲突。

其次，保障职业教练员的制度性规范存在不足。中国足协曾与外籍教练员发生过多起合同争议，绝大多数的争议均以中国当事人失败而告终。抛开事实层面的是非，仅就职业教练员监管规范而言，我国现行体育法律、法规、规章、规范性文件和制度性文件中的指引规范欠缺。教练员相关的制度规范更多地集中于培训、职务等级、奖励等方面，且大部分规范较为陈旧，缺少明确的行为模式与法律后果规范结构，部分规范实施已经超过30年，难以适应新时代教练员职业化、规范化的发展需求。

最后,在地方层面,黑龙江省、海南省、宁夏回族自治区都曾发布对优秀运动员、教练员奖励的实施办法,旨在激励运动员、教练员在国际国内综合性运动会和各类年度重大单项体育比赛中争创优异成绩,为国家和地方争光。例如,2017年5月24日海南省人民政府公布的《海南省优秀运动员教练员奖励实施办法》专门就运动员奖励、教练员奖励、奖励的审批等作出了详细的规定,然而,不无遗憾的是,运动员、教练员参加的职业联赛不属于受奖励的范围。总体上,我国对职业教练员的法治保障还有较大的努力空间。

(三)歧视职业运动员的制度规范得到纠正

运动员保障工作一直是国家体育规范性文件的重点。2022年,没有专门涉及职业运动员的制度性规范公布。根据体育法律、法规、规章、规范性文件和制度性文件目录(截至2021年12月31日),涉及运动员保障的政策规范就远不止10件,迄今为止仍然持续实施。例如,2002年9月29日,体育总局、中编办、教育部、财政部、人事部、劳动保障部公布的《关于进一步做好退役运动员就业安置工作的意见》是最早的关于运动员保障的规范性文件;2007年8月21日体育总局发布《关于进一步做好全国优秀运动员保障工作的意见》,就完善优秀运动员的保障措施、构建运动员的分级保障体系提出了重要指导意见;2010年3月30日,国务院办公厅转发体育总局等部门《关于进一步加强运动员文化教育和运动员保障工作指导意见的通知》,为切实解决我国运动员文化教育和运动员保障工作中面临的实际困难,提高运动员综合素质,促进运动员全面发展提供了重要的政策依据。《关于进一步做好退役运动员就业安置工作的意见》明确规定"本意见适用范围为办理正式招收手续、工资关系在体育系统运动队且工资实行运动员基础津贴和成绩津贴的运动员,不包括职业运动员",将职业运动员排除在外。此后涉及优秀退役运动员免试入学的数个规范也明确将"职业运动员"排除在外。这一情况在体育总局科教司《关于做好2017年优秀运动员免试进入高等学校学习有关事宜的通知》中有所改变,该文件首次不再限制职业运动员的受教育机会,使那些获得足球、篮球、排球等项目运动健将称号的职业运动员能够获得受高等教育的平等权利,这无疑是我国运动员权利平等保障进程中的进步。上述关于运动员保障的制度性规范,实质上发挥着规范的功能,需要在后续的法规清理中,对其进行相应的整理提炼,为后续制定《职业体育条例》以及配套性制度规范奠定基础。

(四)拓宽职业运动员与教练员职业转换的配套规范

保障运动员与教练员的职业转换及其发展成为法定义务。例如,2014年10月8日体育总局发布《关于进一步做好退役运动员就业安置工作有关问题的通知》就积极拓宽退役运动员就业安置渠道,在发展体育产业,增加体育产品和服务供给的过程中努力创造更多适合退役运动员的职业转换机会提出了重要意见。新修订的《体育法》第31条第3款规定"学校优先聘用符合相关条件的优秀退役运动员从事学校体育教学、训练活动",进一步将运动员职业转换的保障上升为教育部门的法定义务。事实上,我国已经有部分地方政府部门开始了推动职业运动员和教练员职业转换的工作。例如,广州恒大足球运动员郑智成功完成了职业身份的转换,被聘为广州体育学院教师,并于2022年6月参加了该校的毕业典礼。另外,2022年11月,广西体育人力资源开发和保障中心为退役运动员举办了职业转型培训班,助力运动员成功实现职业转型。

(五)保障退役运动员再就业和为退役运动员提供社会保障成为政府的法定义务

新修订的《体育法》还将退役运动员的职业技能培训和社会保障设定为各级人民政府的法定义务,为运动员职业发展提供了坚实的规范根据。新修订的《体育法》第46条规定:"国家对优秀运动员在就业和升学方面给予优待。"第47条规定:"各级人民政府加强对退役运动员的职业技能培训和社会保障,为退役运动员就业、创业提供指导和服务。"以上规定对保障运动员的职业化发展具有非常重要的意义,运动员在追求职业化发展的过程中,不仅仅需要就业方面的优待,更需要升学、职业技能培训方面的积极保障,以上规定为各级人民政府设定了法律义务,意味着各级人民政府有义务采取各种积极措施保障运动员各项权益的实现,这无疑是我国运动员权利保障法治化的重大进步。

三、我国职业体育联赛的法治化发展概况

2022年我国职业体育联赛受突发公共卫生事件反复的影响较大,出现了赛事推迟举办、比赛日收入下降、赛事转播收入下滑等不利情况。职业体育联赛在艰难中发展前行,就职业体育联赛的法治化而言,其还有较大的提升

空间。具体而言：

（一）职业足球联盟成立时机尚不成熟

2015年《中国足球改革发展总体方案》（以下简称《总体方案》）要求调整组建职业联赛理事会，建立具有独立社团法人资格的职业联赛理事会。然而迄今为止，中国职业足球业界仍一直在讨论职业足球联盟，并且反复强调：中国职业足球联盟"千呼万唤出不来"。究其根源，是其未能真正领悟《总体方案》的核心要求，错误地认为"组建职业联赛理事会等同于组建职业足球联盟"。《总体方案》从未提出要组建中国职业足球联盟，而是强调组建"职业联赛理事会"，负责"组织和管理职业联赛，合理构建中超、中甲、中乙联赛体系"。

换言之，《总体方案》并未要求组建一个完全市场化的"职业足球联盟"，而是立足于中国足球的发展实际，采取较为稳妥的方式，要求建立一个具有独立法人资格，能代表各职业足球从业主体利益的"联赛理事会"。可以说，中国职业足球联盟之所以"难产"，根源并不完全是中国足协不愿意放权，其实质在于中国足协本身就是中国职业足球发展利益的最大持份者。在中国足球的职业化发展过程中，中国足协投入了大量的人力、物力、财力，形成了具有最大影响力的足球无形资产，如果直接以市场化的方式组建西方意义上的"职业足球联盟"，则意味着中国足协所拥有的无形资产会产生巨额损失。毫无疑问，从利益衡量的视角出发，这个关键问题是中国足球职业化发展中无法回避的问题。

此外，前已述及，我国职业足球俱乐部还未能充分健全和完善内部治理机制与法人治理结构，由这些并不具备法人治理能力的职业俱乐部组建的职业足球联盟所派驻的代表能否习惯并且熟练运用现代法人治理结构的行事方式处理职业足球联盟中方方面面的事务和问题，是一个无法预知的问题。因此，在当前的经济社会条件下，组建中国职业足球联盟并不成熟，特别是2022年年末新一轮足球行业的反腐风暴过后，中国职业足球行业面临重新洗牌的局面，回归职业联赛理事会才是接下来我国职业足球应当认真完成的重要任务。

（二）职业篮球联赛的法治化治理逐步成熟

中国男子篮球职业联赛[Chinese Basketball Association，以下简称"中职

篮"（CBA）]自开展"脱钩"和协会实体化改革以来,一直处于较为稳健的发展状态。2022年,中职篮根据《中国篮球协会注册管理办法》、公司章程及CBA公司股东会决议,制定了《2022—2023赛季CBA联赛球员选秀、工资帽、聘用及交易管理规定》(以下简称《管理规定》)。《管理规定》包括了2022—2023赛季CBA联赛球员选秀、参赛资格、工资帽管理、球员聘用及交易、外籍球员注册、违规处罚等各项规定,包含了CBA新秀球员最低保障工资表、国内球员聘用合同模板、外籍球员合同模板、国内球员聘用合同买断申请等重要的行业规范,并采取"法典化"形式将其整合为一个规范性文件,已然具备了现代职业联盟法人治理的雏形,假以时日,中职篮的法治化治理水平定将取得丰硕成果。

2022年,中国职业篮球领域发生的最引人关注的法治事件莫过于中篮联(北京)体育有限公司(以下简称"中篮联",原审原告)与被告上海宽娱数码科技有限公司(原审被告一)和上海幻电信息科技有限公司(原审被告二)体育赛事类信息网络传播权侵权及不正当竞争案。

在该案中,中国篮球协会自2017年6月30日起,授予中篮联独家开发、推广和经营CBA联赛的商业权利。中篮联向一审法院提起诉讼,认为二被告存在侵犯其2019—2020赛季CBA联赛赛事节目信息网络传播权的行为,并且二被告未经许可盗播涉案CBA视频的行为,损害了体育赛事转播授权领域的公平正当竞争秩序,属于不正当的商业竞争行为,请求判令二被告共同赔偿中篮联2019—2020赛季CBA联赛因著作权侵权导致的损害和因不正当竞争导致的损害,金额约为4.06亿元,这也成为中篮联历史上首笔创纪录的索赔金额。该案被告在一审阶段对北京知识产权法院提出了管辖权异议,认为该案应当由北京市高级人民法院提级管辖,北京知识产权法院在一审中驳回了二被告的管辖权异议,理由是该案诉讼标的额约为4.06亿元,未超过最高人民法院《关于调整高级人民法院和中级人民法院管辖第一审民事案件标准的通知》第1条规定的诉讼标的额上限50亿元,且不属于最高人民法院《关于知识产权法庭若干问题的规定》第2条所涉案件类型,因此,该案由北京知识产权法院审理符合级别管辖的相关规定。原审被告一不服一审裁定,向北京市高级人民法院上诉,上诉的理由是:该案标的额高,案情复杂,对同类型案件有指导意义,上诉人认为该案有必要由北京市高级人民法院提级审理,以便由北京市高级人民法院统一把握同类案件的审理尺度和标准。北京市高级人民法院经审理认为:北京知识产权法院作出裁定驳回原审被告的管辖权异议申请,并无不当,应予维持。

该案有关程序问题的争议解决之后,已回到北京知识产权法院等待开庭审理。可以预见,中篮联与二被告关于体育赛事网络信息传播侵权和不正当竞争的法律问题,将获得实质性的裁断。此前,新浪互联信息服务有限公司诉天盈九州网络技术有限公司盗播中超联赛的视频直播案,经历过完整的法院诉讼程序后,天盈九州网络技术有限公司最终仅赔偿了50万元人民币,而该案的侵权行为相对严重,加上新《著作权法》中惩罚性赔偿规则的引入,2022年《体育法》修订后加入了对体育赛事的标志、活动现场图片、视频等信息进行保护的纲领性条款,该案的最终结果将如何非常值得期待。

除此之外,2022年,中篮联与其职员赵某的劳动争议也是直接反映其法治成熟度的事件。虽然该案的案情简单,但案涉未签劳动合同二倍工资、休息日加班工资、违法解除劳动合同赔偿金三个争议焦点,最终原告赵某仅在休息日加班工资问题上获得了法院的部分支持,其他诉请均被驳回。该案上诉后,二审法院也维持了一审原判。

从中篮联在本年度所涉及的两件纠纷案件来看,中篮联的法治化治理已经逐步开始走向成熟。中篮联在纠纷中善于运用法治方式,聘请律师就所涉案件争议的是非曲直与对方展开对垒。这无疑是中篮联在深化职业改革,探索职业化、规范化发展过程中的积极变化,值得肯定。

另外,中国篮球协会的实体化推进工作也有助于促进中篮联的高质量高水平发展。根据中国篮球协会官方网站的信息,2022年12月17日,中国篮球协会选举产生第十届中国篮球协会会员代表大会代表、执行委员会委员、主席和副主席等负责人,审议通过了新修订的《中国篮球协会章程》,对章程中关于党的领导、执委数量、负责人数量、年龄、业务范围、分支机构等相关条款作了调整。其中,特别值得一提的是,《中国篮球协会章程》第65条对协会内部争议解决机制与国家体育仲裁制度的衔接作了明确规定,该条规定"本会建立民主协商和纠纷解决机制,依法依规妥善解决纠纷。本会具有管辖权的纠纷解决适用本会纠纷解决委员会规则。属于《中华人民共和国体育法》规定的体育仲裁管辖范围的纠纷,应当首先提交本会纠纷解决委员会处理,当事人对本会纠纷解决委员会未及时处理的纠纷或者对作出处理结果不服的,可以依法申请体育仲裁"。毋庸置疑,该配套规则的实施,将有助于中篮联管辖范围内产生的与篮球运动相关的纠纷得到更加公平公正的解决。

除上述重要的协会"立法"修订之外，中国篮球协会还配套出台了《中国篮球协会会员代表大会代表选举办法》《中国篮球协会执委会选举办法》《中国篮球协会执委会议事规则》《中国篮球协会会员管理办法》《中国篮球协会会费管理办法》《中国篮球协会信息公开制度》《中国篮球协会财务管理制度》《中国篮球协会薪酬管理制度》《中国篮球协会关联交易制度》等规范，这些协会规范构成了中国篮球协会的治理规范，中篮联在中国篮球协会授权下开展各类职业化活动将更加有据可依。

（三）其他职业联赛的法治化发展尚需发力

2019年6月14日，十部委联合发布的《关于全面推开行业协会商会与行政机关脱钩改革的实施意见》明确了体育总局下属的全国性单项体育协会脱钩的任务。无论是否完成了脱钩，根据十部委联合发布的《行业协会商会综合监管办法（试行）》（以下简称《监管办法》）的规定，这些与行政机关脱钩和直接登记的行业协会商会都应当"完善法人治理机制"，特别是要健全协会的内部法人治理结构，完善相应的章程，健全会员大会（会员代表大会）、理事会（常务理事会）、内部监事会（监事）以及党组织参与协会商会重大问题决策等制度。《监管办法》中还列举了加强资产与财务监管、加强服务及业务监管、加强纳税和收费监管、加强信用体系建设和社会监督、加强党建工作和执纪监督、强化监督问责机制等重要内容。

《发展规划》在专栏9"职业体育发展工程"中明确提出，"继续深化足球改革，推进篮球、网球、马术、冰球、高尔夫球、围棋等项目职业化发展，鼓励和支持乒乓球、羽毛球、排球、棒球、垒球、橄榄球、帆船、攀岩、霹雳舞等项目走职业化发展道路"。换言之，除足球和篮球领域的职业化发展程度最高之外，其他体育项目的职业化还处于继续"推进"阶段，而对于乒乓球、羽毛球、排球、棒球、垒球等运动，则还需进一步的"鼓励与支持"。因此，这些单项体育项目的职业化程度还不够高，需要进一步发展壮大。中国排球职业联赛、中国网球职业联赛、中国乒超联赛、中国棒球职业联赛等赛事的法治化水平将随着这些协会和职业俱乐部主体的不断规范化而得到提高。

四、总结与展望

除从主体视角进行梳理和观察外，还可以从立法、执法、司法、守法等视角作相应的总结,如此可从更宏观的层面掌握我国职业体育在法治化发展中存在的问题,也更进一步地为日后发展指引了方向。

2022年11月23日,体育总局政策法规司负责人在《充分发挥体育政策法规规划的引领和保障作用加快推进体育强国建设》中指出,要"以新修订的《体育法》实施为契机,补齐体育赛事、体育仲裁、体育组织、体育市场、职业体育以及体育行风建设等方面的法规制度短板,不断健全完善体育法律规范体系"。换言之,从体育立法视角而言,职业体育领域的体育法规建设还存在缺失,享有行政立法权的主体应当根据新修订的《体育法》配套性地制定出台相应的行政法规、部门规章、规范性文件和制度性文件,形成完整的统领职业体育法治化发展的法律制度规范体系。

2022年3月23日,根据体育总局政策法规司《关于印发〈体育总局2022年度法规、规章和规范性文件制定计划〉的通知》,政策法规司拟在2022年12月完成《职业体育条例》的初稿拟定,再根据行政立法程序,报送国务院法制机构审查,由国务院常务会议审议或者由国务院审批后,报请总理签署国务院令公布施行。从我国的体育立法体制来看,制定一部行政法规有助于细化《体育法》中的"职业体育"条款,从竞技体育和体育产业两个视角,丰富职业体育领域的规则库。但是,完全寄希望于一部职业体育行政法规还是难以从根本上解决职业体育法治化发展中面临的各类问题。

哈耶克曾经在《法律、立法与自由》中阐述他的"法治观",他认为:"第一,作为社会之经纬的种种制度源出于人的行动而非源出于人之设计;第二,在一个自由的社会中,法律基本上是被发现的而非被创制的。"国际足联在2020年12月底出台的关于职业教练员的管理规范,就是一个典型的遵循这种规范创制观的"造法"过程。国际足联意识到职业教练员的重要价值,但是在足球法规和管理层面上,并没有相应的规范框架予以保障,即既没有关于教练员的具体劳动法规,也没有代表教练员的全球机构。为了解决这个问题,国际足联发挥了足球世界的"造法者"功能,将过去十余年来由国际足联争议解决机构和CAS解决的具有国际因素的职业教练员纠纷案例的案件裁判规则进行了"提纯",所生成的8条核心规则作为附件2纳入了《国际足联球员身份与转会规程》之中,为教练员提供与职业球员同样的保护,完善国际足联相关机构的工作,以处理涉及教练员就业的相关纠纷。因此,职业体育法治化的发展同样也可以考虑遵循相似的理念,我国职业体育领域的职业体育俱乐部、职业运动员、教练员、职业体育联盟还处于发展壮大阶段,我们需要这些职业体育从业主体发挥积极的"造法"能力,生成对职业体育发展具有积极价值的"软法"规范,促进职业体育自生自发秩序的形成。在这个过程中,作为"公法"的《职业体育条例》应当更多地保护已存在的自生自发秩序,将那些由职业体育从业主体或组织生成的规则秩序吸纳到后续的体育立法之中,既照顾公法秩序应有的刚性,也尊重职业体育的特殊性。

从体育执法视角而言,2022年我国职业体育领域内存在三类行为,破坏了职业体育的健康发展。第一类,职业体育领域内的兴奋剂问题会破坏职业体育的纯洁性。因此,要加强对职业体育领域的反兴奋剂执法,细化各职业体育项目领域的反兴奋剂规则,打击破坏体育纯洁性的行为。第二类,职业体育领域内的赌博、假球等违纪违规违法行为同样侵蚀着职业体育的健康发展。因此,职业体育领域严格按照体育总局和公安部联合发布的《关于严肃查处赌博、假球等违规违纪违法行为切实强化行业自律自治的通知》(体规字〔2021〕11号),严格执法执规执纪,加大处罚力度,将有助于确保职业体育的行业自律自治得到有效落实。第三类,职业体育领域内破坏"合同稳定性"、违反"有约必守"原则的行为,也严重伤害了职业体育的可持续性。职业足球领域众多的拖欠球员、教练员、工作人员薪酬奖金的行为,除行业规则执行不严格之外,还有一个主要原因是行政监管部门的劳动监察执法未能发挥积极效能,导致各类欠薪行为喷发。因此,加强职业体育领域的执法检查和监督工作,对于促进我国职业体育规范化发展也具有积极意义。

从司法或仲裁的视角而言,目前职业足球和篮球领域建立了具有行业仲裁特征的内部纠纷解决机制,实质上发挥着"定分止争"的作用。新修订的《体育法》增设的"体育仲裁"章节,以及随后颁布的配套体育仲裁规范,为通过体育仲裁解决职业体育争议提供了初步的规则库。在职业体育发展过程中,通过修订章程和推动行业仲裁规则的更新,保持与国家体育仲裁制度的有效衔接,理顺职业体育纠纷的类型、管辖范围、审理程序,积极发挥体育仲裁的制度功能,不断通过个案实现职业体育世界的"公平公正",有利于塑造职业体育从业者的坚定信念。

从守法视角来看,职业体育中的各类主体和组织、自然人和其他利益相关者,均负有守法义务,因为制定得再良善的体育法律法规和规则制度,如果得不到良好的遵守,那么职业体育的法治(规则之治)也就无从谈起。目前最紧迫的工作是,各职业体育协会、职业体育俱乐部或职业体育联赛组织者,严格对照既有的法律法规和各类规范,找差距、补短板、强弱项,完成脱钩后的实体化改革工作,完成自查自纠的合规审查工作,完成法人治理结构的完善工作,实实在在打牢职业体育的发展基础,真正推动我国体育强国目标的实现。

展望2023年,体育配套立法工作将继续稳步推进,职业体育领域特别是职业足球领域内的反操纵比赛、反赌球、反黑哨等"执法"也将赢得相应的成果,国家体育仲裁制度正式实施,各类职业体育从业者将大显身手,维护自身的合法权益。可以预见,我国体育司法领域也将会传来更多的积极信号,通过司法保障职业体育中的各类权益也将取得积极进展,职业体育的法治化也势必到达一个新的高度。

体育赛事篇

北京冬奥会体育仲裁实践发展报告(2022)[*]

  北京2022年冬奥会期间,按照《奥林匹克宪章》的要求,国际体育仲裁院(Court of Arbitration for Sport,以下简称"CAS")设立了冬奥会特设体育仲裁庭(CAS Ad Hoc Division,以下简称"CAS AHD"或者"特设体育仲裁庭")和反兴奋剂仲裁庭(Anti-Doping Division,以下简称"CAS ADD"),前者的职能是受理奥运会开幕前10天以及奥运会举办期间的任何与奥运会相关的争议案件,后者是受理奥运会期间有关兴奋剂的争议案件。

  《奥林匹克宪章》第61.2条规定:"任何在奥运会期间或者与奥运会有关的争议都应该依据国际体育仲裁院的仲裁规则排他性地提交国际体育仲裁院专属管辖。"可见,CAS享有排他性的专属管辖权。

  国际体育仲裁委员会(The International Council of Arbitration for Sport,以下简称"ICAS")作为CAS的最高权力部门,负责CAS的财政、行政和管理。ICAS在1996年,第一次在亚特兰大奥运会上设立了CAS AHD,其目的是处理奥运会这种大型、综合性运动会开始前10天以及奥运会举办期间发生的相关争议,行使管辖权,提供高效、迅捷的仲裁服务,确保奥运会顺利举办,避免相关争议方寻求举办国或者其他司法主权的争议解决机制,排除任何国家、政府、法院的干涉。1996年亚特兰大奥运会之后的每一届夏季奥运会和冬奥会都设立了CAS AHD。

  CAS AHD包含2名联合主席以及9至12名仲裁员,他们在奥运会期间

---

  * 白显月:国浩律师(天津)事务所。

都会在举办城市驻场,随时准备应对和受理相关争议案件。为此,ICAS 还专门制定了一套适用于奥运会 CAS AHD 的高效、灵活并免费的仲裁规则,确保奥运会的各参与方,包括运动员、体育官员、教练、各国际体育联合会、单项体育协会、国家奥委会等主体可以获得国际体育法治体系下的法律救济。无论奥运会在何处举办,CAS AHD 的仲裁地始终都是瑞士洛桑。

另外,当某个申请人决定针对国际奥委会、某个国家奥委会、国际体育联合会、奥运会的组委会等机构的决定向 CAS AHD 提起申诉之前,必须依照相关的法规、体育组织的条例等穷尽了所有救济途径之后,才可以提起,除非时间紧迫,以至于穷尽所有救济手段会超过 CAS AHD 的管辖权,否则必须遵守该要求。

从 2016 年里约奥运会开始,国际奥委会决定在每届奥运会期间单独设立一个 CAS ADD,把兴奋剂问题独立出来处理,毕竟这类纠纷案件有其独特性,而且具有一定的惩罚性后果,对于涉嫌兴奋剂违规的运动员影响深远,所以在法律程序上应该加以区别,设置"两审终审"的救济途径。这样一来,CAS ADD 也成为每届奥运会特设仲裁庭的组成部分。

值得一提的是,CAS 的特设体育仲裁庭制度,随后也被其他的国际性运动会所采纳,例如英联邦运动会、欧洲足球锦标赛、国际足联世界杯、亚运会、亚洲沙滩运动会、亚洲室内与武道运动会等。CAS AHD 频繁出现在诸多国际性体育赛事和大型运动会中,也大幅度提高了 CAS 的国际影响力,是 CAS 发展历史上的一个里程碑。

北京冬奥会 CAS AHD 受理了 11 个案件(案件编号为 CAS OG 22/01 至 CAS OG 22/11),主要包含参赛资格类纠纷,针对国际单项体育联合会、国际奥委会、国家奥委会、世界反兴奋剂机构等体育相关机构决定的上诉纠纷和兴奋剂纠纷。有趣的是,北京冬奥会 CAS AHD 没有关于赛场裁判纠纷的案件。虽然韩国国家速滑队在冬奥会接受媒体采访时提到将会针对裁判的决定前往 CAS AHD 提起仲裁程序,但是最后没有转变为真正的案件。

值得一提的是,东京奥运会期间的 CAS AHD 受理了 3 个赛场裁判纠纷的案件。虽然理论上 CAS AHD 有权推翻赛场上裁判的决定,但是 CAS 的判例法设定了非常高的门槛,即除非能证明存在欺诈、恶意、武断或者偏见的情况,否则将会尊重裁判的专业判定。这是为了保护专业裁判或者相关体育官员的终局性权威。

北京冬奥会 CAS AHD 在这些案件的裁决中,再次确认和强化了某些 CAS 案例法确立的原则,识别发现了一些新的法律问题以及现有奥林匹克法律体系下包括反兴奋剂规则中的空白点,另外也在案件审理和裁决过程中发现了一些值得讨论的问题,最后本届 CAS AHD 也明确区分和界定了之前 CAS 判例法中个别先例的特殊性,推翻了之前判例的结论。本文将结合北京冬奥会具体案件的事实和裁决,通过分析案例,对相关法律问题进行梳理和总结,尝试探讨国际体育仲裁的新动态和趋势。

一、北京冬奥会特设仲裁庭概况

北京冬奥会 CAS AHD 于 2022 年 1 月 25 日开始运作,其管辖权也始于当日,即冬奥会开幕前 10 天,直到 2 月 20 日闭幕式结束。北京冬奥会 CAS ADD 的管辖期间与 CAS AHD 相同。

本届 CAS AHD 共有 9 名仲裁员,是由 ICAS 于北京冬奥会之前从 CAS 仲裁员名册中指定,分别来自 8 个国家;CAS ADD 的 4 名仲裁员分别来自 3 个国家。北京冬奥会 CAS AHD 和 CAS ADD 仲裁员的职业背景呈现多元化,包括英美法、大陆法背景的法官、律师、教授、运动员,仲裁员的母语有英语、法语、西班牙语、德语、汉语、阿拉伯语等。

CAS AHD 审理案件所适用的仲裁规则是 ICAS 于 2003 年 10 月制定并于 2021 年修订的《国际奥委会特设仲裁庭仲裁规则》(以下简称《CAS 奥运会规则》)。《CAS 奥运会规则》第 7 条规定,CAS AHD 的案件在程序方面,适用《瑞士联邦国际私法》(1987 年 12 月)第 12 章的相关内容;第 17 条规定 CAS AHD 适用的实体法应该是《奥林匹克宪章》、相关的(各方约定的或者各国际体育联合会的)体育条例或规则、一般性法律原则和法律规则,CAS AHD 有权自主决定具体案件适用的实体法律。另外,根据 CAS 的判例所确立的原则,对于相关体育领域的章程、条例、规则或类似文件的解释,应该适用瑞士法律(相关判例例如:CAS 2001/A/354;CAS 2001/A/355;CAS 2008/A/1502;CAS OG 12/002)。

《CAS 奥运会规则》第 16 条规定:"特设体育仲裁庭有充分的权力,对于申请人所主张的仲裁申请所依据的事实进行认定。"奥运会特设仲裁庭最突出的特征是提供高效、灵活、免费的体育和兴奋剂相关的纠纷解决程序。根据第 18 条的规定,仲裁庭受理案件后需要在 24 小时内完成一系列工作,包括庭前程序,将仲裁申请送达被申请人以及相关方,通知各方提交相关证据、答辩或者意见,安排开庭,听取各方陈述和抗辩,安排庭后程序,并作出一个终局性、立即生效的裁决。当然这种裁决可以是简化版的,即仅包括可执行部分的裁决内容,完整的包含更详细的理由、逻辑、推理等实体内容的裁决,可以随后出具。实践中,仲裁庭主席有权根据案件具体情况适当延长该时限。

奥运会特设仲裁庭的灵活性体现在很多方面。例如,奥运会特设仲裁庭对于相关通知和文件的传递和送达,可以通过电子方式进行,不需要进行纸质文件的送达,在特别情况下,送至奥运会特设仲裁庭设在奥运会现场的临时办公室即可视为完成有效送达,有时还可以通过电话通知,事后再书面确认即可。

奥运会期间的争议有时涉及多个主体,而不同主体的权利是独立的,因此提起申诉的时间可能有先后差别。此时奥运会特设仲裁庭主席可以综合考虑不同案件之间的关系以及案件的进展情况,然后决定是否将案件合并审理。

CAS AHD 对案件审理程序享有完全自主的权利,不必拘泥于常规的 CAS 仲裁规则,关于证据的可受理性、证据的认定、证据的可采信性、证明力也完全由 CAS AHD 根据案件的具体情况进行自由裁量。当然,CAS AHD 要综合考虑当事人的听审权利以及案件的紧迫性和效率性等因素。

CAS AHD 可以采用更灵活的开庭方式,例如视频会议或者通过电话连线。有时候鉴于情形特殊,CAS AHD 可以决定不开庭,仅仅基于书面文件快速作出裁决。鉴于体育仲裁的时间紧迫性,CAS 裁决的特点在于,可以先将裁决的决定部分作出来通知当事各方,随后再制作裁决。

奥运会特设仲裁庭案件的受理以及审理全部免费,不收取当事人任何费用。但当事人自己负责承担律师费,专家、证人的费用,交通、住宿、通信或因翻译而产生的费用。

针对 CAS ADD 适用的程序规则,ICAS 专门发布了《2022 年北京冬奥会反兴奋剂仲裁规则》。CAS ADD 案件的受理及审理对于运动员或者申请人来说也是免费的,审理期限与 CAS AHD 案件相同,原则上也是 24 小时内作出裁决。但是 CAS ADD 的审理程序和裁决都是一审程序,CAS ADD 的裁决原则上可以上诉到 CAS AHD,如果 CAS AHD 已经解散,可以上诉到 CAS 位于瑞士洛桑的常设仲裁庭。鉴于北京冬奥会的 CAS ADD 只受理了一个案件,本文重点讨论 CAS AHD 受理的案件,不涉及 CAS ADD 的案件。

二、北京冬奥会 CAS AHD 案件的特点

北京冬奥会 CAS AHD 在其受理的案件裁决中涉及如下几个重要的裁判原则,展示了 CAS 在相关案件中的逻辑思路、处理方式,值得关注。

(一)CAS 多次重申 CAS 不是规则制定者

在第 03 号案件 CAS OG 22/03 Megan Henry v. International Bobsleigh and Skeleton Federation(国际雪车和钢架雪车联合会,以下简称"IBSF")中,申请人是美国钢架雪车运动员梅根·亨利(Megan Henry),国际排名为第 15 名,由于 IBSF 规则的修改,使得原本不具备入选条件、国际排名仅为第 49 名的一名来自维尔京群岛的运动员在新规则之下,获得了冬奥会参赛资格。梅根·亨利认为自己的专业水平、历史成绩、国际排名都更出色,却无缘奥运赛场,这暴露了现有奥运会参赛资格选拔体系的致命缺陷,完全违背了奥林匹克精神,于是请求 IBSF 重新合理分配冬奥会的参赛名额,要求获得参加北京冬奥会的机会,维护体育精神和规则的合理性。

根据奥运会参赛资格选拔体系的规定,美国国家奥委会得到了女子钢架雪车项目的两个北京冬奥会参赛名额。梅根·亨利在美国国家队中排名第三,按照国际排名,梅根·亨利在剩余所有选手中排名最高,但即使该项目中出现未能使用或者其他国家奥委会放弃的名额,美国国家奥委会也无权基于 IBSF 的重新分配规则得到更多名额。后来 IBSF 修改了规则,使得原本不具备参赛资格的维尔京群岛的一名运动员获得了最后一张进军冬奥会的门票。

综合考虑案件事实和相关规则后,CAS AHD 在裁决中明确说明"仲裁庭适用的是 IBSF 制定的奥运会参赛资格选拔体系⋯⋯除非是特殊情形,而本案并非此类情形,仲裁庭不应该也无权简单地对这些事项进行政策判断⋯⋯因此,仲裁庭不具备变更这些规则体系的管辖权⋯⋯仲裁庭无权对于参赛资格选拔体系中未明确的情形制定规则,进而替代现有规则或者适用运动员主张的规则","仲裁庭没有义务去评判该参赛资格选拔体系的逻辑,也没有义务考虑如何更合理地改进该体系"。

在第 05 号案件 CAS OG 22/05 Irish Bobsleigh & Skeleton Association (IBSA) v. IBSF and International Olympic Committee(IOC)中,仲裁庭在裁决中特别提到"仲裁庭没有权利去质疑这些政策性的决定","本案仲裁庭无权

为任何国际单项体育联合会或者国际奥委会制定政策"。另外,仲裁庭还提到"国际单项体育联合会拥有完全自主的权力,依照良性治理的原则来决定和通过恰当的立法和决策程序。本仲裁庭无权在仲裁裁决中对这些程序进行立法"。

在俄罗斯花样滑冰女运动员瓦利耶娃(Kamila Valieva)一案 CAS OG 22/08、CAS OG 22/09、CAS OG 22/10 中,申请人分别是国际奥委会、世界反兴奋剂机构和国际滑冰联合会,被申请人均为瓦利耶娃、俄罗斯反兴奋剂机构以及俄罗斯国家奥委会。从程序上讲,上述案件算是三个案件,但 CAS AHD 按照《CAS 奥运会规则》决定将三个案件进行合并审理,并作出了一个共同的裁决。在裁决中,CAS AHD 对相关问题进行了明白无误的澄清。"仲裁庭是解释规则者,而不是政策制定者或规则制定者……"

北京冬奥会 CAS AHD 所受理的第 07 号案件 CAS OG 22/07 Jazmine Fenlator-Victorian v. IBSF and JOA, IOC, CNOSF 中提到了 CAS 的判例 CAS 2020/A/6681。在该案中,仲裁庭认为 CAS 仲裁员有权利审查某个国际单项体育组织是否正确地适用了规则,但不能仅仅根据自己对公平体育逻辑的理解从而对于规则进行解读。

(二)CAS 无权直接决定或再分配参赛名额

CAS 的职责和权限一直以来都很清晰,它不是国际奥委会的内设机构,虽然基于历史原因,它是在国际奥委会酝酿、推动下创造产生的,但并非隶属于国际奥委会,也不是奥林匹克体系下的行政机构,不会针对国际奥林匹克运动项下的事项作任何行政性的决策,它是一个完全独立的机构。在 CAS OG 22/03 Megan Henry v. IBSF 一案中,CAS AHD 在裁决中表明了仲裁庭无权改变这些规则体系从而使得申请人获得参加奥运会的名额的观点。

同样的裁判原则也出现在了其他多个案件中。例如,在 CAS OG 22/07 Jazmine Fenlator-Victorian v. IBSF and JOA, IOC, CNOSF 一案中,仲裁庭特别说明"无论如何,CAS 不能仅仅为了满足各方的需求从而作出有关奥运会参赛名额方面的分配决定,这是不恰当的"。

在 CAS OG 22/05 Irish Bobsleigh & Skeleton Association(IBSA)v. IBSF and International Olympic Committee(IOC)一案中,申请人爱尔兰雪车和钢架雪车协会的请求事项之一是请仲裁庭作出裁决,命令国际奥委会增加 4 个男子钢架雪车的奥运会参赛名额,从而确保该项目申请人所属国家奥委会类别的男子和女子的参赛数额一样。申请人的第二项请求是将未能被任何国家奥委会使用的雪车项目的4个奥运会入场券，分配给男子钢架雪车项目（申请人爱尔兰运动员将因此获得奥运会参赛资格）。但是按照奥运会参赛资格选拔体系的一般性原则，"男子奥运会参赛名额总数在任何情况下都不得逾越"，另外，"一个赛事未能用完的额度，不得转让给另外一个赛事"，相应地，一个项目未使用的名额也不能转让给另外一个项目。

按照2019年修改后IBSF的奥运会参赛资格选拔体系的规定，爱尔兰雪车和钢架雪车协会成为新规则体系的受害者，该国唯一一名男子钢架雪车运动员因其所属国家奥委会名额不足，无缘北京冬奥会。仲裁庭认为，IBSF在2019年对规则进行修改的本意在于确保所有项目的男女运动员在参加冬奥会的总数量上平等一致，这一修改虽然导致了那些只有一个男运动员的国家奥委会受到影响，但是这类规则的修订及其合理性、合法性属于政策性问题，应该由IBSF在其正常的政策制定程序中予以考虑，仲裁庭无权干涉。

在第07号案件中，仲裁庭再次重申了CAS在此问题上的一贯立场，无论如何，如果仅仅是为了满足各方的期待，由CAS仲裁庭授予额外的奥运会参赛名额是不恰当的。这必然会改变奥运会的整体组织、安排以及后勤。奥运会是一个复杂的工程，任何变化都需要认真考虑。因此，仲裁庭无权支持申请人要求额外授予参赛名额的请求。

（三）关于"非歧视原则"

《奥林匹克宪章》第四项原则规定："体育活动是一项人权。每一个人都应能依照奥林匹克精神，不受任何歧视地参加体育运动，这需要互相理解并倡行友谊、互助和公平竞争的精神。"此外，第六项原则指出："应确保人们享受《奥林匹克宪章》规定的权利和自由，不得以任何形式进行歧视，例如种族、肤色、性别、性取向、语言、宗教、政治或其他见解、民族或社会出身、财产、出生或其他身份。"《奥林匹克宪章》所提倡的这两项原则，可以称为"奥林匹克非歧视原则"。在奥运会期间CAS AHD受理的案件中，相当部分案件是与参赛资格和参赛名额分配相关的，案件当事人很多时候都会引用《奥林匹克宪章》中有关"非歧视原则"的内容作为其主张的法律依据。

在CAS OG 22/05 Irish Bobsleigh & Skeleton Association（IBSA）v. IBSF and International Olympic Committee（IOC）一案中，申请人爱尔兰雪车和钢架雪车协会认为，根据2019年修改后的奥运会参赛资格选拔体系，IBSF在按照

运动员的运动成绩划分的国家奥委会类别中，申请人所在的爱尔兰国家奥委会属于仅仅可以竞争一个冬奥会男子钢架雪车参赛名额的国家奥委会。按照规则，在该类别中，全世界一共有 11 名女子选手、7 名男子选手可以最终获得参加冬奥会的入场券。申请人认为这构成对于男子运动员的性别歧视，也对该类别的国家奥委会造成"差别性影响"。被申请人的抗辩则是所谓的"歧视"不应该仅看一个类别，即只有 1 名男子钢架雪车运动员的国家奥委会，而应该从全景视野观察，钢架雪车和雪车项目的男女运动员获得的冬奥会参赛名额总数是一样的，另外参赛名额不是基于国籍分配的，当然也不构成国籍歧视。

"差别性影响"是美国法律体系下的一个概念。它专指某个表面看起来中性的立法、要求、标准、资质或其他选拔条件，在实施过程中会对某些受法律特别保护的人群产生负面影响。美国的联邦立法采纳了这一概念，常见于公民权利、教育、住房、劳工法等领域。值得注意的是，瑞士法虽然有关于歧视的法律规定，但并没有"差别性影响"的概念，瑞士法律要求歧视必须是针对法律特别保护人群的故意、明确的区别对待并损害其合法利益的行为。

仲裁庭认为，IBSF 在 2019 年修改规则是其自身的合法职能，本身并不能构成主张歧视的法律基础。从 IBSF 公开的有关奥运会参赛选拔的标准来看，不存在任何男子运动员没有得到平等对待的情况，更无法证明那些仅有一名男子运动员的国家奥委会在现有规则下被歧视。总之，仲裁庭没有发现任何构成歧视或者差别性歧视的可信证据。

基于上述分析可以看出，关于某个体育领域的规则或者政策是否构成歧视，不能仅仅考虑其是否对于某个特定运动员、国家体育协会、国家奥委会造成负面后果或者伤害，而是应该分析规则或政策本身是否违背《奥林匹克宪章》中倡导的"奥林匹克非歧视原则"。

（四）关于 CAS 可否决定参赛名额

关于奥运会的参赛名额问题，2010 年温哥华冬奥会上有过一个非常著名的案例，该案件与本次冬奥会所受理的第 05 号案件 CAS OG 22/05 Irish Bobsleigh & Skeleton Association (IBSA) v. IBSF and International Olympic Committee(IOC) 表面上看有相似之处。因此，在第 05 号案件中，申请人主张，CAS 在 2010 年温哥华冬奥会的裁决（CAS OG 10/01）中曾经支持了申请人类似的权利主张，所以类似的裁判逻辑和裁判结果同样应当适用于第 05 号案件。

在 CAS OG 10/01 Australian Olympic Committee (AOC) v. Fédération Internationale de Bobsleigh et de Tobogganing (FIBT) 一案中,澳大利亚奥委会作为申请人,请求当时的国际雪车联合会(以下简称"FIBT")以及国际奥委会给予其参加 2010 年冬奥会女子雪车项目的参赛名额,同时请求将原本授予爱尔兰国家奥委会在该项目上的冬奥会参赛名额转授给澳大利亚奥委会。

由于当时 FIBT 的奥运会参赛资格体系在相关规则方面措辞模糊,导致各方对于规则的含义产生了完全不同的理解。最后,处理该案件的仲裁庭对相关规则进行分析解读后,作出了一个具有创造性的并突破常规的决定,那就是推翻 FIBT 在 2010 年 1 月 26 日的决定。在该决定中,FIBT 将 2010 年冬奥会女子雪车项目的一个参赛名额授予了爱尔兰国家奥委会。同时该案仲裁庭考虑到奥运会参赛名额的限制,授予一个国家参赛名额必然剥夺另外一个国家的参赛名额,因此其对 FIBT 和国际奥委会提出了一个罕见并富有创新性的建议,即突破原来国际奥委会和 FIBT 规定的 20 个雪车参赛队伍的上限,增加 1 个参赛名额,把该项目的奥运会参赛队伍扩展到 21 个。该仲裁庭进一步解释道,该届冬奥会中,男子钢架雪车原定的 30 个参赛名额,实际上只用了 29 个,如果将这个没用的名额转用于女子雪车项目,变成女子雪车项目的第 21 个名额,其结果将有利于公平和公正地处理相关争议。

这份裁决的作出引起了很大的轰动,成为 CAS 历史上一个非常有影响力的案件,同时,它触发了相关领域专家、学者、官员的一系列讨论和争议。其后多年,有关奥运会参赛资格的争议案件都常常引用该案件的裁判逻辑。

直到 2020 年东京奥运会,该案件的影响受到了限制,或者说 CAS 的裁判逻辑发生了变化。在东京奥运会期间审理的 CAS OG 20/05 Oksana Kalashnikova & Ekaterine Gorgodze v. International Tennis Federation and Georgian National Olympic Committee & Georgia Tennis Federation 一案中,申请人同样引用了 CAS OG 10/01 的裁决,但是仲裁庭并没有采纳申请人的观点,间接地否认了该判例的适用性和约束力。

在北京冬奥会的第 05 号案件中,CAS AHD 再次面对申请人请求引用 CAS OG 10/01 一案的判决先例时,首次明确地对该判例的适用条件进行了界定,将该案案情与第 05 号案件进行了区分:CAS OG 10/01 号案件发生时,国际奥委会和 FIBT 的规则确实存在一个无法解决的问题,因规则本身存在严重瑕疵而造成了不应该有的混乱,各方当事人对规则的理解相互矛盾,不可能通过适用相关规则来解决问题,导致该案的仲裁庭最后作出了一个极不寻常的决定。但是第 05 号案件所应适用的规则,均为合法有效的规则,相关规定非常清楚,没有任何异议,也不存在任何误解,因此 CAS OG 10/01 的先例根本不能适用于该案。就这样,仲裁庭推翻了未来继续适用该判例的可能性,从这个意义上说,第 05 号案件的裁决也是一个历史性的裁决。

(五)CAS 无权管辖移民政策、疫苗或国家奥委会的失误

北京冬奥会期间,有一个案件涉及各国对于疫苗不同认可标准的问题,同时也涉及不同国家的签证政策问题。北京冬奥会期间 CAS AHD 受理的第 02 号案件 CAS OG 22/02 Andrei Makhnev, Artem Shuldiakov & Russian Olympic Committee v. International Ski Federation & International Olympic Committee 一案中,两名运动员都注射了俄罗斯国内防疫部门认可的俄罗斯 COVID-19 疫苗,但是该疫苗未能获得美国和加拿大移民当局的认可,按照两国 2021 年年底的防疫和签证政策,虽然两人已经获得了签证,但仍被拒绝入境。因此,上述两名运动员未能参加国际滑雪联合会举办的多场奥运会积分赛,错过了四场比赛,使得两名运动员的最后积分排名未能达到要求,无法获得参加奥运会的资格。于是,两人将国际滑雪联合会与国际奥委会起诉至 CAS AHD,主张美国和加拿大的移民和入境当局的签证政策构成歧视。他们引用了《奥林匹克宪章》所规定的非歧视原则,认为这两个国家的政策系政治性的歧视待遇,专门针对俄罗斯运动员,违反了《奥林匹克宪章》。仲裁庭在裁决中没有直接回应关于移民政策是否构成歧视的问题,而是裁定仲裁庭没有管辖权,从而驳回了申请人的请求。从裁决中可以看出,仲裁庭在尽量回避政治性问题和各国国内的移民政策。实际上,CAS 很难在这些领域确立自己的管辖权或者发表观点。

2020 年东京奥运会期间 CAS AHD 审理的 CAS OG 20/05 Oksana Kalashnikova & Ekaterine Gorgodze v. International Tennis Federation and Georgian National Olympic Committee & Georgia Tennis Federation 案件中,按照国际网球联合会(International Tennis Federation,以下简称"ITF")的资格和排名要求,两名格鲁吉亚的女子网球运动员符合参加东京奥运会的条件,但是不知基于何种原因,其所属的国家奥委会未能将她们的名字申报给 ITF,因此两人未能获得参加奥运会的名额,于是向 CAS AHD 提起仲裁,认为 ITF 违反了相关规则,要求获得参加奥运会的资格。CAS AHD 审理后认为,根据《奥林匹克宪章》规

定,国家奥委会是唯一有权决定该国参加奥运会的运动员名单的主体,CAS 无权干涉。同样的情况,也发生在东京奥运会期间审理的 CAS OG 20/03 Jennifer Harding-Marlin v. St. Kitts & Nevis Olympic Committee & International Swimming Federation (FINA)案中。在该案中,CAS 对类似的争议作出了相同的裁决。

(六)关于"穷尽内部救济"的要求

《CAS 奥运会规则》第 1 条第 2 款规定:"在针对国际奥委会、国家奥委会、国际单项体育联合会或者奥运会组委会的某个决定提起仲裁时,申请人在提起仲裁程序之前,必须根据相关单项体育联合会的章程、条例规定,穷尽相关的内部救济措施,除非穷尽相关内部救济措施会导致奥运会特设仲裁庭的管辖无效。"

在实践中,关于何种情况可以构成"穷尽相关内部救济措施会导致奥运会特设仲裁庭的管辖无效",并不容易予以清晰的界定。在北京冬奥会期间受理的第 05 号案件 CAS OG 22/05 Irish Bobsleigh & Skeleton Association (IBSA) v. IBSF and International Olympic Committee(IOC)和第 07 号案件 CAS OG 22/07 Jazmine Fenlator-Victorian v. IBSF and JOA, IOC, CNOSF 中,申请人从程序上来说都没有完成穷尽内部救济的程序。另外,各国际单项体育联合会内部救济的规则和程序复杂,很难严格预判其所需要的时间,如果在时间紧凑的大型国际赛事(如奥运会)期间,期待各国际单项体育联合会的申诉或者上诉机构对案件作出高效审理并出具一个完整的决定,往往是不现实的。

因此,在实际案件中,国际奥委会、国际单项体育联合会、国家奥委会等一般都会较为宽松地对待这个要求,甚至放弃这方面的管辖异议。历次奥运会以及本次冬奥会发生的案件,多次出现了对当事人穷尽内部救济程序的证明豁免,这一做法并不是一味地坚持"规则",而是对规则的人性化应对。另外,在奥运会背景下,被申请人一方请求申请人"穷尽内部救济"并不能构成一个有效的抗辩。

(七)再次确认申请人"起诉"的资格条件

在北京冬奥会 CAS AHD 受理的第 07 号案件 CAS OG 22/07 Jazmine Fenlator-Victorian v. IBSF and JOA, IOC, CNOSF 一案中,申请人贾兹明·芬拉

托-维多利亚（Jazmine Fenlator-Victorian）具有牙买加和美国的双重国籍，是在 IBSF 注册的女子双人雪车项目运动员，被申请人是 IBSF。申请人原本与另外一名法国雪车运动员的积分相同，但是由于天气原因，IBSF 取消了一个原本计划在德国举办的能获取积分的赛事，而将另外一场最近举办的赛事的积分按照双倍进行计算。申请人由于特殊情况未能参加那场真实举办的赛事，从而错过了获取积分的机会，进而在积分排名上最终落后于法国运动员，丧失了参加冬奥会的资格。申请人认为 IBSF 的做法违规，IBSF 应该依照实际发生的赛事重新计算积分排名，进而将女子双人雪车的两个冬奥会参赛名额授予牙买加国家奥委会，而不是法国国家奥委会。

根据《奥林匹克宪章》的相关规定，奥运会的参赛名额由国际奥委会的执行委员会决定，之后由各国际单项体育联合会将参赛名额授予国际奥委会的成员，即各国家奥委会，再由后者指定授予某个具体的运动员。因此，在该案中，运动员本人能否成为适格的申请人主体就成了一个有待讨论的问题。

经过充分论证，仲裁庭再次明确了关于申请人资格的标准。在 CAS 2013/A/3140 和 CAS 2015/A/3880 案中，仲裁庭认为申请人需要证明其存在可保护的利益或者合法利益，某个特定的决定会对其造成足够的影响，其拥有的潜在的具体利益可以是经济方面或者体育方面的利益。CAS 在 CAS 2009/A/1880 和 CAS 2009/A/1881 案中也认为，申请人需要说明其因该特定决定而受到了损害或者负面影响。只有特定决定可能影响其利害关系，存在具体利益的当事人才可以针对某个体育组织的决定向 CAS 提起仲裁申请。"受损害"是一个不可缺少的因素，可以评估某一方当事人是否具备作为申请人启动 CAS 的仲裁程序的资格。根据 CAS 相关规则，CAS 的仲裁庭的职责是解决实际的争议，而不是向任何没有受到损害或影响的一方当事人提供咨询意见。

关于第三人是否具备申请人资格，根据 CAS 2016/A/4924 & 4943 两个判例，第三人在两种情形下可以获得申请人资格，即"第一，当某个体育规则明确授予第三人这种资格时；第二，当某个体育组织的决定或规则不仅仅影响其所指向的对象，而且还直接影响到第三人时"。这表明，如果一方或多方受到某个决定的足够的影响，其针对相关决定拥有潜在的经济利益或者体育利益时，可以作为申请人提起 CAS 的仲裁程序，虽然该决定所直接针对的对象并非该第三人。

但需要注意的是,根据CAS的判例,如果当事人仅拥有间接利益或者非直接的利害关系,那么不能赋予当事人法律上的申请人资格。在CAS之前审理的CAS 2015/A/4289一案中,仲裁庭表明"一个单纯的理论上或者间接的利益并不足以赋予当事人申请人的资格。某个体育组织的决定必须是直接、具体地对申请人造成影响……相关利害关系不仅仅在提起仲裁的时候存在,而且应该在该决定发布之时即存在"。

北京冬奥会CAS AHD在第07号案件的裁决中特别强调,根据《奥林匹克宪章》,奥运会的参赛名额并不是直接分配给运动员,而是分配给国际奥委会的成员,即各国家奥委会。根据《奥林匹克宪章》第27.7.2条的规定,国家奥委会有权决定本国/代表团参加奥运会的运动员、官员和其他人员。另外,根据CAS在CAS OG 08/003中作出的裁决,决定本国/代表团的奥运会参赛人员的权力是国家奥委会所专有的,其他任何机构都不拥有该权力。在这个问题上,申请人作为运动员,并没有要求某个国际体育联合会将奥运会的参赛名额分配给某个国家奥委会的权力,更没有资格要求增加参赛名额并分配给自己所属的国家奥委会,即使该国家奥委会承诺将获得的名额授予该运动员。

基于上述分析,在第07号案件中,申请人作为受IBSF规则影响的运动员,IBSF的排名和积分计算方法确实会影响到运动员的利益,但是间接利益并不足以赋予该运动员合法的申请人资格,虽然牙买加国家奥委会专门签署了一份支持运动员的函件,可是该函件并不具备足以使运动员获得参赛资格的法律效力。仲裁庭认为该案中的申请人是运动员而不是国家奥委会,牙买加国家奥委会仅仅是相关利益方。运动员仅具有间接的利益关系,即使该国家奥委会出具证明说明相关的参赛名额在确认后将会分配给该运动员,但该运动员仍不具备申请人的资格。最终,仲裁庭驳回了运动员的仲裁请求。

(八)再次明确CAS AHD的管辖权范围具有局限性

在北京冬奥会CAS AHD受理的第02号案件Andrei Makhnev, Artem Shuldiakov & Russian Olympic Committee v. International Ski Federation & International Olympic Committee中,仲裁庭认为,CAS AHD的管辖权是局限于《CAS奥运会规则》第1条所规定的时间范围之内的,仲裁庭认真论证了申请人的请求和法律依据以及被申请人的答辩意见,认为该案件是针对国际单项体育联合会的"决定"而发生的争议,并不是"发生/出现"在CAS AHD管辖范围之内的,也即该争议发生在 2022 年 1 月 25 日之前,因此仲裁庭认为 CAS AHD 对该案件不具有管辖权,驳回了申请人的申请。

该案件的裁决重申了 CAS AHD 的管辖权范围是有局限性的,CAS AHD 并非常设机构,它的管辖权来自《奥林匹克宪章》第 61 条以及《CAS 奥运会规则》第 1 条的规定,超出此范围的争议案件,CAS AHD 则不具备管辖权。值得注意的是,在 2018 年平昌冬奥会的 CAS OG 18/04 一案中,仲裁庭经过审理认为,争议发生的时间太早,已超出其管辖权,故而驳回了申请。

(九)体育规则的溯及既往性

在北京冬奥会期间受理的案件中,有两个案件涉及体育规则的溯及既往性是否合法的问题。虽然 CAS 以往有过判例,但是这两个案件存在事实方面的独特性,值得关注。

在第 03 号案件 CAS OG 22/03 中,根据申请人的陈述,案件中应该适用的 IBSF 奥运会参赛资格选拔体系是 2020 年的版本,根据该体系的规定,只有依据 IBSF 公布的 2021/2022 赛季排名前 45 名的女运动员才可以具备选拔资格。另外,同样地,IBSF 应该在 2022 年 1 月 20 日至 23 日之间,完成对未认领参赛名额的再分配。IBSF 违反了自己制定的 2020 年参赛资格选拔体系中的有效规则,使得一名原本不具备参赛资格的运动员获得了参赛资格。

IBSF 在自己规定的时间之后,即 1 月 24 日修改了前述 2020 年参赛资格选拔体系的规则。修改后的规则把具备选拔资格的排名范围从前 45 名增加至前 55 名。最重要的是,该规则的修订发生在 1 月 17 日 IBSF 公布 2021/2022 赛季排名之后,也在 IBSF 自己公布的再分配未认领奥运会参赛名额的截止期限,即 1 月 23 日之后。这毫无疑问地构成了规则的溯及既往性,即在某个事实发生之后修订规则,而后修订的规则却适用于之前发生的事实。

在第 07 号案件 CAS OG 22/07 中,由于天气原因,IBSF 于 2020 年 12 月取消了原定于 12 月 4 日在德国举办的一场女子双人雪车项目奥运会积分赛,但事后考虑到后勤、赛程安排等困难,决定不再重新安排比赛,并决定将 12 月 5 日举办的另一场赛事的积分翻倍计算,用以累积原报名注册参赛运动员的积分,也确保相关运动员达到足够的参赛次数。该案件的申请人没有参加 12 月 5 日的赛事,并于事后对此提出异议,认为 IBSF 为一场根本没有实际发生的比赛授予积分,随意性太大,导致申请人的积分落后于竞争对手并最终失去了奥运会参赛资格,这种做法构成规则的溯及既往性,应被认定为非法。

按照国际公认的、普遍适用的一般法律原则,应该严禁法律规则溯及既往。新制定的法律适用于之前的行为,尤其是新法认为某个行为违法,而旧法并不认为该行为违法的情况,在刑事案件中是绝对禁止的。

CAS 之前的判例对此已经有所涉及,例如在 CAS 2020/A/7444 一案中,仲裁庭认为:"规则的非溯及既往性是一项基本的法律原则,应该适用于相关体育组织作出的带有处罚性质的措施,但是并不能因此得出结论,该规则的适用是没有任何限制性约束的。需要特别指出的是,该原则不应当适用于针对某个参赛资格要求的相关规则。"在北京冬奥会 CAS AHD 受理的第 07 号案件中,仲裁庭也使用了同样的逻辑,认为相关体育组织规则的非溯及既往性,并不能适用于奥运会赛事参赛资格的规则修订的情形,所以 IBSF 的做法并不能被判定为违规。

三、冬奥会 CAS 案件的新动态和裁判趋势

北京冬奥会期间 CAS AHD 审理的案件体现出一些新动态,通过对案件具体事实和法律争议的分析可以看出 CAS 的裁判趋势,在此过程中也暴露了现有体育规则中存在的一些空白和有待明确的争议以及某些值得进一步研究讨论的焦点问题。

(一)《世界反兴奋剂条例》急需修订或明确

在北京冬奥会期间,最引人注目的案件毫无疑问是俄罗斯花样滑冰运动员瓦利耶娃所涉及的第 08—10 号案件(CAS OG 22/08、CAS OG 22/09、CAS OG 22/10)。该案中,运动员瓦利耶娃一方的请求得到了仲裁庭的认同,取消了对她的临时禁赛,最终得以继续参加女子花样滑冰的决赛。

在此案中,仲裁庭作出同意取消临时禁赛决定的法律依据在于,《世界反兴奋剂条例》中关于"受保护人员"的临时禁赛方面的规定存在一些模糊或者空白,如果按照国际奥委会、世界反兴奋剂机构所主张的观点解读,则明显不符合逻辑。针对这个案件所暴露出来的问题,国际奥委会以及世界反兴奋剂机构未来需要进一步澄清、修订甚至重新制定规则。

瓦利耶娃在北京冬奥会期间,作为俄罗斯奥委会代表队参赛队员之一参加了 2 月 6 日的花样滑冰团体赛,在该队取得团体第一名成绩之后的第二天,瓦利耶娃被宣布于 2021 年 12 月 25 日在圣彼得堡参加俄罗斯花样滑冰锦

标赛时，所提供的尿样构成"初步阳性"，这一惊天大雷使国际奥委会措手不及。在紧急召开执委会会议后，国际奥委会决定延期举办团体赛的颁奖典礼。2月8日，俄罗斯反兴奋剂机构根据世界反兴奋剂机构和俄罗斯相关反兴奋剂规则，决定对瓦利耶娃实施临时禁赛的处罚，该处罚立即生效。但在2月9日，该机构又应运动员的要求举行了一个线上听证会，并在听证会后作出取消临时禁赛的决定。国际奥委会、世界反兴奋剂机构和国际滑冰联合会都对此决定提出了异议，并先后于2月11日和12日，分别向 CAS AHD 提起仲裁申请，要求取消俄罗斯反兴奋剂机构的决定。

根据《俄罗斯反兴奋剂条例》以及《世界反兴奋剂条例》的规定，"受保护人员"包括在兴奋剂违规行为发生之时，年龄未达16岁的运动员。瓦利耶娃出生于2006年4月，其当时的年龄正好符合这一定义范围。根据《世界反兴奋剂条例》的解释，"在特定情形下，受保护人员相比一般运动员和人员应该得到特殊的待遇，原因是在年龄和认知能力低于某个水平时，运动员或者其他人员可能不具备足够的理性认知能力，从而不足以理解和意识到《世界反兴奋剂条例》所禁止的行为"。

《世界反兴奋剂条例》在不少于10个条款中涉及了受保护人员，相关的内容都明确规定受保护人员在涉嫌兴奋剂违规时，应该在处罚力度、举证义务方面得到更轻的处理和要求，禁赛时间也往往更短。具体体现为：其一，基于无重大过错的理由，在请求减轻禁赛期时，受保护人员不需要像成年运动员那样证明其所服用的是特定物质。根据《世界反兴奋剂条例》的规定，特定物质是指"运动员服用了某种物质或者使用了某种方法，其很可能不是为了提高运动成绩"。其二，在涉嫌构成违反《世界反兴奋剂条例》第 2.1 条的规定时，受保护人员和娱乐业运动员可以享受豁免，不需要证明该物质如何进入其体内。而且这两类群体都有权申请在无重大过错情形下的从轻处罚。其三，针对成年运动员在兴奋剂违规后，必须公开披露身份的要求不适用于受保护人员。

根据《世界反兴奋剂条例》第 7.4.1 条（即《俄罗斯反兴奋剂条例》第 9.4.1 条）的规定，强制性的临时禁赛仅适用于明确的违禁物质导致的初步阳性，不包括特定物质。对于特定物质导致的阳性案例，临时禁赛的处罚不是强制性的，仅仅是可选性的处罚措施。瓦利耶娃作为一名未成年人，如果能够证明本人没有重大过错或疏忽，最低的处罚应该是公开谴责。

《世界反兴奋剂条例》对于受保护人员因非特定物质导致的初步阳性,并没有提供免除强制性临时禁赛的机制,虽然针对受保护人员的处罚措施与针对普通运动员的处罚选项是一样的,但普通运动员反而可以通过申请,在符合特定要求后免除强制性的临时禁赛。根据《世界反兴奋剂条例》,公开谴责而无须禁赛的处罚措施,只适用于受保护人员。但同时,现有规则却又可以理解为受保护人员必须被处以强制性临时禁赛,而临时禁赛的后果可能是数月无法参加任何比赛,其后果比确定阳性后的处罚还要严重。这种更严厉的效果肯定不是《世界反兴奋剂条例》制定者的本意,因为该条例的诸多条款都考虑到受保护人员的年龄和认知能力,从而采纳了更轻、更灵活的处罚方式以及更轻微的违规责任。

基于以上分析,可以看出如果严格适用现有规则,会导致一种悖论性的现象出现,即成年运动员在符合特定要求后,可以免除强制性临时禁赛,但是未成年运动员,即使是法律上未具备完全行为能力,身心未达成熟年龄,却不得享受免除临时禁赛的待遇。现有规则下的此种明显违背逻辑的现象,揭示了规则本身的重大疏漏。

该案在听证过程中,双方所出示的相关证据显示,《世界反兴奋剂条例》的起草委员会在设计有关临时禁赛的规则时,没有考虑到受保护人员的特殊情况,未针对这一群体制定单独的规则和标准。仲裁庭认为,《世界反兴奋剂条例》的第 7.4.1 条以及《俄罗斯反兴奋剂条例》第 9.4.1 条的规定,不可能僵化、独立地去适用和解释,它们必须被放在整个反兴奋剂规则体系里面去理解,从而确保相关的含义和立法目的可以连贯一致地得到解读和执行。

当时奥运会赛事正在紧锣密鼓地进行,该案件立案后的第三天,女子花样滑冰的决赛即将进行。由于瓦利耶娃案件的急迫性,仲裁庭认为,如果针对该运动员是否构成兴奋剂违规问题进行实体审理的话(这不在该案的审理范围之内,该案并不涉及实体审理问题,仅仅涉及是否应该取消临时禁赛问题),即使最后确实认定了瓦利耶娃构成兴奋剂违规,应该按照反兴奋剂规则进行处罚,但考虑到她是未成年人、心智还未达成熟年龄,针对该运动员的处罚很可能是在一个较为轻微的范围之内,例如公开谴责或者 2 年以内的禁赛。这样来看,如果严格僵化地适用现有规则,必然导致瓦利耶娃获得免除临时禁赛的机会的丧失,进而对其继续实施强制性临时禁赛,那么其被迫停止参加比赛的时间可能长达数月,这实际上比其真正被证明构成兴奋剂违规而接受的处罚还要严重。这显然不是反兴奋剂立法的本意。

基于上述分析,仲裁庭认为现有反兴奋剂的规则对受保护人员在临时禁赛的问题上存在立法空白。根据 CAS 的判例,当发现《世界反兴奋剂条例》确有空白和漏洞时,CAS 为了避免或减轻过于严苛或者前后矛盾的后果,有权本着各国司法体系以及反兴奋剂法律所尊崇的公平和责罚相当的原则,利用自己合理、公平的理解去填补和补充相关的立法空缺。因此,该案的仲裁庭认为,《世界反兴奋剂条例》第 7.4.1 条以及《俄罗斯反兴奋剂条例》第 9.4.1 条的规定,应该被理解为针对受保护人员的临时禁赛的处罚,不是强制性的,而是可选择性的。具体到该案的实际情形和背景,瓦利耶娃应该得到临时禁赛的豁免,这也是该案最后的裁决结论。

基于以上的分析可以看出,《世界反兴奋剂条例》将面临重新讨论的情况,新的立法修正案可能会被提上日程,这也是本次北京冬奥会对国际体育规则体系的一个重要影响和遗产,我们期待《世界反兴奋剂条例》迎来关于受保护人员以及运动员权益保护的新篇章。

最后,一个特别值得关注的新动态是,2022 年 6 月,国际滑冰联合会在其第 58 届国际滑冰联盟大会上宣布,国际滑冰联合会将会在未来 3 年逐步将运动员参赛的最低年龄从 15 岁提高到 17 岁。根据决议,2022/2023 赛季将保持现状,但在 2023/2024 赛季,运动员参赛的最低年龄将提高到 16 岁,随后在 2024/2025 赛季以及其后的赛季最终提高到 17 岁。可以发现,这一变化是在当时年仅 15 岁的花样滑冰运动员瓦利耶娃在北京冬奥会期间卷入兴奋剂案件后发生的,该事件让该项目和国际滑冰联合会蒙上了阴影。根据国际滑冰联合会的解释,提升最小年龄要求的目的是保护未成年人的生理和心理健康。

(二)要求举办奥运会颁奖典礼是不是运动员的一项权利?

CAS AHD 所受理的第 11 号案件,CAS OG 22/11 Evan Bates, Karen Chen, Nathan Chen, Madison Chock, Zachary Donohue, Brandon Frazier, Madison Hubbell, Alexa Knierim & Vincent Zhou v. International Olympic Committee (IOC),申请人是美国花样滑冰队的 9 名运动员,其要求被申请人国际奥委会在冬奥会结束之前为其举办颁奖典礼,并颁发该队队员在 2022 年北京冬奥会期间的团体项目中所获得的银牌。该案件是历史上第一个要求国际奥委会举办颁奖典礼并颁发奖牌的案件,其发生背景从很多方面看都是非常独特的,也是必然载入史册的一个案件。虽然这些运动员的请求未获得仲裁庭的支持,但是它却让国际奥委会、CAS和运动员都开始思考一个问题,即要求举办颁奖典礼是不是运动员的一项权利? 国际奥委会在此问题上是否享有自由裁量权? 从3月31日公布的裁决来看,CAS针对这一问题予以了明确,即颁奖典礼并非运动员的权利,国际奥委会对此拥有决定权。在该案中,受到瓦利耶娃案件的影响,国际奥委会于2022年2月14日决定,本该在2月7日举办的冬奥会花样滑冰的团体赛的颁奖典礼需等到瓦利耶娃的案件有了最终结果之后再行举办。

美国花样滑冰队的9名运动员,包括此届冬奥会男子单人滑的冠军陈巍对国际奥委会的决定不服,认为自己纯粹是瓦利耶娃兴奋剂案件中无辜的相关方,完全没有任何过错,不应该得到与其他奥运项目中获得奖牌的运动员不同的待遇,不应该被歧视。即使是获得银牌,其也有权利要求国际奥委会根据《奥林匹克宪章》第56条的规定以及《举办城市合同》的规定,在奥运会闭幕之前举办一个颁奖典礼,这是国际奥委会对于获得优异成绩的运动员的一个承诺,国际奥委会的上述决定违反了"禁止反言"的法律基本原则。

在万众瞩目之下,站上奥运会的领奖台,享受全世界的赞赏,当属无上的荣耀,这是运动员毕生期待的最高荣誉和高光时刻。美国9名运动员认为国际奥委会的决定违反了运动员基于前述相关规定应有的合理期待以及法律确定性的原则,即不能基于突发事项而不当地修改规则,使相关运动员为此受到不合理的惩罚。然而,国际奥委会认为,举办颁奖典礼的前提是比赛结果必须是"最终性"的,而该案所出现的情况是史无前例的,没有任何先例可以遵循。申请人则反驳奥运会历史上确实出现过奥运会闭幕后,有关运动员的奖牌被剥夺并重新颁发给其他运动员的先例,因此该案并非真正的无先例可以参考。

申请人同意国际奥委会未来基于瓦利耶娃兴奋剂案件的结果可能出现的对奖牌的重新分配,但是坚决反对国际奥委会因此而剥夺他们合法享有颁奖典礼的权利。该案不仅是国际奥委会历史上第一个有关颁奖典礼的纠纷,也是CAS历史上第一个有关颁奖典礼的案件。

依据瑞士相关法律和CAS的判例,体育组织的自由裁量权是非常宽泛的,仅在极端例外情形,例如违法、武断任意、滥用权力等情形下才能予以限制。而该案中,仲裁庭经过审慎审查后,并没有发现此种例外情形存在。该案明确了颁奖典礼虽然在《奥林匹克宪章》中有所规定,但它并不是运动员的权利而是国际奥委会自由裁量权之内的事项。

(三) 反兴奋剂检测机构的严格责任

北京冬奥会期间,在 CAS AHD 所受理的涉及俄罗斯花样滑冰运动员瓦利耶娃的第 08—10 号案件裁决中,仲裁庭特别指出,在国际奥委会体系下,现有的反兴奋剂规则和立法都在厉行一套针对运动员的严格责任,其立法宗旨在于捍卫干净比赛的体育精神。兴奋剂是国际体育领域的巨大挑战,国际社会必须矢志不渝、坚定不移地开展长期斗争。为此,在防范运动员兴奋剂违规方面必须实施苛刻的管理和要求,无论运动员是否有过错都应对兴奋剂阳性承担后果,严格限制运动员的抗辩事由。与此同时,仲裁庭也指出,"运动员不应承受反兴奋剂机构未能高效运行而带来的损害后果,这种高效的运行是为了确保奥运会的完整性"。

关于反兴奋剂机构的责任问题,CAS 之前的判例中也有涉及,其明确了严格责任的裁判倾向。例如,在 CAS 94/129 USA Shooting & Q./Union Internationale de Tir(UIT) 一案中,仲裁庭强调:"兴奋剂治理是一场艰苦的战斗,确实需要严格的规则,但是规则制定者和实施者必须首先对自己同样严格,而且那些可能会影响运动员体育职业的规则必须具备可预期性。"

在瓦利耶娃的案件中,仲裁庭再次提及了反兴奋剂机构的严格责任。该案在多个方面都必将成为一个重大判例,其影响力也会推动相关判例体系的更新和演变,关于反兴奋剂机构的责任问题,该案件的裁决未来肯定会被确立为一个裁判原则,从而成为该领域一个新的动向。

(四) 关于 CAS AHD 管辖权起始时间的合理性

《CAS 奥运会规则》第 1 条规定了 CAS AHD 的受案范围,即《奥林匹克宪章》第 61 条所规定的纠纷案件,并且是出现在奥运会举办期间或者奥运会开幕式前 10 天以内的案件。这个 10 天的时间要求,最早开始于 1996 年亚特兰大奥运会。自此,CAS AHD 管辖权的时间范畴就规定为自奥运会开幕式前 10 天至奥运会闭幕,这一规定一直沿用至今。确有案件由于这个"开幕前 10 天"的时间要求而被驳回。例如,北京冬奥会期间受理的第 02 号案件,申请人的仲裁请求被驳回即是基于这个理由。

CAS AHD 管辖权的范围设定在该时间段内是否合理,有没有修订的必要性？无论国际奥委会还是 CAS 都不希望运动员和相关体育组织的权益被侵犯或者遭受损害却无法得到救济，当然也不希望相关权益受害人被迫寻求某国国内司法体系的干预，从而破坏体育法自治的原则。但是如果运动员的合法权利被损害，却又无法及时寻求《奥林匹克宪章》所规定的救济，或者因为超过上述 10 天的管辖权范围，从而丧失了向 CAS AHD 申请仲裁的机会，那么这种结果对于被侵权人来说显然是非常不公平的，同时也是国际奥委会不希望发生的，这有违自然正义的基本法律原则。因此，上述关于 CAS AHD 管辖权的规定，的确有一定的局限性和随意性，在历届奥运会中，该规定也使多名运动员被剥夺了寻求司法救济的机会，未来国际奥委会和 CAS 应该重新评估这一规定的合理性和修订的必要性。

我国重大体育赛事的风险法律防控研究报告（2022）*

自2021年5月22日的"黄河石林百公里越野赛公共安全责任事件"（以下简称"白银事件"）之后，我国各级体育行政部门和立法机关紧锣密鼓地出台了一批体育赛事风险治理的规范性文件，不断构建新的体育赛事风险治理制度。《体育法》《体育赛事活动管理办法》在2022年也得到全面修订，不仅吸收了上述制度，而且对制度进行创新，重塑了我国体育赛事风险法律防控的制度和机制。

一、"白银事件"后重大体育赛事风险防控治理制度的演变

（一）国家层面的政策和法律

1.《体育法》

2022年6月24日，中华人民共和国第十三届全国人民代表大会常务委员会通过了对《体育法》的修订。该法的"总则""监督管理""法律责任"三章都涉及对"体育赛事风险"的全方位管理。

2. 部门规章

为贯彻实施新修订的《体育法》，体育总局启动了对《体育赛事活动管理办法》的修订并于2022年12月22日审议通过。新《体育赛事活动管理办法》是对《体育法》中体育赛事活动管理内容的细化，更具有可操作性。《体育赛事活动管理办法》新增"高危险性体育赛事活动许可"专章，增加高危险性体育赛事活动的定义、申请方法、书面决定等规定。第四章体育赛事活动组织，增加体育赛事活动主办方的组织义务规定；增加承办方的义务规定；增

---

* 张朝霞、高旭颖：西北民族大学。

加体育赛事活动场地空间、器材提供方或管理者的安全保障义务以及地方体育行政部门应当建立"熔断"机制的条文。该办法还明确了主办方和承办方承担对赛事活动"通信""消防""应急救援"的保障措施,对志愿者"招募、培训、保障和激励等工作"的义务的规定;增加对体育赛事活动意外伤害保险投保义务的规定;明确"体育总局各运动项目管理中心"应当承担的义务;细化各项体育赛事活动的规则、指南及标准的制定规则。

3. 规范性文件

"白银事件"后,体育总局密集发文,连续公布四个体育赛事活动安全风险防控文件。2021 年 5 月 28 日,体育总局办公厅公布《关于加强路跑赛事安全管理工作的通知》(体发电〔2021〕52 号);2021 年 6 月 25 日,体育总局联合十部委发布《关于进一步加强体育赛事活动安全监管服务的意见》(体规字〔2021〕3 号);2022 年 3 月,出台《关于建立健全体育赛事活动"熔断"机制的通知》(体规字〔2022〕3 号)、《关于进一步加强户外运动项目赛事活动监督管理的通知》(体规字〔2022〕4 号)。

(二)地方层面的政策和地方性法规

1. 各省市政府体育部门发布的规范性文件

"白银事件"后,各省市政府体育部门高度重视各所属行政区内的体育赛事安全工作,继 2021 年广东省、甘肃省、湖北省出台相关文件后,2022 年各地方体育部门先后出台加强体育赛事活动安全管理的通知。如:2022 年 6 月 8 日,浙江省体育局发布《关于加强近期体育赛事活动安全风险防范工作的通知》(浙体竞〔2022〕158 号);2022 年 6 月 14 日,江西省人民政府办公厅发布《关于加强近期体育赛事活动安全风险防范工作的通知》(赣府厅明〔2022〕36 号)。

2. 涉及体育赛事风险管理的地方性法规

新修订的《体育法》的出台,直接影响到地方性体育法规的修改。如:甘肃省于 2022 年 9 月 23 日修订通过的《甘肃省实施〈中华人民共和国体育法〉办法》(甘肃省人民代表大会常务委员会公告第 138 号)在第七章"监督管理"中,规定了县级以上人民政府体育行政部门和其他有关部门防控体育风险的制度。主要内容包括:县级以上人民政府体育行政部门和其他有关部门应当按照各自职责"对直接涉及公共安全和人民群众生命健康的重点项目实施重点监管";"加强高危险性体育赛事活动事前、事中、事后安全监管";县级以上人民政府市场监督管理、体育行政等部门需要"完善体育企业信息公示制度,强化体育企业信息归集机制,健全信用约束和失信联合惩戒机制"。

3. 体育赛事指引、安全规范等

《体育赛事活动管理办法》鼓励全国性单项体育协会对各项体育运动设置赛事活动指引与活动标准,体育赛事活动除依《体育法》及相关政策举办外,还要按照体育赛事的体育行业标准开展。"白银事件"后,2021年11月27日,甘肃省体育局公布《关于印发〈户外徒步运动赛事活动办赛指引〉〈山地自行车运动赛事活动办赛指引〉〈越野跑赛事活动办赛指引〉的通知》(甘体群〔2021〕35号);2022年5月18日,重庆市体育局印发《市级体育赛事活动风险防范及应急处置预案(模版)》;2022年8月31日,浙江省体育局印发《浙江省体育赛事活动社会风险评估工作实施细则(试行)》(浙体竞〔2022〕239号);2022年1月13日,浙江省登山协会印发《山地越野跑办赛规范》(T/ZJP-MA 0001—2022)等。

二、重大体育赛事风险防控新制度

新修订的《体育法》《体育赛事活动管理办法》对体育赛事的风险法律防控的制度和机制规定的内容包括:

(一)明确体育赛事监管主体,夯实监管责任

《体育法》在"总则"第4条中确立了国务院和县级以上地方人民政府职能部门在主管中央和地方体育工作中的法律地位。在第六章"体育组织"中专门规定体育协会的职能:在第65条中明确全国性单项体育协会的地位和职能;在第66条、第67条中规定单项体育协会的职能及管理方式。《体育赛事活动管理办法》第3条第2款明确各级体育行政部门对体育赛事活动的监管,第3款规定了体育协会对体育赛事活动的组织、服务、引导和规范的职责。可见,体育赛事活动监管主体有两类:一是各级政府的体育行政部门和相关职能部门;二是体育协会。

《体育赛事活动管理办法》第34条、第39条、第40条规定了体育行政部门和体育协会的共同职能:应当为社会力量依法举办的体育赛事活动提供必要的指导和服务、加强对体育赛事活动组织者及相关人员的培训、可以选配体育赛事活动组织经验丰富的专家担任体育赛事活动指导员等。除此之

外,体育行政部门和体育协会还各有其职责:

1. 各级体育行政部门的体育赛事监管职责

《体育法》第50条规定"国家对体育赛事活动实行分级分类管理,具体办法由国务院体育行政部门规定",同时,《体育法》专设第十章"监督管理",明确县级以上人民政府体育行政等部门对体育赛事活动依法监管的职能。《体育赛事活动管理办法》第六章"体育赛事活动监管"专门细化了这些监管职责,具体为:

(1)检查赛事活动实施现场。《体育法》第102条、《体育赛事活动管理办法》第47条第1款,均规定了体育行政部门对赛事活动场地"实施现场检查,查阅、复制有关合同、票据、账簿,检查赛事活动组织方案、安全应急预案等材料"的职责。

(2)综合运用多种手段监管体育赛事活动。《体育赛事活动管理办法》第47条第2款规定,体育行政部门应当综合运用多种监管手段,充分发挥"互联网+监管"的功能,实现综合监管、智慧监管、动态监管。

(3)重点监管高危险性体育赛事。《体育法》第105条、第106条建立了对经营高危险性体育项目、举办高危险性体育赛事活动的行政许可制度。《体育赛事活动管理办法》新增一章"高危险性体育赛事活动许可",规定了高危险性体育赛事活动的定义、申请方法、书面决定等;从事高危险性体育赛事需要审批的具体事项,严格设置高危险性体育赛事的准入门槛和标准。

(4)制定、调整高危险性体育赛事活动目录并公布。关于高危险性体育赛事活动目录,《体育法》第106条规定了制定主体,《体育赛事活动管理办法》第13条规定了实施主体。

(5)及时处理涉嫌不符合体育赛事活动要求的情形。《体育赛事活动管理办法》第48条规定,体育行政部门对体育赛事活动举办前或举办中发现涉嫌不符合体育赛事活动条件、标准、规则等情形的,存在重大安全隐患的,或收到有关单位、个人提出相关建议、投诉、举报的,应当及时予以处理,提出整改建议;属于其他部门职责范围的,应当及时移交并积极配合协助处理。

(6)建立健全赛事"熔断"机制。《体育法》第102条第4款规定县级以上人民政府行使"熔断"权力。《体育赛事活动管理办法》第20条规定地方体育行政部门应当建立健全体育赛事活动"熔断"机制,第27条规定"熔断"机制的情形、无法判断时的措施以及启动后的应急工作。

（7）开展体育赛事活动评估和指导。《体育赛事活动管理办法》第42条规定：地方体育行政部门经过评估应当将其中社会效益好、影响力大的体育赛事活动列入《体育赛事活动服务指导目录》，通过政府购买服务、提供专业技术指导等方式给予支持。

2. 行业部门监管职责

《体育法》第102条第2款规定："县级以上人民政府公安、市场监管、应急管理等部门按照各自职责对体育赛事活动进行监督管理。"第103条规定："县级以上人民政府市场监管、体育行政等部门按照各自职责对体育市场进行监督管理。"

《体育赛事活动管理办法》第62条规定，体育行政部门应当会同相关部门建立体育赛事活动信用制度体系，将信用承诺履行情况纳入信用记录，开展信用评价，实施信用约束、联合惩戒。

3. 体育协会监管职能

（1）加强体育赛事活动的标准化、规范化建设。《体育法》第65条第2款规定全国性单项体育协会负责制定相应项目技术规范、竞赛规则、团体标准。《体育赛事活动管理办法》第43条规定了该协会的具体职能。

（2）建立健全赛事指导和服务制度。《体育赛事活动管理办法》第44条规定："体育协会可以根据体育赛事活动主办方和承办方的需求，提供必要的技术、规则、器材等方面的指导和服务，建立健全赛事指导和服务制度。"

（3）开展体育赛事活动评估。《体育赛事活动管理办法》第50条规定体育协会可以对所辖区域内的体育赛事活动实施等级评定或进行评估，对整体水平高的体育赛事活动，及时向社会推介。

（二）落实体育赛事活动组织者的主体责任

据《体育赛事活动管理办法》第5条，体育赛事活动组织者应当包括：主办方、承办方、协办方等。从行政法律关系主体原理看，与上述赛事监管主体相比，赛事活动组织者作为体育行政相对人，受到作为行政主体的赛事监管者的管理与监督。体育赛事活动组织者的责任主要包括：

1. 赛事活动的安全保障义务

《体育法》第102条规定体育赛事活动组织者应当履行安全保障义务，提供符合要求的安全条件，制定风险防范及应急处置预案等保障措施，维护体育赛事活动的安全。《体育赛事活动管理办法》第5条明确赛事活动组织者在赛前应当通过书面协议方式约定权利义务和责任分工。

根据《体育赛事活动管理办法》第20条,主办方、承办方、协办方具体的安全义务是:主办方向参赛各方告知"熔断"机制启动条件、程序、处置措施、法律后果等内容;根据需要组建竞赛、安全、新闻、医疗、场地保障等专门委员会或工作机构。承办方应当"做好体育赛事活动各项保障工作,确保体育赛事活动的安全;召开赛事活动风险研判分析会议,制定风险防范及应急处置预案和安全工作方案等保障措施"。协办方应当"确保其提供的产品、设施或服务的质量和安全"。

2. 履行体育投保义务

《体育赛事活动管理办法》第22条规定"大型体育赛事活动组织者应当和参与者协商投保体育意外伤害保险"。高危险性体育赛事活动组织者应当投保体育意外伤害保险。

3. 承担主办方补偿责任

《体育赛事活动管理办法》第26条规定体育赛事活动因实施"熔断"机制导致变更或取消造成承办方、协办方、参与者、观众等相关方损失的,主办方应当按照协议依法予以补偿。

4. 加强观赛环境管理,维护赛场秩序

《体育赛事活动管理办法》第31条规定主办方和承办方应当引导现场观众文明观赛,防止打架斗殴、拥挤踩踏等事件发生,严禁携带危险品出入赛场,发现问题,应及时采取制止行为、终止赛事活动等处置措施。

(三)明确参赛者和观众的"安全权"

1. 安全参加体育赛事活动的权利

《体育法》第5条规定"对未成年人、妇女、老年人、残疾人等参加体育活动的权利给予特别保障"。《体育赛事活动管理办法》第28条第1款规定"自然人、法人和非法人组织依法参与体育赛事活动,享有获得基本安全保障、赛事服务等权利"。

2. 获得风险告知和安全提示的权利

《体育法》第9条规定参加体育活动,应当遵循依法合规、保障安全的原则,这是对"参赛者"和"观众"安全义务的原则性要求。《体育赛事活动管理办法》第32条规定"无民事行为能力人或限制民事行为能力人参加体育赛事活动的,主办方或承办方应当告知其监护人相关风险并由监护人签署承诺书"。

（四）建立健全赛事应急和救援制度

1. 赛事应急预案的监督和制定

（1）体育行政部门的职责。《体育法》第102条规定了县级以上人民政府体育行政部门对安全应急预案的监督权；县级以上人民政府公安、市场监管、应急管理等部门按照各自职责对体育赛事活动进行监督管理。《体育赛事活动管理办法》第37条规定"地方体育行政部门应当联合有关部门，建立健全体育赛事活动应急工作机制，加强风险研判和隐患排查，开展综合性应急演练，提高服务保障水平"。

（2）赛事活动组织者的责任。《体育法》第102条规定了体育赛事活动组织者制定应急处置预案的责任。《体育赛事活动管理办法》第14条规定高危险性体育赛事活动组织者向地方体育行政部门提出申请时需提交的材料包括：风险评估报告、风险防范及应急处置预案、安全工作方案、医疗保障及救援方案、赛事活动"熔断"机制等。

2. 应急救援

《体育法》第105条规定具有应急救援制度和措施是申请经营高危险性体育项目的条件之一。《体育赛事活动管理办法》第20条规定"场地空间、器材提供方或管理者应当尽到安全保障义务，遇有突发情况在力所能及的范围内协助承担应急救援等救助任务"，第22条规定应急救援是主办方和承办方举办体育赛事活动要落实的赛事保障工作之一。从以上规定中可以看出应急救援的实施主体为主办方、承办方、协助方。

（五）建立健全体育赛事活动监管问责机制

《体育赛事活动管理办法》第61条规定了体育行政部门应当建立健全体育赛事活动监管问责机制。《体育法》和《体育赛事活动管理办法》都明确了监管部门及其工作人员和赛事活动组织者的法律责任，厘清了责任单位和责任人员，明确了处分种类和运用规则。

1. 监管者的法律责任

（1）国家机关及其工作人员。《体育法》第109条、《体育赛事活动管理办法》第58条、第61条规定国家机关及其工作人员有违反体育道德和体育赛事规则，弄虚作假、营私舞弊等行为的，或对体育赛事活动监管不力，造成人身伤害、财产损失等安全事故的,承担责任的形式有:处分和刑事责任。

(2)体育协会。《体育赛事活动管理办法》第57条规定体育协会在开展体育赛事活动中有变相审批、违法违规收费等行为的,对负有直接责任的主管人员和其他责任人员"依法依规依纪"给予处分。

2. 体育赛事组织者承担法律责任的情形及法律责任

(1)体育赛事组织者承担法律责任的情形主要包括:《体育法》第113条规定的未经许可举办高危险性体育赛事活动的、未实施熔断机制和应急保障措施的情形;第116条规定的未经许可或者违法经营高危险性体育项目的情形;《体育赛事活动管理办法》第54条规定的造成人身财产伤害事故或重大不良社会影响的,其他侵犯其他自然人、法人或非法人组织合法权益的情形;第55条规定的未经许可举办高危险性体育赛事活动的,体育赛事活动因突发事件不具备办赛条件时未及时中止的,安全条件不符合要求的,有违反体育道德和体育赛事规则,弄虚作假、营私舞弊等行为的,未按要求采取风险防范及应急处置预案等保障措施的情形;第56条规定的涉嫌欺诈或造成重大安全责任事故的情形。

(2)体育赛事组织者及相关人员承担的法律责任的种类。对违反相关规定,造成人身伤害、财产损失等安全事故的体育赛事活动组织者,各级相关行业主管部门依法视情节轻重给予警告、罚款等行政处罚;各级单项体育协会依据相关行业管理办法给予其通报批评、取消赛事认证资格等行业处分;构成犯罪的,依法追究刑事责任。

修订后的《体育法》及《体育赛事活动管理办法》,在赛事风险治理上体现了以下创新:一是强化和细化体育行政部门及相关部门的"监督管理"职责,健全体育执法,监管体育市场,实施对体育组织的评估和信用惩戒等监管措施;二是增加各体育协会的组织责任,体育协会通过"制定相应项目技术规范、竞赛规则、团体标准,规范体育赛事活动"等职能加强对赛事活动的行业监管;三是建立体育赛事活动"熔断"机制;四是建立和完善举办高危险性体育赛事活动准入的行政许可制度;五是通过购买强制保险和自愿保险,提高赛事保障的条件,降低赛事风险;六是实行更为严格的追责问责机制,包括体育监管者及其工作人员不依法履行职责的处分责任,体育赛事活动组织者违反安全义务组织体育赛事活动的处罚责任,未经许可和违法经营高危险性体育项目的处罚责任,如罚款、没收违法所得、吊销许可证照、5年的从业限制。

三、重大体育赛事风险防范治理新模式的特点及评价

(一)新的重大体育赛事风险防范治理模式的特点

1. 新的风险防范治理模式的政策和法律依据具有多层次性和综合性

(1)新的风险防范治理规则由多层次的体育法律和政策构成。我国赛事风险管理,从中央层面看,有体育总局的规范性文件,还有《体育法》《体育赛事活动管理办法》;从地方层面看,有地方性法规、地方规范性文件,还有相关体育协会出台的体育赛事标准,上述内容共同构成了我国赛事风险管理政策和法律体系,反映出治理体系的多层次性,既有宏观层面原则性的制度规定,又有具体操作层面的规定。

(2)重大体育赛事的风险防范治理离不开与之相配套的法律、法规。体育赛事活动的监管不仅需要体育方面的法律,还涉及其他法律,赛事中的行政许可、行政强制、行政处罚需要根据《行政许可法》《行政强制法》《行政处罚法》的内容和程序来实施。体育赛事突发事件需要根据《突发事件应对法》进行应急处置和救援。体育安全事故的处理要以《安全生产法》为依据。赛事活动的市场购买行为需要依据《招标投标法》进行,有上千人参加的体育活动还要适用《大型群众性活动安全管理条例》(中华人民共和国国务院令第505号),反映出我国防范和处置重大体育赛事风险的法律、法规具有协同性。

2. 风险防范治理措施具有全面性和多样性

(1)体育风险治理的主体具有多元性。体育赛事的安全监管主体既有体育行政部门和市场监管、公安、应急管理等其他行政部门,又有如体育协会的社会组织。前者重在体育市场执法、监督检查、法律责任追究等赛事的事前、事中、事后的监管,后者重在赛事标准和赛事活动规范的行业监管,体现事前、事中监管。

(2)在治理内容上"人"和"事"兼治,既有对体育赛事组织者及相关人员、"参赛人员"和观众的风险管理,又有对赛事活动的事前、事中、事后的安全监管,既将"相关人员"纳入监管,又对"赛事"全过程进行监管。

(3)风险管控模式从"私法"自治到"公法"硬约束。《民法典》第1176条第1款规定:"自愿参加具有一定风险的文体活动,因其他参加者的行为受到

损害的,受害人不得请求其他参加者承担侵权责任;但是,其他参加者对损害的发生有故意或者重大过失的除外。"该规定所确立的体育自甘风险免责规则,对参赛选手和观赛公众采取风险自治管理,这是一种"私法"治理的手段。但是,为了降低体育风险,《体育赛事活动管理办法》第22条中规定"体育行政部门主办的体育赛事活动,应当主动购买公众责任保险。大型体育赛事活动组织者应当和参与者协商投保体育意外伤害保险。高危险性体育赛事活动组织者应当投保体育意外伤害保险"。该规定将购买体育保险明确为体育行政部门、体育赛事活动组织者的职责,这又反映了"公法"的治理模式。可见,风险治理模式从"私法"自治过渡到了"公法"硬约束。

(4)"硬法""软法"并用。既有行政法上行政许可、行政强制、行政处罚等"硬法"所体现的治理方式,又有赛事指引、安全规范、赛事主体评估、行政指导、标准制定、风险告知等"软法"的治理方式,反映出对"刚性"措施与"柔性"措施的综合运用。

(二)对新的重大体育赛事风险防范治理模式的评价

1. 新的风险防范治理模式将会极大地降低体育赛事风险的发生概率

由于监管主体监管职责的进一步明确,监管措施和手段更加完善,举办体育赛事的"准入门槛"大幅度提升,严格的法律问责机制可以有效地遏制体育风险的发生,重大体育赛事将更加安全,参赛人员的伤亡率会显著降低。

2. 新的风险防范治理模式会增加体育赛事的管理成本和影响高风险体育赛事市场的发展

(1)严格监管势必带来政府管理成本的提升。综合性的监督管理,使更多政府部门成为体育赛事的监管主体,工作职责范围被扩大。体育行政部门和行业组织监管措施增多,行政执法形式的多样化,行业专业性评估和赛事标准的管理,都增加了这些主体的工作量。

(2)体育赛事的高门槛制度可能抑制高风险体育市场的发展。体育赛事的高门槛制度固然能够有效地遏制和减少赛事事故的发生,但是严格的体育行政经营和行政审批、各种风险评估、更为严厉的法律问责,将会导致大批的体育市场主体,尤其是高风险体育赛事的举办主体退出市场。众多的体育赛事增加了运动员脱颖而出的机会,如果高风险体育赛事的数量减少,会间接影响高风险体育赛事选手的选拔与成长,甚至影响我国高风险体育赛事事业的发展。

四、我国重大体育赛事风险防控情况及特点

"白银事件"之后,我国重大体育赛事极为重视风险防控,在新的体育法律制度加持下,更是加强了对赛事风险的管理。北京冬奥会、杭州亚运会、成都大运会各自的风险防范措施及特点如下:

(一)我国重大体育赛事风险防控情况

1. 2022 年北京冬奥会风险防控机制

在国际奥委会风险标准的指引和我国对该赛事的风险评估下,主要注意到以下赛事风险,并采取了相应防控措施:

(1)新冠肺炎疫情风险防控措施。2022 年北京冬奥会在国内疫情最严峻的时期举办,如何阻断新冠肺炎疫情在奥运会期间传播是冬奥会举办的重中之重。面对严峻的疫情形势,北京冬奥组委颁布专门文件《北京 2022 年冬奥会和冬残奥会防疫手册》第二版,要求赛事参与各方严格按照该文件要求进行赛事安排,遵循一馆一策、闭环管理、分类管理、常态化防控、应急处置的基本原则,实行精细化管理,斩断世界各国运动员以及赛场工作人员、志愿者与城市群众之间的直接接触,有效避免疫情外溢的情况出现。在此基础上,将冬奥会的疫情防控与城市常态化疫情防控结合在一起节省防控成本,使用智慧科技手段严格把控参赛人员的行程,保证及早发现疫情并立即处置。同时,国家制定并完善了赛事疫情应急预案,做好了人、物、技术等全方位的应急准备,吸取东京夏季奥运会的举办经验,坚决防止防控手段形式化,避免出现 2020 年欧洲杯、2021 年温网、东京奥运会中疫情失控的情形,奠定了北京冬奥会成功举办的基础。

(2)政治风险防控措施。2021 年 12 月 6 日,美国政府宣称对北京冬奥会实行"外交抵制",这一操作使加拿大、英国等国家共同加入抵制行列。美国政府将奥运会政治化,使中国陷入政治风险中,企图干扰和破坏冬奥会的举办。面对西方国家的制裁与抵制,我国外交部提出美国违反《奥林匹克宪章》中"体育运动政治中立"的规定,呼吁美国停止使用政治手段违反奥林匹克体育精神,并积极投入冬奥会的准备工作,成功举办了冬奥会并获得国际民众的广泛支持,做好中国文化的国际宣传,用实力瓦解了美国的政治阴谋。

(3)经济风险防控措施。北京冬奥会的经济财政风险主要来源于疫情的影响。为举办北京冬奥会,我国新建部分场馆。在全球疫情背景下,北京冬

奥会需投入巨大财力进行疫情防控,同时,采取不对境外售票、全封闭式管理等举措更会影响奥运会的票务收入以及当地旅游业的发展。面对巨大的经济风险,北京冬奥会采取有效防控疫情的手段,尽量减少疫情防控支出;做好冬奥会宣传,保护好冬奥会知识产权,开发冬奥会周边产品回暖经济;奥运会结束后充分利用奥运场馆发展体育旅游、体育培训、健身行业等,实现可持续的后奥运经济发展。

(4)极端天气环境风险防控措施。冬奥会举办地——延庆和张家口,气候多变,昼夜温差较大,且冬奥会项目危险系数高,运动员受伤的情况非常常见。面对复杂的天气情况和比赛状况,北京冬奥组委制定了专项气象风险应急预案,对可能发生的各种极端天气提前作出应对措施,使用技术手段保障场馆赛道符合办赛标准并配置足够的医疗救援队伍,购买多方保险,全面保障冬奥会顺利举办。

(5)赛事交通安保风险防控措施。北京冬奥会包括北京、延庆、张家口三个赛区,在疫情以及冬季气候、路况恶劣的情况下如何合理安排奥运车辆的调动以及保障交通安全尤为重要。因此,北京、张家口、延庆地区交通部门与气象、应急等部门协同合作,确立《冬奥交通保障重大风险防控突发事件专项应急预案和现场处置方案》,通过天气精准检测、信息实时传递、道路及时清扫、驾驶员培训以及大量招募志愿者满足交通需求等工作全力保障冬奥会交通安全。此外,冬奥组委设置了专门的冬奥调度专席,一旦涉奥车辆发生交通事故,将迅速开展安全处置急救预案进行救援工作。

(6)赛事腐败风险防控措施。严格监督赛事承办单位,保证赛前各项方案严格落实是赛事安全的核心所在。冬奥会自筹办以来,纪检监察机关同步开展监督工作,将监督重点转移到场馆运行中来,联合北京市、河北省纪委监委组成18个监督组进行赛事管理监督,坚决响应习近平总书记提出的控制办奥成本、勤俭节约、杜绝腐败的倡议,秉持绿色、开放、廉洁的奥运理念,严格落实冬奥会监督机制,对每一个涉奥点的环境、设施、交通、疫情防控等进行多方位监督,严格履行监督管理职责。

(7)法律风险防控措施。规避赛事中的法律风险是赛事成功举办的保障。为预防冬奥会法律风险,北京冬奥组委内部法务团队、北京张家口两地律师志愿团队、外聘律师团队以及多个专家学者和包含政法保障体系在内的奥林匹克法律共同体共同组成冬奥会法律团队,负责赛事冲突风险、合同风险排查以及法律谈判、知识产权保护等，同时，北京市人民检察院印发《北京市检察机关服务保障北京2022年冬奥会和冬残奥会工作方案》，为冬奥会举办提供良好的法治环境。

2. 2022年杭州亚运会风险防控机制

2022年全球疫情形势严峻，国内疫情反复难以控制，为了国内民众以及参赛运动员的健康安全，亚奥理事会执委会决定将原定于2022年9月10日至25日举办的亚运会推迟至2023年9月23日至10月8日举办。面对即将到来的亚运会，杭州市各政府部门采取了多种措施应对赛事风险。

(1) 交通风险防控措施。《2022年杭州亚运会和亚残运会临安区交通运输领域群防群治工作实施方案》（临交〔2022〕18号）中明确规定了杭州亚运会的交通风险防控措施，通过成立交通领导小组，开赛前全面整治办赛区域交通安全生产违法行为，提升交通领域事故防范能力、应急处置能力，对办赛不同区域进行分类管理、重点监管，细化部门分工，落实各方安全责任。

(2) 设备风险防控措施。《第19届亚运会和第4届亚残运会龙湾区特种设备安全保障工作方案》（温龙市监〔2022〕20号）指出，通过建立特种设备安全保障小组，推进特种设备安全保障工作、制定应急预案、监督办赛场馆安全检查、做好安全培训工作。联合龙湾区市场监管局、龙湾区市场监管局永中市监所以及其他市监所、办赛场馆运行团队，落实各方责任义务，实行数字化闭环管理、安全隐患排查、深入执法、加强风险识别能力、落实核心区域主体责任、做好应急处置队伍建设，保障亚运场地设施安全。

(3) 环境气候风险防控措施。亚运会举办时间为杭州的9、10月份，极易发生台风、暴雨等突发天气，为应对可能出现的天气状况，杭州市亚组委特聘风险管理专家赵宇表示："需要气象部门围绕赛事需求，提供精细化的预报预警服务产品。"为应对天气风险，亚组委建立了多个自动气象站，实现亚运场地气候全方位检测，并提前对可能出现的极端天气作出应急预案。

同时，杭州市水利部门为保障亚运水安全，召开《杭州亚运会水安全保障方案》《极端天气条件下的突发事件水利应急预案》《杭州市水旱灾害防御应急预案》评审会，指出办赛区域负责人须进行安全隐患深度排查，强化对钱塘江及其他洪水的精准预警能力，对临河亚运场馆实行"一馆一策"，增强各项预案的针对性与可操作性。

(4) 安全医疗风险防控措施。《杭州市富阳区亚运会亚残运会医疗卫生保障总体工作方案》要求区医院急救指挥中心以及其他子医疗系统从赛事现场医疗救治、疾病预防、卫生监督、生物消杀、突发事件处置这五方面保障亚运会医疗健康,并且做好人员培训,保证赛场信息畅通,做好赛事服务以及监督管理工作,保证赛场医疗安全。

3. 成都大运会风险防控机制

考虑到全球疫情形势、国际旅行限制等因素,国际大学生体育联合会、中国大学生体育协会及成都大运会组委会为保护包括运动员在内的全体有关人员和承办城市人民的安全与健康,在商议后作出将原定于2022年6月26日至7月7日举办的大运会推迟至2023年举办的决定。面对赛事风险,成都市政府部门采取了如下措施:

(1)气象环境风险防控措施。为保障大运会的安全,中国气象局印发《第31届世界大学生夏季运动会气象保障服务工作方案》,要求成立成都大运会气象服务工作协调指导小组,四川省气象局、成都市气象局分别成立成都大运会气象保障服务工作领导小组,国家级业务科研单位和相关省市气象部门组成技术支持层,提升检测预报能力、安全保障管理能力、应急处置能力,为赛事提供精密、立体的预报服务,全力做好气象服务工作。

(2)安全生产风险防控措施。为应对大运会期间成都市出现突发安全事故,成都市应急管理局印发《成都大运会安全生产服务保障工作子方案》(成应急函〔2022〕40号),要求全市做好危险化学品、烟花爆竹、工贸、非煤矿山等方面的安全隐患排查工作,高度重视、强力排查隐患,加大督查力度,杜绝大运会期间发生安全事故,为大运会顺利举行保驾护航。

(3)突发意外事件风险防控措施。成都市消防救援支队为保障成都大运会顺利举行,与成都市应急管理局共同制定了《风险事件应急处置手册》,实现大运会区域"三网互通",对辖区进行多轮排查及时消除隐患,不断细化防控措施,建立健全火灾防控机制。

(4)交通安保风险防控措施。2022年4月24日,四川省交通运输厅召开成都第31届世界大学生夏季运动会交通运输保障专题工作会,研究讨论了《四川省交通运输厅服务保障成都第31届世界大学生夏季运动会工作总体方案》,要求成都市交通运输局、成都大运会执委会交通运输保障部之间做好协调配合工作,增加应急车辆数量,实现赛事车辆技术动态监管、信息实时传递,保证交通顺畅,避免出现比赛车辆交通安全风险。

(二)上述重大体育赛事风险防控的特点

1. 对赛事风险认知领域的扩展

近年来,类似白银马拉松越野赛事的高危险性群众性体育赛事数量如雨后春笋般增多。根据2021年前的媒体报道,我国已经有多名选手在各类马拉松赛事中伤亡,在数量增多的同时暴露出了国内众多赛事承办企业实际承办能力不足的问题,造成这一现象的主要原因是国内大众对体育赛事的风险认知偏低。而2021年的"白银事件"直接将大众越野跑项目推到舆论巅峰,体育赛事风险开始走进大众视野。从天气突发事件、赛事自身风险、安保、设备风险,衍生到赛事所涉及的政治、经济、法律、外交等风险,我国对体育赛事所面临的风险种类认知更加广泛、深入。

2. 赛事风险防范措施更加周密和完善

从2022年北京冬奥会以及延期至2023年举办的杭州亚运会、成都大运会来看,各赛事举办地的应急、消防、水利、气象等部门均开展紧密合作,高度重视赛事安全,举行多次会议并邀请专家共同开展赛前风险评估工作以及制定专项应急预案,体育赛前风险预案表现出种类丰富、计划周密的特点。

3. 对赛事持更加审慎和科学的态度

延期举办亚运会、大运会体现出将"安全"放在体育赛事首要位置的态度,表明我国开始科学、理性地申办和举办赛事,逐步实现体育办赛的规范化、高质量化、国际化,国内体育办赛水平和风险应对能力与国际接轨,我国体育赛事风险应对水平不断提高。

"白银事件"后,我国学者对于体育赛事风险的研究显著增多,国家也随之出台了一系列法律、法规、规章和规范性文件,严格规范了政府、体育行政部门及其相关职能部门的监管。未来,如何加强体育行业协会制度建设、如何做好各种专业体育风险评估和应急预案、如何规范体育市场的行政执法、如何实施体育市场的信用惩戒制度等,这些议题将会成为人们关注的研究热点。

体育纠纷解决篇

我国民事体育纠纷解决发展报告(2022)[*]

作为新旧《体育法》衔接过渡的年份,2022年对于整个中国体育法治实践而言,具有"承上启下"的作用。涉及体育纠纷的相关民事诉讼案件,不仅在数量上维持着较大规模,而且在具体的裁判说理上产生了新的发展。具体而言,从既有案例裁判文书的核心说理内容出发,法官已经开始注意案件所涉争议需要考虑体育运动所独有的运行组织范式和规则规范方式等方面的因素。实际表明,至少在法律适用方面,我国正逐步从过去表现为"体育与法"的形式体育法治,向能够展现实质体育法治的"体育法"进行升华,使体育法治的发展与建设得到更加有力的司法保障。

自1995年《体育法》颁布实施以来,我国体育法律制度体系的建设工作已经进行了将近30年。相较于社会其他领域,在体育领域选择以司法诉讼的方式解决纠纷仍旧会引起一些公众的疑惑。但是,随着近些年我国体育事业的长足发展和体育法治的巨大进步,公众选择用司法诉讼来解决体育纠纷的趋势愈加明显。这不仅是因为对社会体育法治意识的培养产生了良好的效果,更大程度上还在于体育运动在我国整个社会中的普及与深入。

根据国家国民体质监测中心于2022年公开发布的体育数据,我国7岁及以上居民每星期参加1次及以上体育锻炼的人数比例在2020年就达到了67.5%,其中城镇居民的比例为70.4%。同时,相关数据还显示,我国居民体育消费显著增加,其中,人们用货币购买各种和体育活动有关的体育服务资料的消费行为,以及人们用货币购买各种和体育活动有关的入场券、门票等

[*] 张于杰圣:汕头大学。

以观看、欣赏为目的的各种消费行为,在整个体育消费结构中的占比不断攀升。这些发展意味着相关领域的纠纷会随之增加,相关的民事诉讼数量也会随之攀升。

在"中国裁判文书网"的高级搜索项目中,以"体育""运动""体育活动""体育比赛"等相类似的词语为关键词进行搜索,2022年仅涉及体育或运动的相关一审审结、二审终审,以及经历了审判监督程序的民事诉讼案件就有数万件,主要集中于体育伤害、体育消费、体育知识产权、赛事举办、体育职业工作合同等领域。虽然涉及体育纠纷的民事诉讼案件的绝对数量无法直接说明体育法治的客观发达程度,但是,其在相当程度上也可以佐证当下体育运动治理的法治化水平已经有了显著提升。另外,尽管体育知识产权方面的体育纠纷是相关民事诉讼案件的重要组成部分,不过,鉴于这方面的综合述评将单独行文,本部分将不对其进行赘述。

一、社会体育伤害纠纷

尽管体育法治的"镁光灯"总是聚焦于职业体育法律制度的建设之上,但是,公众在日常参与体育活动时所遭遇的法律问题才是体育法治的基本组成,其中社会体育伤害类案件更具普遍性与惯常性。从相关法律责任的分配与承担角度出发,社会体育伤害纠纷可以进一步细分为"同场竞技类社会体育伤害纠纷"和"其他类社会体育伤害纠纷"。

"同场竞技类社会体育伤害纠纷"是指相关法律责任的分配与承担只涉及具体参与体育活动的法律主体的社会体育伤害纠纷。进一步而言,对于此类案件的"定分止争",法官的核心说理通常基于对"自甘风险"原则的适用与具体解读。不过,体育运动在当下社会的普及程度高,体育伤害纠纷成为一项日常性的体育纠纷,因此,相关的民事诉讼已经积累了大量具有参考意义和借鉴价值的社会体育伤害实践案例,从而形成了较为规整与完善的法律责任分配与承担模式,法官对"自甘风险"原则的适用也日趋成熟。在张林诉刘捷体育伤害纠纷案[(2022)甘01民终3168号]中,甘肃省兰州市中级人民法院就通过对"自甘风险"原则作出严格的字面解释,明确了在类似足球这样的身体接触性较强的体育运动中,出现正当危险后果是被允许的,参与者有可能成为危险后果的实际承担者,而正当危险的制造者不应为此付出代价。但是,法院也同时强调了"自甘风险"原则适用的合理范围,即体育活动参与者的"伤害"行为不能违反运动规则、不存在过失,特别是作出非直接伤害行为的其他参与者,应以对损害的发生有"重大过失"为限。在张秀花、赵尊明体育伤害纠纷案中,青海省高级人民法院进一步展示了"自甘风险"原则的适用和法律责任的分配与承担,例如在日常体育锻炼这类身体接触性不强,或者正常情况下不应当有身体接触的体育活动中,身体接触式的伤害行为一般不属于这类体育活动自身固有的风险,只要伤害行为与损害后果之间存在明显的因果关系,实施伤害行为的法律主体就应当为相应的损害结果承担法律责任。而"其他类社会体育伤害纠纷"在伤害行为发生方面与"同场竞技类社会体育伤害纠纷"大体一致,二者的主要区别在于,前者所涉及的法律责任分配与承担的主体不局限于具体参与体育活动的法律主体,还包括体育活动的组织者、体育设施的责任人或者其他类型的第三人。换言之,在"其他类社会体育伤害纠纷"民事诉讼案件的具体裁判过程中,必须考虑第三人相关法律责任的分配与承担,即此类民事诉讼案件的法官核心说理,不仅需要阐释"自甘风险"原则的具体适用,还需要对其他相关法律规范进行解读。在宿济千诉诺斯蒂文体发展(厦门)有限公司体育伤害纠纷案[(2022)闽02民终2623号]中,福建省厦门市中级人民法院根据"自甘风险"原则和其他相关侵权责任法律规范指出,尽管体育伤害结果是由受害人自身行为产生的,并且受害人自身存在一定过错,但是一旦伤害结果与第三人应当履行却没有履行必要的安全责任等法律义务存在必然联系,负有法律义务的第三人也需承担相应法律责任。反之,只要第三人能够证明其已经充分履行了应尽的法律义务,便可凭此免于承担法律责任。

随着我国社会经济发展水平的不断提升,公众对于参与高质量体育活动的需求也有所提升,更加注重体育服务的专业化与规范化。由此,从事提供体育运动服务工作的专业资质,日益成为影响体育伤害民事诉讼纠纷案件裁判的关键因素。在张国臣诉派美刻瑜伽工作室、北京仲量联行物业管理服务有限公司沈阳分公司体育伤害纠纷案[(2022)辽01民终9525号]中,尽管派美刻瑜伽工作室与北京仲量联行物业管理服务有限公司沈阳分公司已经充分证明,其完全履行了对于受害人应尽的包括安全保障和紧急救助在内的各类法律义务,但是,派美刻瑜伽工作室作为向受害人提供体育锻炼指导服务的提供商,其指派的教练未取得足够的专业资质与受害人的损害结果之间是否存在必然联系引发了争议,相应的法律责任分配也变得模糊。那么,商业性体育锻炼指导教练的职业资格与执业资质的获取与否,对于体育伤害纠纷法律责任的分配究竟有多大影响?严格来说,体育专业资质与相应体育伤害的发生存在因果关系,但这种因果关系是否足以令相应主体具备过错或过失,则是一个非常专业的体育问题。目前,我国在这方面仍处于立法空白的阶段,司法实践中往往通过专家证人进行证明。毕竟,体育运动无法对人们的生命健康进行绝对化的保障与维护,因为体育运动必然存在人体安全风险,客观上是对生命健康权的减损。并且,越是专业的体育运动,其人体安全风险就越是无法为普通人所知晓,需要由具备资格与资质的主体予以说明。是以,由他人指导展开的体育活动,其对应的风险是否应当由具有职业资格与执业资质的人在事前说明,便是一个专业性的体育问题,需要求助于专家证人。同时,这也反映出另外一个问题,即目前国内社会体育健身训练市场的相关制度,包括教练资格与资质的细化准则、具体训练的体育标准、应当遵守的基本行业安全规范等存在缺失。虽然这些规范并不一定要上升到国家法律层面,但相关的行业自治规范、规则和准则是必要和亟须的。

二、体育消费合同纠纷

不可否认,竞技体育的高度观赏性是吸引公众成为体育运动参与者的关键因素之一,但以体育健身锻炼为典型代表的日常性体育活动,才是公众常规的体育运动实践方式。随着健康中国战略与体育强国建设的不断推进,人们对体育活动的形式和内容有了更高的要求,更愿意增加在体育领域的消费以提升参与体育活动的质量水平。以体育健身培训需求为主要代表的体育消费,正成为促进体育产业快速发展的中坚力量,其中所产生的法律争议也随之增多。

在涉及体育消费争议的民事诉讼案件中,体育消费合同纠纷是最主要的纠纷类型之一。根据相关裁判文书内容是否涉及法官对体育特殊性的考量,体育消费合同纠纷大致可分为两类,即不涉及体育特殊性的消费合同纠纷和涉及体育特殊性的消费合同纠纷。不涉及体育特殊性的消费合同纠纷,并不涉及因体育运动所独有的特征而产生的纯粹体育利益保障问题,在这类体育消费合同纠纷的裁判过程中,法官对于相关争议的解决并不需要考虑体育的特殊性因素,具体的说理主要遵循能够普遍适用的债和合同的相关法律规范。

在孔祥力与北京雪梦都体育咨询有限公司及北京斯奇曼滑雪俱乐部有限公司体育运动培训合同纠纷案[(2021)京0108民初54743号]中,尽管相关纠纷产生的基础是培训室内滑雪的体育服务消费合同,但案件具体的法律争议不涉及体育运动的实际,而在于体育培训服务提供商的其他商业行为所引起的体育消费者相应权利和利益的减损。法院在该案中的裁判说理也不涉及关于体育特殊性的内容,而是基于对普通消费者权益的维护,通过对适用于各个社会领域的债法与合同法相应法律规则的解读与阐释,来确定该案纠纷所涉法律责任的分配与承担。同样,在王志钰与北京壹健阳光体育俱乐部有限公司体育健身服务合同纠纷案[(2022)京03民终3799号]中,争议焦点在于体育健身服务合同解除的责任认定。该案主要涉及健身服务合同的订立与生效时间及合同有效期,与具体体育活动的展开并无联系,不涉及对纯粹体育利益的保障问题。因此,法官对于该案的裁判是基于一般意义的合同违约责任认定,相应的说理内容不涉及体育特殊性因素。

相较之下,涉及体育特殊性的消费合同纠纷与体育运动的特殊性和独有规律存在密切联系。在相关民事诉讼的抗辩过程中,法官最终作出的裁判,不仅仰赖对能够在社会各领域普遍适用的现行债与合同法律规范的阐述说理,更需要对基于体育运动自身有效运行所必须遵循的独特准则而产生的特别因素予以充分考量。简言之,由于体育特殊性的客观存在,这类体育消费合同在合同履行、解除等方面具有与其他类似合同相区别的特征,且这些特殊性在相关纠纷解决中具有重要影响,是法官进行裁判说理时必须考量的影响因素。

由北京市第三中级人民法院二审的北京博康君业体育文化发展有限公司与高佳佳体育健身培训消费纠纷案[(2022)京03民终14365号],为此类涉及体育特殊性的消费合同纠纷解决提供了较好的裁判说理思路。该案中,作为原告的高佳佳向被告购买了体育健身培训服务,然而,在相关体育服务消费合同业已成立并生效之后,原告在医院就诊时发现自己的身体状况已然无法继续履行合同,遂希望解除合同并退还费用,而被告同意解除合同但不同意退还费用。法院最终认定,原告与北京博康君业体育文化发展有限公司签订的合同的确不适宜强制履行,但是原告的身体状况并不是其完全免除违约责任的正当理由。因此,涉诉合同应予解除,但由于原告单方解除行为应被认定为违约,须承担一定责任,故酌情退还金额。该案在相当程度上反映出我国司法机关对体育特殊性的认可,特别是确认了诸如体育健身培训合同这类体育服务消费的履行,的确与一般服务合同存在差别,当体育消费者基于自身身体健康原因而导致合同内容无法实现时,不能适用"强制履行"规则。换言之,在相当程度上,司法机关已经间接承认体育服务消费合同因体育特殊性而具备与其他类似服务合同相区别的独特性。这对于体育法治的发展具有不可忽视的积极意义。

另外,还需注意由此引发的一个新问题,即在体育消费中,由于哪些身体原因或者健康受损到何种程度,才可以正当地不被强制履行相关的体育健身培训合同?虽然一般的健康问题基于常识便可判断出不应适用强制履行,但并不是所有的身体健康问题都可以成为不强制履行合同的正当理由。因此,相关的专业标准和行业规范应当适时建立,以确保体育消费者和体育服务提供商等相关法律主体的合法权益受到保障。

三、体育(赛事)活动组织纠纷

自体育行政部门取消对举办或组织各类体育(赛事)活动(高危险性体育赛事活动除外)的行政审批以来,各种社会体育赛事如雨后春笋般涌现,其中既有商业性质的比赛,也有公益性质的活动。同时,由公众自发组织的各类体育活动也显著增多,不仅可以助力体育产业的发展繁荣,而且有利于健康中国与体育强国的加快实现。但是,社会体育(赛事)活动数量大幅度增加,使得相关纠纷也越来越多,纠纷主要涉及活动组织筹备、赛事安全保障等领域,以及对举办方或者组织者主体地位的认定问题。

在体育(赛事)活动组织筹备阶段所发生的争议大多涉及赛事举办费用与款项。在青岛赛运健身运动推广有限公司与青岛市体育总会等不当得利纠纷案[(2022)鲁02民终11634号]中,山东省青岛市中级人民法院采取的裁判思路对此类案件纠纷的化解具有一定借鉴意义。该案的争议焦点在于青岛赛运健身运动推广有限公司因举办相关体育赛事活动而向青岛市体育总会转账的90万元的所有权归属,即青岛市体育总会不向青岛赛运健身运动推广有限公司返还这笔款项是否构成不当得利。法院认为,此款项被用于审计,不构成不当得利,款项无须归还,不过案件所涉其他事实,因不属于该案审理范围,故不作评判。由此可以看到,由于我国体育(赛事)活动组织与举办方面的规范性法律法规的缺失,相关纠纷在具体司法实践中得不到妥善解决。因此，需要补足我国目前在体育（赛事）活动组织与举办方面的立法空白，尤其是需要制定更具操作指导性与执行性的体育行政立法和相关行业自治规范，从而构建出一套完整的法治范式。

在体育（赛事）活动组织纠纷中，最主要的纠纷类型是有关组织者赛事安全保障义务方面的纠纷。特别是自2021年甘肃白银山地马拉松事故发生以来，这类体育纠纷更受到了前所未有的关注与重视。随着相关案例的不断增多以及相应立法的日益完善，涉及这类体育纠纷的司法裁判也逐渐成熟。在黄福才与漳州市龙文区郭坑镇人民政府、漳州市马拉松协会和福建荣祥体育文化传媒有限公司有关安全保障义务责任纠纷案[(2022)闽06民终2059号]中，福建省漳州市中级人民法院就明确了体育赛事组织者安全保障义务责任的正当范围，即在合理限度范围内负有保护他人人身和财产安全的义务，不过若安全问题是由受害者自身身体原因所导致，体育赛事组织者的安全保障义务便主要体现在其是否进行了及时的医疗救治之上。

然而，相较于体育组织举办的正规体育赛事活动，体育界和学界较少关注公众自发组织的体育（赛事）活动中组织者的安全保障义务，这类体育（赛事）活动直接关涉公众身体健康安全。事实上，在处理这类民事诉讼案件时，对组织者安全保障义务的认定本身并非难题，真正的难题在于对相关法律主体组织者地位的确认问题。例如，在刘斌等与上海鑫辰鑫体育发展有限公司等群众性体育活动组织者安全责任纠纷案[(2022)沪02民终817号]中，相关法律主体应当承担的具体安全保障义务并不是案件的本质争点，相关主体是否构成体育活动的组织者才是该案需要解决的核心问题。因为只有将相关主体确定为体育活动的组织者，才能让其承担违反安全保障义务的法律责任。毕竟，一般引起社会注意的体育安全保障问题，往往出现在有专门体育机构或者专业体育组织参与举办的体育（赛事）活动之中。这类较为正式体育活动的组织者，其资格基本是明确的，并不需要进行额外认定。由于赛事（活动）对报名参与者有一定的资格条件要求，因而赛事（活动）的安全风险并不会对普遍意义上的公众体育安全造成实质威胁。但是，基于公众对其自行组织与自发进行的体育赛事或体育活动参与的日常性和广泛性，其中的体育安全风险便会真实地威胁到普遍意义上的公众体育安全。所以，对于这类群众性体育运动组织者资格与地位的认定，是相关安全保障义务与法律责任承担和履行的基本前提。

值得一提的是,鉴于体育运动在社会的广泛流行和深入渗透,公众日常参与的体育运动也变得更加专业,对其组织者资格和地位的认定也需要更为专业的标准。因此,既需要更多司法判例对组织者的资格与地位进行认定,以形成具有普遍性的指导案例,还需要体育总局对组织者设定较为统一的认定标准,以保证体育赛事或体育活动的安全保障得到更加具体的落实。

四、职业体育工作合同纠纷

自胡安·安东尼奥·萨马兰奇(Juan Antonio Samaranch)于1980年出任国际奥林匹克委员会主席,并在20世纪80年代彻底解决职业体育在奥运会中的合法问题以来,职业体育便占据了体育运动发展的主导地位,所产生的体育纠纷在众多体育法律问题中数量最多。其中,最具普遍性和代表性的是关于体育工作合同的纠纷。

基于我国国情,职业体育工作合同纠纷的首要问题在于其是否属于法院的管辖范围。对此,学术界和实务界存在两种截然不同的看法。不过,于2023年1月1日正式生效的新修订的《体育法》解决了这一问题。根据新修订的《体育法》对体育仲裁制度的相关规定,我国体育仲裁机构被确定为中国体育仲裁委员会,其仲裁范围不涵盖《劳动争议调解仲裁法》规定的劳动争议。同时,根据人力资源社会保障部、教育部、体育总局和中华全国总工会于2016年联合颁布的《关于加强和改进职业足球俱乐部劳动保障管理的意见》(人社部发〔2016〕69号),职业球员合同被定性为劳动合同。由此,我国职业体育工作合同应属劳动合同范畴,相关纠纷的解决不属于体育仲裁范畴,应当适用劳动仲裁制度,即职业体育合同纠纷在法院的受案范围之内,但必须先经劳动仲裁的前置程序。

但是,因《关于加强和改进职业足球俱乐部劳动保障管理的意见》在法律位阶上属于部门规范性文件,其相关规定不得减损公民、法人和其他组织权利或者增加其义务。其中对于球员合同性质的强制性规定,在事实上形成了对职业球员权益范围的实质影响。毕竟,若是将球员合同视为雇佣合同,那么在争议解决方式的选择上球员会拥有更宽泛的权利。故而,从这一角度出发,尽管职业体育工作合同纠纷的解决可以排除体育仲裁的适用,但在严格的实在法意义上仍存在讨论空间。

此外,2022年6月,新修订的《体育法》已经颁布却尚未生效,这一阶段所审结的相关民事诉讼案件对于这类纠纷解决方式的选择确认依然具有相当的借鉴价值。从既有判例观察,体育俱乐部教练的工作合同纠纷一般都会被法院受理。比如,在塞萨尔·门迪昂多(César Domingo Mendiondo López)与大连卓胜足球俱乐部有限公司体育工作合同案[(2022)辽02民终8887号]中,对其所涉及的俱乐部教练的工作合同纠纷,该案一审法院辽宁省大连市沙河口区人民法院与二审法院辽宁省大连市中级人民法院都将其认定为劳动争议,并依据劳动法律规范进行了说理裁判。无独有偶,臧英博与天津杨程足球运动俱乐部体育工作合同案[(2022)津01民终1757号]同样涉及体育俱乐部教练的工作合同纠纷,天津市第一中级人民法院同样按照劳动争议案件对其予以司法裁判。由此,不难推论出,体育俱乐部教练的职业体育工作合同纠纷分属劳动争议范畴,这在我国司法实践中得到了认可。

而针对职业运动员的工作合同纠纷,法院的态度仍没有达成一致。在祝一帆与南通支云足球俱乐部有限公司球员合同纠纷案[(2022)京民申764号]中,受理案件的法院明确认为其属于法院的受案范围,并表示中国足协内部的仲裁机构并非《体育法》意义上的体育仲裁机构。而在王亮与大连人职业足球俱乐部有限公司球员合同纠纷案[(2022)辽02民终11001号]中,辽宁省大连市中级人民法院则认为中国足协仲裁委员会是《体育法》意义上的体育仲裁机构,对于球员合同的纠纷应当具有专属管辖权,故而排除了法院管辖。但是,即便是依据1995年《体育法》,也难以得出中国足协仲裁委员会是适格的体育仲裁机构。首先,1995年《体育法》没有确定具体的体育仲裁机构,相关仲裁规则也一直未出台。因此,中国足协仲裁委员会没有获得法律授权,不是法定的体育仲裁机构。其次,中国足协仲裁委员会在人员、资金、组织等方面完全受制于中国足协,缺乏仲裁基本的独立性和中立性,不具备适格仲裁机构的特征。这一点在学界已经形成共识,也得到了国内司法机关的支持。最后,根据新修订的《体育法》的相关规定,体育组织内部的"体育仲裁"应当属于内部纠纷解决机制的范畴,而非法律意义上的体育仲裁机构。因此,在新修订的《体育法》正式实施以后,此类体育纠纷无论是适用体育仲裁,还是归于劳动仲裁,都不再专属于体育组织内部的"体育仲裁"管辖。值得注意的是,现有对此类体育纠纷的民事司法裁判,不会因为新修订的《体育法》的实施而变得不再重要,相反,此类纠纷的案例依然具有相当的"借鉴意义"和"法治价值",其对相关体育纠纷的良善解决、新修订的《体育法》的贯彻执行与适用,以及整个体育法治的发展进步都具有不可替代的重要作用。

全国性单项体育协会内部纠纷解决机制发展报告(2022)*

全国性单项体育协会(以下简称"单项协会")内部纠纷解决机制是我国体育法治体系的重要组成部分,通过对该机制背景和特点的研究,可以初步了解其产生原因和独特优势,并为此后推进内部纠纷解决机制的健全完善提供参考。近年来,我国对单项协会内部纠纷解决机制的探索已有了初步成效。在各单项协会中,中国足协的内部纠纷解决机制建设时间较早,相对成熟,因此,通过对中国足协内部纠纷解决机制2022年的受案情况分析,可以对内部纠纷解决机制产生更为直观的了解。而新体育仲裁制度的构建过程与机制内容,也对单项协会内部纠纷解决机制的发展产生了重要影响。

一、单项协会内部纠纷解决机制的形成原因

单项协会是为发展和管理单项运动而成立的专业社团组织。运动竞技具有特殊性,容易产生行业内部纠纷。解决这些行业内部纠纷,既需要运用法律思维和模式,又需要运用体育的专业性判断,因此,单项协会逐渐形成了一套具有自主特色的内部纠纷解决机制。

(一)体育纠纷类型的特殊性

体育纠纷属于社会纠纷的一种,一般包括因体育协会内部管理而引发的管理类体育纠纷、平等主体之间的商事类体育纠纷,以及在体育活动中发生的因不正当竞争行为引发的竞争类体育纠纷。体育纠纷的当事人常常是运动员或教练员等体育活动参与者,他们对运动规则、竞赛结果等具有非常高

---

* 刘万勇:北京市中通策成律师事务所。

的关注度。这些纠纷不仅影响当事人的切身利益,也影响单项协会的形象和体育运动的发展。因此,单项协会需要制定一套专门的纠纷解决机制,以适应这些特殊化类型的纠纷。

事实上,竞技性体育活动的基本要素决定了其体育纠纷具有特殊性。任何竞技性的体育活动都存在组织方和参赛方,而且组织方和参赛方都必须在统一的组织规则和竞技规则下开展竞技活动。大到奥运会、世界杯,小到学校的运动会、社区足球赛无一不存在组织方、参赛方以及规则这三个基本要素。这三个要素是其他社会纠纷类型所不具备的,因此体育纠纷与其他社会纠纷类型有所区别。如今,棋牌类、电子竞技类活动均被纳入体育项目之中,且在全世界范围内得到普遍认可,究其原因在于棋牌类、电子竞技类活动同样包含了上述三个要素,与体育竞技活动具有一致性。

事实上,社会各主体之间只要发生了某种关系就存在产生纠纷的可能性。如在竞技体育活动中,组织方与参与方是管理与被管理的关系,双方就可能引发管理类体育纠纷;参与方之间是平等竞争的关系,就可能因不正当竞争行为引发竞争类体育纠纷。商事类体育纠纷与其他平等主体之间的社会纠纷相比其实不具有明显的特殊性,因此国外的学者一般将体育纠纷分为"内部体育纠纷"与"外部体育纠纷"。外部体育纠纷的当事人有权通过司法途径维护其合法权益,包括合同纠纷、不正当竞争纠纷、转播权纠纷等。而内部体育纠纷是指那些在体育组织或机构,它们各自的成员、参与者、官员和管理者之间产生的纠纷,主要包括运动员的参赛资格纠纷、兴奋剂纠纷、对判罚结果的争议纠纷、对规则的解释纠纷等。内部体育纠纷与外部体育纠纷最大的差别在于该纠纷能否通过传统的司法途径予以解决。因此,事实上只有内部体育纠纷需要通过特殊的纠纷解决机制进行处理。

(二)内部体育纠纷的特点

单项协会内部的纠纷也有其特殊性。首先,单项协会内部的纠纷常常涉及运动规则、赛事安排、裁判判罚等敏感问题,这些问题的处理需要一定的专业知识和技能。其次,单项协会内部的纠纷往往涉及不同层次、不同领域的人员,例如运动员、教练员、裁判员、管理人员等,这些人员的利益和观点可能存在冲突。再次,单项协会内部的纠纷往往需要快速、有效的解决,以保证赛事的正常开展。最后,体育行业具有国际化特点,突出表现为项目规则国际化、人员国际化以及管理体系、纠纷解决机制国际化。具体而言,内部体育纠纷的特点表现如下：

1. 规则的专属性

体育运动的规则与法律在本质上是相同的，均属于一种行为规范，规定了所适用主体的权利和义务。但法律的适用范围显然更大，在某一地域的范围内具有普遍约束力。而某项体育运动规则的适用范围只限于参与这项体育运动的各方主体，这一适用范围相比于法律的适用范围是相当狭小的，因此很难要求社会的普通民众对某一体育运动规则有深层次的了解。例如，足球运动中的手球判定规则、乒乓球发球遮挡的判定规则等就时常在国际大赛中产生争议，若非具备相当的体育专业知识和对规则的深入理解，很难对这些争议行为进行判罚。规则的专属性实际上决定了裁判者是否具备裁决相应争议的能力，事实上一般的法官因不具备相应的专业知识和实践经验而缺乏此种裁决能力。

2. 主体的特定性

内部体育纠纷的主体从大方面来说有组织方和参赛方，这两方所包含的主体基本上是特定的，如组织方中一般包括管理机构、裁判组织等主体，参赛方一般包括运动员、教练员、球队或俱乐部等主体。前述特定主体之间产生的纠纷相对于一般社会纠纷来说具有主体特定和纠纷类型相对固定的特点。这要求裁判者对各主体间的法律关系以及主体各自的权利义务有着深入的了解。

3. 时效性

一方面，职业运动员的运动生涯相较于普通工作者而言非常短暂，在短暂的运动生涯中参赛并取得好成绩是一个职业运动员的核心目标和价值体现，如果因为注册、转会等问题发生争议极大可能会影响运动员的参赛、训练，甚至影响其身价及后续的收入。因此运动员在时间上等不起，难以通过传统且漫长的司法途径实现其诉求；另一方面，任何赛事都是有周期的，长则一年短则一两日，因此在比赛中发生的争议需要得到及时解决，否则可能会影响运动员的参赛和比赛的顺利进行。因此，体育纠纷的解决对时效性有较高的要求，这与诉讼周期较长的司法救济机制是相背离的。

4. 国际化

随着交通和互联网的不断发展，国际间的交流几乎已经没有距离，这种国际化特征在体育竞技中表现得更加明显。究其根本，是因为有两股基本的动力在其中发挥着作用。一方面是个人层面的动力。竞技体育的核心在于其竞技性,观众喜欢看高水平的竞技比赛,运动员则需要通过努力训练击败对手从而获得物质需求和精神需求的满足,而现有的最大舞台就是国际比赛。另一方面是国家层面的动力。体育运动是展现一个国家精神面貌的直接途径,也是展示一个国家实力和民族自豪感的舞台。相应地,如何适用国际规则、如何与国际性体育组织接轨、如何与国际体育争端解决机构接轨,以及如何确定司法主权的边界都具有鲜明的国际化特色。而各国单项协会与国际单项协会之间存在管理关系,更加了解国际规则和惯例,更能有效对接国际单项协会的制度,并处理相关纠纷。

综上,从上述体育纠纷的类型和体育纠纷的特点来看,单项协会的内部纠纷解决机制在专业性、时效性、国际化对接以及对于体育项目的理解方面相较于传统司法解决机制来说更能满足争端解决的实际需求。

二、单项协会内部纠纷解决机制的现状

(一)仅有部分单项协会设有内部纠纷解决机构

目前,全国有56家单项协会,但仅有12家单项协会设立了内部纠纷解决机构,设立比例相对较低。一方面,是由于许多单项协会的经费来自政府拨款,运动员和工作人员的工资由政府负担,其内部纠纷往往通过沟通等方式自行消化,没有专门设立内部纠纷解决机构的需求;另一方面,是由于资金和专门人才的缺乏,许多单项协会没有能力建立内部纠纷解决机构。此外,目前通过公开途径可以检索到的具有运行规则的单项协会内部纠纷解决机构仅有中国足协和中国篮协,而且中国足协和中国篮协受理的案件数量是各单项协会中数量最多的。

(二)单项协会内部纠纷解决的管辖依据

单项协会内部纠纷解决的管辖依据,一般来说是协会章程、内部规定或相关法律法规等。协会章程是单项协会的基本管理文件,规定了单项协会的组织形式、管理结构、会员权利和义务等内容,同时也规定了单项协会内部纠纷解决机构的设置、职责等。内部规定则是对协会章程的细化和补充,也是单项协会内部纠纷解决的一个重要依据。此外,还有相关的法律法规和行业标准等,这些都可以为单项协会内部纠纷解决提供法律依据和规范。

1. 中国足协

中国足协内部纠纷解决的管辖依据规定在中国足协的章程中,其内部纠纷解决的常设机构为中国足协仲裁委员会。依照最新版的《中国足球协会章程》,其内部纠纷管辖的依据如下:第11条"会员入会……(二)申请成为本会会员,应当提交以下材料:1.申请书。申请书须对以下事项作出承诺:……(2)接受本会仲裁委员会和位于瑞士洛桑的国际体育仲裁法庭的管辖……",第14条"会员义务……(三)承认并接受本会仲裁委员会和国际足联争议解决机构对行业内纠纷的管辖权,并在其章程中载明",第54条"(一)除本章程和国际足联另有规定外,本会及本会管辖范围内的足球组织和足球从业人员不得将争议诉诸法院。有关争议应提交本会或国际足联的有关机构解决。(二)争议各方或争议事项属于本会管辖范围内的为国内争议,本会有管辖权。其他争议为国际争议,国际足联有管辖权"。

从上述规定可以看出,足协仲裁委员会的管辖权依据来源于协会章程及协会会员的约定和承诺,而且其所受理的案件必须具有足球行业因素,属于行业内纠纷。如会员协会、足球俱乐部、足球运动员、教练员、经纪人相互间就注册、转会、参赛资格、工作合同、经纪人合同等事项发生的属于行业管理范畴的争议。

2. 中国篮协

同样,中国篮协内部纠纷解决的管辖依据也规定在中国篮协的章程中,其内部纠纷解决的常设机构为纠纷解决委员会(2018年成立时的名称为:仲裁委员会)。依照最新版的《中国篮球协会章程》,其内部纠纷解决管辖的依据可见第59条"……本会设立纠纷解决委员会,负责处理具有管辖权的纠纷,其负责人不能同时为本会会员、执委和秘书处人员,由主席提名,执委会任免",第65条"本会建立民主协商和纠纷解决机制,依法依规妥善解决纠纷。本会具有管辖权的纠纷解决适用本会纠纷解决委员会规则。属于《中华人民共和国体育法》规定的体育仲裁管辖范围的纠纷,应当首先提交本会纠纷解决委员会处理,当事人对本会纠纷解决委员会未及时处理的纠纷或者对作出处理结果不服的,可以依法申请体育仲裁"。

尽管中国篮协的内部纠纷管辖依据同样来自其章程,但相比于中国足协更具强制化色彩,缺少会员自愿接受其约束的条款。而且对于何谓"具有管辖权的纠纷"没有相应的解释和说明,甚至未将该纠纷的范围限缩在行业内。

综上,从中国足协和中国篮协对内部纠纷解决机制的具体实践来看,内部纠纷解决的管辖依据来源于协会章程及协会会员的义务和承诺,如果协会会员不接受内部纠纷解决的条款则可能被取消会员资格,以致无法继续参加单项协会举办的各项赛事。所以,内部纠纷解决机制属于单项协会的内部治理,其效力范围仅限于单项协会内部会员。例如,2019年9月20日保定英利易通足球俱乐部未按照中国足协仲裁委员会作出的调解书([2018]足仲调字第218号)的内容向天津泰达足球俱乐部支付相关款项,因而受到扣除2019赛季中国足协乙级联赛积分6分,以及如其在决定公布之日起30日内仍未履行上述调解书,将取消其2020赛季职业联赛准入资格的处罚。

三、单项协会内部纠纷解决年度情况综述

以中国足协和中国篮协为例,其内部纠纷解决的过程和裁决结果并不对外公开。《中国足球协会仲裁委员会工作规则》第11条和《中国篮球协会纠纷解决委员会工作规则》第29条均规定:除仲裁/案件参与人外,其他人不得参加。《中国篮球协会纠纷解决委员会工作规则》第31条规定:"合议庭审理的案件,双方当事人及其代理人、证人、合议庭委员、合议庭咨询的专家和指定的鉴定人、纠纷解决委员会的有关人员,均应当承担保密义务,不得对外界透露案件实体和程序进行的情况以及裁决书、调解书等文书内容。"由于资料获取的困难,研究者很难直接将相关案件作为案例进行研究。在此,仅以中国足协仲裁委员会2022年度案件受理的情况为例,进行基本的数据整理和分析。

(一)受理案件的类型

2022年度中国足协仲裁委员会受理案件208件,仲裁请求中包含支付薪资请求96件、身份争议77件、其他请求58件,受理联合机制补偿案件6件、拖欠经纪费案件3件、拖欠转会费案件4件、申请撤销中国足协纪律委员会作出的处罚案件1件。

2022年度中国足协仲裁委员会受理的案件类别集中在球员向俱乐部讨要薪资及球员与俱乐部的劳动关系上,在身份争议及其他类型的案件中也有相当一部分包含了支付薪资请求。这一方面说明,在现阶段,球员与俱乐部之间的矛盾是单项协会内部纠纷的主要矛盾;另一方面,也深刻反映了当下中国足球行业混乱的现状。对于中国足协纪律委员会作出的处罚决定,各俱

乐部和球员普遍持接受态度。从案件受理情况看,仅有 1 件是因为对中国足协纪律委员会的处罚不服而向中国足协仲裁委员会提出的申诉。

(二)提起仲裁的主体

在上述受理的 208 件案件中,申请人为自然人、被申请人为俱乐部的有 165 件;申请人为俱乐部、被申请人为自然人的有 4 件;申请人为俱乐部、被申请人为俱乐部的有 17 件;申请人为地方足协、被申请人为俱乐部的有 1 件;地方足协作为被申请人的有 20 件;中国足协作为被申请人的有 1 件。

上述数据表明,以球员为主的自然人针对俱乐部提起的仲裁高达 165 件,占全部案件数量的 79.33%。一方面,球员作为申请人对俱乐部提起仲裁是最常见的仲裁情形,符合以往的受理经验;但另一方面,如此庞大的案件数量,反映出大批球员可能正在面临权利被侵害的风险,这也与当下中国足球的整体环境相关。在内部纠纷解决机制中,协会会员针对行业协会提起的仲裁,其仲裁委员会兼具规则"运动员"与"裁判员"的特点,容易出现因权力滥用、权力操控等导致的裁决不公的情况。但中国体育仲裁委员会成立后,内部纠纷解决机制的裁决将不再具有终局意义,相关权利人可以突破单项协会的内部圈层,通过国家层面的体育仲裁机构维护自身的权利。

从 2022 年度总体来看,中国足协虽然处理了大量的行业纠纷,但是其为了联赛稳定在案件处理及时性以及执行效果上多有负面报道,给行业内部纠纷解决机制的权威性造成了负面影响。而在中国篮球领域关于新疆男篮与周琦案件的报道中,各方均有较大意见,也突出显示了行业协会处理案件时在规范适用与解决手段方面的不足。

四、单项协会内部纠纷解决机制的发展前景

2022 年 12 月,体育总局发布《中国体育仲裁委员会组织规则》和《体育仲裁规则》,初步构建了较为完整的体育仲裁法律规范体系,为体育领域的纠纷解决提供了法律依据和制度保障。体育仲裁制度的建立将会对我国单项协会的内部纠纷解决机制产生影响。

新修订的《体育法》第 95 条和第 96 条的规定与单项协会内部的纠纷解决机制相关。第 95 条规定"鼓励体育组织建立内部纠纷解决机制,公平、公正、高效地解决纠纷。体育组织没有内部纠纷解决机制或者内部纠纷解决机制未及时处理纠纷的,当事人可以申请体育仲裁",第 96 条规定"对体育社会组织、运动员管理单位、体育赛事活动组织者的处理决定或者内部纠纷解决机制处理结果不服的,当事人自收到处理决定或者纠纷处理结果之日起二十一日内申请体育仲裁"。

前述规定将对单项协会内部的纠纷解决机制产生如下影响:第一,相关权利人(如运动员)的基本权利是否可以通过体育仲裁制度得到保障、司法意义上的体育仲裁制度能否有效运转尚需时日验证,但尚未建立内部纠纷解决机制的单项协会短时间内将更加缺乏建立相应机制的动力;第二,原被诟病的不公开、不透明、易受单项协会控制的内部纠纷解决机制,随着体育仲裁委员会的成立,将具有上诉的明确渠道。在体育仲裁制度的制约下,内部纠纷解决机制将弥补其原有的部分短板,发挥出应有的优势。

从内部看,随着中国体育事业的快速发展,单项协会的数量不断增加,各类纠纷问题逐步显现。这些问题能否得到妥善解决,将会对单项协会的发展产生重要影响,因此,健全单项协会内部纠纷解决机制尤为重要。通过建立更独立、专业的仲裁委员会和探索新技术的应用,对进一步改进单项协会内部纠纷解决机制具有显著的积极意义。

我国体育知识产权保护发展报告(2022)＊

体育知识产权主要包含体育著作权、体育标识性权益、体育专利权、体育商业秘密等其他无形财产权益。近年来,体育知识产权保护的相关规定日趋完善,新修订的《体育法》将"体育赛事转播权"纳入其中,明确了赛事转播权等权益的主体归属,也完善了对应的罚则条款。但体育知识产权相关的专项规定仍存在效力层级低、普适性不强、过于抽象等问题。从司法实践层面看,2022年度,体育知识产权纠纷的数量显著增加,较2021年度增加了75件。

近年来,体育知识产权纠纷呈多样化,除传统版权纠纷外,还涌现出赛事独家授权商涉垄断纠纷、"陪伴式"赛事直播盗播纠纷、赛事冠名权与商标权冲突纠纷等多种类型,立法者在恪守产业发展和利益平衡准则的同时,也通过增加诉前禁令等方式尽可能为体育知识产权提供周全的保护。此外,针对赛事节目作品性质认定等体育知识产权保护中的争议问题、难点问题,立法和司法实践也在不断转变和更新观念,促进体育知识产权保护升级。

一、体育知识产权类型化概述

目前国内的立法体系中并未出现单独的"体育知识产权"概念,但一般认为,体育知识产权是指体育赛事组织者、运动员、体育用品制造商,赞助商和合作伙伴以及转播机构依法享有的体育智力劳动成果和经营标志、信誉的权利。其中,体育赛事知识产权为核心内容,其余如运动员、体育俱乐部、体育用品、体育场馆、体育培训等相关知识产权皆深度建立在赛事价值

＊ 戎朝:上海邦信阳律师事务所。

的基础之上。

(一) 体育著作权

体育著作权的客体是体育领域中与文学、科学、艺术领域相关的具有独创性的作品,常见的如体育赛事节目、体育赛事摄影作品、体育赛事及活动美术吉祥物、体育场馆造型、体育品牌广告、海报、文案、体育服装设计等。

由赛事节目盗播引发的著作权纠纷乃目前体育产业著作权纠纷中最主要的类型,北京市海淀区人民法院司法统计的数据显示,2017 年至 2019 年,北京市海淀区人民法院受理涉体育赛事著作权纠纷案件共计 1877 件,占体育赛事知识产权案件总数的 98.7%。随着知识产权保护力度的不断提升,以及新《著作权法》将法定赔偿额度由 50 万元提高至 500 万元,体育赛事的维权标的额也逐步提高。2022 年中篮联(北京)体育有限公司针对哔哩哔哩网站盗播 CBA 联赛侵权提起诉讼[(2022)京民辖终 71 号],主张的侵权赔偿金额超过 4 亿元人民币,是体育赛事纠纷索赔金额最高的案件,在业内引起了较大关注。

(二) 体育标识性权益

体育标识性权益(也称为"体育标志性权益"),是体育产业无形资产的重要组成部分,基于标识天然的来源区分作用,其成为体育产业发挥商业价值的重要环节。通常来说,体育赛事名称、赛事简称、赛事口号、主题标语、旗帜、吉祥物、赛事组织者名称、运动员的名称、外号、体育用品品牌、体育培训服务品牌等都可以作为标识性权益的客体。其中,基于标识本身不同的性质,除申请注册为商标权保护外,有的标识还可以作为美术作品进行版权登记。

体育标识的商业价值不容小觑,尤其是赛事标识,乃提高体育产业价值的重要依托。例如,赛事商业赞助主要依靠赛事标识及背后的品牌价值,且费用极为高昂。2020 赛季,中超联赛的总赞助金额超 3 亿元,覆盖 13 个行业。国际方面,据美联社报道,2022 年卡塔尔世界杯办赛期间,仅世界杯相关的商业赞助协议带来的收入就已达 75 亿美元,创历史新高。

(三) 体育专利权

体育专利是体育产业创新水平的重要体现,也是衡量体育领域科学技术成果的关键因素,其客体常见于体育场馆设施及设计,体育设备、用品及器材,体育服装等领域中的创新成果,以及赛事服装、衍生手办、贴标、图形,用户界面中的外观设计等。

根据中国文教体育用品协会近日发布的数据统计,2022年12月,国家专利局共公告了约110件的体育用品发明专利,其中大部分为各类体育运动中的智能化、便携式使用装置,例如可调节的篮球架、可自动收缩的羽毛球网装置、可折叠高尔夫球车、可自动调节弹力的蹦床等,展现出互联网时代下人工智能飞速发展的时代特征。

(四)体育商业秘密、数据等其他知识产权及无形资产权益

1. 体育商业秘密

体育商业秘密蕴含巨大的商业价值,其往往与体育赛事的结果、运动员及俱乐部的发展、体育品牌的长线运营密不可分,也是近年来体育产业运营者比较关注的资产。常见的体育商业秘密包含体育赛事策划信息、体育场地信息、运动员信息、体育比赛技战术、运动训练方法、治疗康复方法、饮食配方等。虽然目前尚无具体的专门法对商业秘密进行规范,但《反不正当竞争法》《劳动法》《刑法》以及《民法典》合同编均涉及对商业秘密的保护,可以借此寻找合适的保护路径。例如,在卓路文化发展(北京)有限公司诉北京新赛点体育投资股份有限公司的一起侵犯商业秘密纠纷案件[(2020)京民申4840号]中,法院经审理认为,原告主张离职员工带走的与高尔夫球场的合作信息、球场系统数据信息、高尔夫球场与银行的合作信息符合秘密性、价值性、保密性等基本条件,应当认定为商业秘密,最终以违反《反不正当竞争法》为由判决被告赔偿799万元。

2. 体育数据权益

随着大数据的发展,数据权益成为近年的热门话题,体育产业较为发达的一些欧美国家对体育数据的开发已经相对成熟,但我国体育产业的数据保护和商业开发尚在起步阶段。我国2021年新颁布的《个人信息保护法》(中华人民共和国主席令第91号)开启了数据信息保护的新征程。2022年,新修订的《体育法》第52条规定"未经体育赛事活动组织者等相关权利人许可,不得以营利为目的采集或者传播体育赛事活动现场图片、音视频等信息",其中"等信息"一语,实际为体育赛事数据保护留下了解释的空间,隐含了赛事数据应当归属于赛事组织者这一层含义。

体育数据可能来源于选手报名登记、场地设备采集、实时数据跟踪、媒体

采访收集等。围绕体育数据,尤其是体育赛事数据产生的商业开发,已经成为目前体育产业一种对无形财产的新兴利用方式,但数据采集方需确保采集或使用过程行为的正当性,避免违反《反不正当竞争法》《个人信息保护法》《数据安全法》等相关法律法规的规定,或触碰专门为赛事制定的专项合同及准则的红线。同时,基于体育赛事本身的国际化属性,其大概率会涉及赛事数据的出境,此时数据处理者需严格评估出境数据的安全性,确保遵守《数据出境安全评估办法》(国家互联网信息办公室令第11号)等相关法律法规的规定。

二、体育知识产权保护立法动向

近年来,体育相关专项立法日趋完善。2022年6月新修订的《体育法》中新增的第52条宣示着体育赛事转播权明文入法,将赛事知识产权的保护水平推向了更高台阶。2022年12月新修订的《体育赛事活动管理办法》第25条也明确规定了赛事转播权受法律保护,未经体育赛事活动组织者等相关权利人许可,任何组织和个人不得以营利为目的传播音视频等信息。

回顾我国现有的体育法律法规体系可以发现,对体育赛事知识产权的保护除了适用《著作权法》《商标法》等专门知识产权立法规定,还可以适用体育法律法规中的无形财产权益保护条款和体育知识产权专项规定。

(一)体育专门立法中的知识产权条款

《体育法》作为目前体育产业唯一的基本法,其中的知识产权条款主要体现在体育科学研究创新成果保护条款、体育知识产权保护条款,以及对应法律责任保护条款中,但其实际经历了一个日渐完善的重要过程(如表1)。

表1 《体育法》历次修订版本中的知识产权条款

1995年《体育法》	2016年《体育法》	2022年《体育法》
第7条:国家发展体育教育和体育科学研究,推广先进、实用的体育科学技术成果,依靠科学技术发展体育事业。	第7条:国家发展体育教育和体育科学研究,推广先进、实用的体育科学技术成果,依靠科学技术发展体育事业。	第12条:国家支持体育科学研究和技术创新,培养体育科技人才,推广应用体育科学技术成果,提高体育科学技术水平。

(续表)

1995年《体育法》	2016年《体育法》	2022年《体育法》
第35条：在中国境内举办的重大体育竞赛，其名称、徽记、旗帜及吉祥物等标志按照国家有关规定予以保护。	第34条：中国境内举办的重大体育竞赛，其名称、徽记、旗帜及吉祥物等标志按照国家有关规定予以保护。	第52条：在中国境内举办的体育赛事，其名称、徽记、旗帜及吉祥物等标志按照国家有关规定予以保护。未经体育赛事活动组织者等相关权利人许可，不得以营利为目的采集或者传播体育赛事活动现场图片、音视频等信息。
		第119条：违反本法规定，造成财产损失或者其他损害的，依法承担民事责任；构成违反治安管理行为的，由公安机关依法给予治安管理处罚；构成犯罪的，依法追究刑事责任。

由上可见，1995年《体育法》仅在第7条宣示性地提出体育科学研究、体育科学技术成果的概念，并在第35条处设置了对赛事名称、徽记、旗帜、吉祥物等赛事标识的保护，且并未设置违反上述规定对应的罚则。这一点在2016年《体育法》首次修订时也并未改变。

然而，自2018年以来，体育知识产权纠纷数量激增，其中体育赛事知识产权纠纷占据主要比例，《体育法》对体育知识产权保护的不足逐渐显现。威科先行数据库显示，仅2020年一年所有体育赛事知识产权纠纷的数量共956件，达到2001年至2018年所有体育赛事知识产权纠纷案件数量总和的2倍，业内对提高体育知识产权立法保护水平的呼声愈发强烈。司法层面，2020年9月，新浪诉凤凰网中超赛事转播案再审改判，法院认定中超赛事直播节目构成著作权法上的作品，基本扫清了体育赛事节目版权保护上的障碍。立法层面，同年，《体育赛事活动管理办法》和最高人民法院《关于加强著作权和与著作权有关的权利保护的意见》颁布并实施，前者第18条明确规定

"体育赛事活动的名称、标志、举办权、赛事转播权和其他无形资产权利受法律保护,主办方和承办方可以进行市场开发依法依规获取相关收益,任何组织和个人不得侵犯";后者则着重强调了法院应当高度重视技术发展新需求,把握好作品的认定标准,依法妥善审理体育赛事直播等新类型案件,促进新兴业态规范发展。这一方面体现了赛事知识产权保护已经引起立法者的关注,另一方面也丰富了赛事知识产权客体的类型——即在原本对体育赛事商业标识保护的基础上,增加对体育赛事转播权及其他无形财产权益的保护,此外,更揭示了上述权益的主体归属应当统一为赛事活动主办方和承办方。

上述观念也延伸到了新法的修订中,2022年6月,新修订的《体育法》对涉知识产权条款作出了以下修改:其一,在赛事技术成果保护条款中,增加了体育技术创新的概念,虽然并未在其中明确成果的主体归属,但也明显提高了对体育专利成果的保护力度;其二,规定"未经体育赛事活动组织者等相关权利人许可,不得以营利为目的采集或者传播体育赛事活动现场图片、音视频等信息",一方面在《体育法》中首次明确对体育赛事视听画面的保护,另一方面通过"等信息"的表述为体育赛事其他无形财产权益的保护留下了解释空间,同时也再度明确该类权益的主体归属当为赛事主办方;其三,在第十章"监督管理"部分,新增对违反《体育法》规定的法律责任的总则性规定,明确民事责任、行政责任及刑事责任的承担;其四,在《体育法》层面为违反知识产权保护条款增加总体性的罚则规定,将体育知识产权的保护落到实处。

(二)体育知识产权专项规定

体育知识产权相关的专项规定主要包括《特殊标志管理条例》(中华人民共和国国务院令第202号)、《奥林匹克标志保护条例》(中华人民共和国国务院令第699号),以及其他一系列赛事针对性规定,并主要表现为如下特点:

其一,内容抽象且针对的客体较单一。现有的体育知识产权专项规定更注重对商业标识的保护,而缺少对体育赛事转播权、体育数据权益的关注。其二,效力层级普遍不高,多为行政法规、部门规章,以及地方性政策法规。其三,时效性过强,而欠缺普遍适用性,新规章政策的出台往往发生于大型体育赛事办赛期间,这虽然体现了立法者对重大赛事知识产权保护的重视,但也欠缺了普遍适用性。例如,2020年东京奥运会闭幕后,2022年北京冬奥会开始前,国家集中发布了一批奥运会知识产权保护专项规定,包括《北京2022年冬奥会和冬残奥会奥林匹克标志知识产权保护专项行动方案》、国家知识产权局办公室《关于严厉打击恶意抢注相关奥林匹克运动会热词商标申请代理行为的通知》。杭州第19届亚运会、杭州第4届亚残运会开赛前夕,浙江省市场监督管理局等七部门联合发布了《浙江省第19届亚运会和第4届亚残运会知识产权保护工作方案》等,这也是继《浙江省第19届亚运会知识产权保护规定》发布以来又一提高杭州亚运会知识产权保护的专项规定。

三、体育知识产权司法保护现状和趋势

(一)体育知识产权纠纷数据统计

根据威科先行数据库的检索结果,2022年的体育知识产权纠纷中,有3705件为知识产权权属、侵权纠纷,198件为不正当竞争纠纷,58件为知识产权合同纠纷。上述案件中,在上海、北京和广东审理的案件分别占总案件的15.22%、14.56%和12.39%,且当事人为法人和其他组织的案件占比高达69.70%。案件标的额方面,绝大多数案件诉请标的额都在10万元以下,占比68.57%,只有0.46%的案件标的额高达1000万元以上。

(二)体育知识产权纠纷的类型日益多样化

体育知识产权纠纷的类型日益多样化,除常见的网站直接提供盗播赛事节目,传播体育赛事摄影作品、文字作品引发的版权纠纷外,还涌现出赛事独家授权商涉垄断纠纷、提供聚合赛事直播链接纠纷、"陪伴式"赛事直播盗播纠纷、赛事冠名权与商标权冲突纠纷等多种纠纷类型。在这些类型案件的审理中,法院权衡赛事主办方、赛事授权合作商、市场竞争者、社会公众等多方利益,在立足体育产业宏观发展的基础上,客观公正地划定了体育知识产权的保护边界,以下各举一例说明:

1. 赛事独家授权商涉垄断纠纷

在体娱公司诉映脉公司、中超公司垄断纠纷案[(2020)京73民终2107号]中,映脉公司通过公开招投标成为2017年至2019年中超赛事官方图片独家合作机构,对此,中国足球协会专门发布通知,要求持有赛事摄影证件的人员拍摄的照片只能用于本媒体的新闻报道,不可商用,随后映脉公司也同步要求以上持证主体禁止向除其平台以外的商业图库传送图片,体娱公司认为上述行为构成滥用市场支配地位的垄断行为。

一审法院审理后认定其不构成垄断,后原告体娱公司上诉至最高人民法院后,后者持同样观点,且特别强调《反垄断法》规制的是滥用权利排除、限制竞争的行为,但不规制因民事权利本身的排他性质形成的所谓"垄断性状态",被告映脉公司获得独家授权的过程经过了合法公开的招投标,权利行使过程也正当合规,因此并不构成垄断。独家授权合作乃体育赛事新媒体产业中常见的商业运营模式,也是赛事主办方正当行使权利进行商业开发的表现,该案判决从司法实践层面上为体育赛事媒体权以及其衍生性权利独家授权的商业运营模式提供了指引。

2. 提供聚合赛事直播链接纠纷

在央视国际诉唯彩会公司著作权侵权纠纷案[(2019)京0108民初21298号]中,央视国际作为2018年俄罗斯世界杯媒体权利的独占被授权方,发现唯彩会公司在其运营的"唯彩看球"APP上擅自提供世界杯赛事节目的定向链接,并在其软件发布开屏广告、在首页以及热门专区同时提供赛事信息,由此主张唯彩会公司侵犯其著作权,构成帮助侵权行为。

该案的争议焦点在于,仅提供赛事节目链接服务的平台,虽未收到权利人发送的侵权通知,但在其同时对侵权节目进行选择、编辑、推荐的情况下,是否还可以进入"避风港"得到免责。对此,法院考虑到涉案世界杯赛事规模和知名度极高、被链侵权赛事节目的播放画面中明确标注CCTV5标识、被链网站明显不是官方授权网站,以及唯彩会公司针对侵权直播发布的广告、信息整理和推荐行为等方面因素,最终认定其对侵权行为属于明知、应知,构成帮助侵权。易言之,新技术的发展和引进不得成为投机牟利者回避责任的借口,对于盗播赛事节目攫取正规授权商巨额经济利益的不法主体,应当对其侵权行为从严认定。

3. "陪伴式"赛事直播盗播纠纷

在央视国际诉盛力世家公司、新传在线公司不正当竞争纠纷案[(2016)京0101民初22016号]中,两被告擅自将"正在视频直播里约奥运会"等作为百度推广关键词,吸引公众访问其运营的网站并下载其浏览器。前述网站中使用"正在直播2016里约奥运会"作为宣传语,并设置"奥运会单项主播招募"等栏目。浏览器则使用加框链接嵌套的方式呈现原告官方赛事节目直播网页,在画面右侧显示主播直播互动区,并使用主播多路、实时解说,弹幕等技术使得用户和主播在同一屏幕观赛,并通过用户送出的礼物分成营利。原告据此认为被告构成不正当竞争而诉至法院。

北京市东城区人民法院支持了原告的诉讼请求，认为被诉行为构成虚假宣传，且违反诚实信用原则。一方面，被告通过购买搜索关键词吸引用户进入网站，配合网站中的宣传标语，足以使公众对直播节目的提供者产生误认；另一方面，被告利用原告网站的直播节目为自己平台牟利，超出必要的限度，不仅构成对原告提供该项服务的实质性替代，损害了原告的利益，而且破坏了网络直播体育赛事节目需要获得授权许可这一行业惯例，属于《反不正当竞争法》第2条规定的不正当竞争行为。该案原告方之所以未选择《著作权法》作为救济路径，可能源于当时司法实践对"用户感知标准""实质替代标准""服务器标准"的争议，虽然该案的侵权内容并未存储在被告服务器，但被告实施的行为攫取了本属于原告方的市场份额和用户流量。后者作为互联网时代下经济收入的重要来源之一，同样是吸引各大平台花费重金购买赛事媒体权利的重要因素，看似无形的流量数据后期可能会伴随用户投入度的增加在平台广告、会员购买、平台充值、电商消费等多方面得到变现，因此，即便能够显示官方授权商播放的节目和来源，也不会改变攫取用户流量行为的不正当性质。

4. 体育赛事冠名权与商标权冲突纠纷

在深圳引领平安公司诉中国平安公司、中超公司商标侵权纠纷案[（2016）粤03民终15570号]中，原告深圳引领平安公司自深圳市足球俱乐部处受让取得"平安"系列商标权，使用类别为第41类"组织体育活动竞赛"等。2014年，中国平安公司取得中超联赛四年独家冠名权，因此，中超联赛的赛事场地、设备设施、队员队服皆使用了"中国平安"字样，联赛网站同样标注"中国平安"字样，深圳引领平安公司据此认为上述行为侵害其商标权。

该案两审判决均驳回深圳引领平安公司诉请，并着重强调中国平安公司正当行使商业冠名权的行为并非在第41类服务上的商标性使用，其一方面来源于中超赛事举办机构的唯一性，另一方面，中国平安公司也确实未实际参与办赛活动，因此相关公众不会由此产生来源混淆。法院同时也重申了赛事冠名行为的本质，其实乃冠名商通过使用其字号、简称达到提升企业品牌知名度的特殊广告，由此相当于划定了赛事赞助权益和商标权行使之间的边界。

(三)诉前禁令为体育知识产权保护保驾护航

2019年1月1日,最高人民法院《关于审查知识产权纠纷行为保全案件适用法律若干问题的规定》(法释〔2018〕21号)正式实施,详细解释《民事诉讼法》中"情况紧急"和"难以弥补的损害"的考虑因素,前者包含申请人的知识产权在时效性较强的场合正在或即将受到侵害,后者进一步提到了"侵害行为将会导致申请人的相关市场份额明显减少",这和侵犯体育赛事知识产权行为的特征不谋而合。

首先,体育赛事的实时性、短期性及由此引发热度的瞬时性符合适用禁令的"紧迫性"条件。体育赛事一般具有周期短、集中举办的特点,而体育赛事的热度也与赛事举办期息息相关。例如,北京冬奥会的举办时间是2022年2月4日至2月20日,百度指数数据显示,"北京冬奥会"为搜索关键词的全网搜索量从2022年1月31日开始持续上升,在2月13日达到峰值,接近360万,之后呈下降趋势,并在2月27日回归日常平均状态。换言之,北京冬奥会赛程持续17日,而热度周期仅有27日,转瞬即逝的热度加剧了遏制侵权行为的紧迫性。在(2022)津0319行保1号民事裁定书中,天津市滨海新区人民法院认可了冬奥会赛事属于"时效性较强的热播节目","电视家"APP未经许可提供赛事节目实质性替代了腾讯视频的服务,侵害其合法权益,具备立即停止行为的紧迫性和必要性。同月,在上海市浦东新区人民法院审理的一起涉冬奥会赛事盗播行为保全申请案中,法院持相同观点,认为被申请人的被诉行为发生在北京冬奥会举办期间,若不及时制止该行为,可能对申请人的竞争优势等带来难以弥补的损害,最终在接到申请后的48小时内即作出(2022)沪0115行保1号裁定,责令"手机电视直播大全"软件的提供者立即停止侵权行为。

其次,以盗播为主的赛事侵权行为将给权利人造成严重损害。一方面,目前赛事转播仍是体育赛事IP收入的主要来源,根据国际奥委会于2022年发布的《北京冬奥会市场营销报告》,2017年到2021年,国际奥委会的总收入为76亿美元,其中媒体转播权的收入占比就达到61%,无论是中超赛事五年80亿元的转播合同,还是腾讯2021年购买NBA赛事约19.1亿元的版权费,都足以印证体育赛事媒体转播权的高昂成本,近乎零成本的盗播给花费巨大的转播商带来的打击是巨大的。另一方面,正如法院在(2018)浙01民初1842号咪咕诉抓饭直播平台直播世界杯赛事案中所指出的,同一赛事可能有多个持权转播商,若不及时作出行为保全裁定,会导致申请人在本次世界杯转播赛事中的市场份额丧失且不可逆转,最终支持了申请人的行为保全申请。

不仅如此,体育赛事知识产权行为保全的范围已经可以延伸到即将发生的行为。在(2018)京0108民初36806号映脉公司诉体娱公司提供中超赛事图片案中,法院正是考虑到体娱公司在2017赛季、2018赛季前11轮赛事期间持续上传侵权中超赛事的摄影作品,有极大可能在本赛季继续实施侵权行为,一旦实施会造成不可逆转的损失,故当机立断,在2018赛季新一轮赛事开赛前1个小时作出裁定,责令体娱公司停止继续在被诉平台中提供2018年中超赛事摄影作品。

四、体育知识产权保护的难点、争议和应对之策

(一)体育赛事节目的作品性认定

1. 争议中的赛事节目作品性认定

体育赛事直播节目是否属于《著作权法》意义上的作品,一直是体育赛事节目知识产权保护的一大争议焦点。在2020年"中超赛事直播第一案"再审宣判以前,不同法院对赛事节目的作品性认定持不同观点,其中又以侵权行为的性质是直播还是点播为区分,演化出对赛事节目不同的保护路径。

在侵权行为乃点播的情况下,有法院认为,赛事节目不构成作品,但构成录像作品,并以侵犯录像制品的信息网络传播权为由进行保护,如(2017)京0105民初10027号案、(2020)津03民终1125号案等;有的法院则认为,赛事节目构成作品,涉案侵权点播行为构成对赛事作品信息网络传播权的侵犯,如(2020)津03民终2088号案等。

而在侵权行为乃直播的情况下,认定则更为复杂。有法院认为,赛事节目构成作品,并以著作权的"其他权利"进行保护,如(2014)朝民(知)初字第40334号案、(2018)京0108民初49102号案、(2019)京0108民初21299号案等。然而,囿于2010年的《著作权法》,网络定时直播无法通过著作权人享有的广播权进行规制,录像制品亦不存在兜底性权利,这就导致在被诉行为乃网络直播,而法院对涉案赛事作品性认定持否定态度时,权利人实际上无法通过《著作权法》获得保护,如(2015)京知民终字第1818号案,但也有法院认为虽然赛事节目不构成作品,但侵权直播行为已

经构成不正当竞争,应当适用《反不正当竞争法》进行保护,如(2015)深福法知民初字第174号案。

2. 认定赛事节目构成作品的趋势和考虑因素

自2020年"中超赛事直播第一案"再审认定涉案足球赛事构成《著作权法》意义上的作品后,赛事节目的作品性认定已逐步达成共识,根据威科先行数据库上的公开文书,在2022年审结的涉体育赛事节目作品性认定的司法判决中,法院无一例外地认为赛事节目满足《著作权法》对作品独创性和固定性的要求,构成作品。

以下因素乃法院认可赛事节目独创性的主要立足点:(1)大量丰富的机位设置,增加制作团队对赛事画面个性化创作的空间;(2)高科技的引入在拓展创作空间的同时,也艺术性地展现赛事信息,体现美感;(3)多样化的镜头切换配合不同镜头的表现方式,讲述赛事独有的故事性和冲突性;(4)光影的融合以及慢动作的回放,烘托赛事的独美感,表达人物的饱满情感;(5)精彩画面的捕捉在充分体现不同制作团队个性的同时,增加了赛事节目的灵活性和多样性;等等。至此,横亘在体育赛事节目著作权保护路径中的一大阻碍总算得以攻克。

(二)隐性营销行为的规制

1. 隐性营销的含义和行为逻辑

隐性营销不是我国法律法规中的概念,制止和防范隐性营销不属于知识产权保护范畴,但与知识产权保护工作相邻近。

体育产业中的隐性营销多与体育赛事相关,参考北京冬奥会签订的《主办城市合同》以及国际足联为卡塔尔世界杯制定的《媒体和营销规则》,赛事隐性营销的定义可以提炼为,任何主体在不存在授权或合作的情况下,通过不当利用赛事或赛事相关内容,使其自身与赛事产生商业联系、竞争优势或扩大知名度的行为。

隐性营销,是指暗示某企业(或某商品、某服务)与体育赛会相联系,虽然没有使用该赛会的标志(图案、文字或其他),却足以引人误认,属于违背商业道德,但未必违反法律法规的营销行为,应设法防范、制止,并依法处理。以北京冬奥会为例,奥林匹克标志侵权与隐性营销的关键差别,在于是否使用了奥林匹克标志。所谓奥林匹克标志侵权,是指未经权利人许可,为商业目的使用了奥林匹克标志。显然,就社会危害性而言,奥林匹克标志侵权的危害性明显大于隐性营销。

另外,隐性营销的行为逻辑与《反不正当竞争法》中规定的"混淆行为"及"虚假宣传"较为相似,其本质属于通过不当地攀附具有权威性、知名性的大型赛事获得品牌正向增益,其不正当性一方面来源于该品牌获得的价值与品牌本身的质量、认可度完全不符,另一方面来源于该主体在未支付应有费用的情况下,故意误导公众并使其认为该主体获得了赛事合作授权方的地位,损害赛事主办方利益的同时也挤占了合法授权商的市场地位。隐性营销会使公众无法分辨真正的赞助商与真实的授权商品,在这种难以识别的情形下体育赛事授权商品的销量会降低,打击赛事赞助商的积极性,最终可能导致体育赛事之后的招商困难,这也体现了防范禁止隐性营销行为的重要性和紧迫性。

例如,在大哥大公司诉三六一度公司著作权侵权及不正当竞争纠纷案[(2014)闽民终字第680号]中,法院就揭露了隐性营销行为的恶劣市场影响,以及对真实合作商合法权益的损害。该案中,原被告公司皆为2012年亚洲沙滩运动会的授权赞助商,大哥大公司负责制作正装,三六一度公司负责制作体育装,但后者在其官方平台的宣传活动中以"亚沙会倒计100天暨官方服装发布"等为标题发布大量报道,其中引用了大哥大公司制作的部分正装效果图,且并未注明来源。法院认为上述行为可能产生误导性后果,使得相关公众误认为赛事正装提供者乃三六一度公司,无法实现"大哥大公司试图利用赞助'亚沙会'等体育赛事来提升企业的曝光度、知名度以及帮助提高大哥大公司的商品销售数额等商业目的……不符合公平竞争的市场秩序与公认的商业伦理",构成引人误解的虚假宣传行为。

2. 隐性营销行为规制的难题和应对

目前来说,隐性营销行为的防控难点主要来源于以下两个方面:(1)隐性行为的隐匿性和多样性。随着网络技术的不断发展,赛事隐性营销行为日益多样化,从利用赛事要素直接塑造"关联性",到直接在赛事场所附近做实地广告,以及利用各种方式在赛事中获得品牌的"显露",这些行为都有可能构成隐性营销,这也就增加了立法者通过事先穷尽列举的方式规制隐性营销行为的难度。(2)法律法规不完善且诉讼举证难度高。一方面,目前并无针对赛事隐性营销行为普适性的专项法规;另一方面,在非以赛事主办方为原告的诉讼中,原告往往面临着较大的举证难度,尤其当原告并非赛事独家授权方时,其很难知晓涉案侵权人和主办方之间的商业合作模式。

3. 隐性营销行为和正当使用边界的模糊性

《商标法》将仅使用商标表示用途、功能或其他特点的行为排除在商标侵权行为之外,该规则是否能延伸到隐性营销行为?换言之,隐性营销行为的边界尚未明晰。

2018年,随着《奥林匹克标志保护条例》修订,至少在涉奥林匹克赛事隐性营销行为的规制方面,立法已经在逐步完善民事、行政、刑事的救济路径。该条例新增第6条"利用与奥林匹克运动有关的元素开展活动,足以引人误认为与奥林匹克标志权利人之间有赞助或者其他支持关系,构成不正当竞争行为的,依照《中华人民共和国反不正当竞争法》处理",第12条法律责任条款同步增加"使用足以引人误认的近似标志"的行为类型,相当于将《反不正当竞争法》设置为隐性营销行为的归责方式之一。

此外,2022年北京冬奥会赛事举办前后,相关行政机关相继公布了一系列依据《奥林匹克标志保护条例》查处的侵犯奥林匹克标志专有权的案例,为其提供了参照。依据《奥林匹克标志保护条例》,奥林匹克、奥林匹亚、奥林匹克运动会及其简称等也属于奥林匹克标志。2021年,著名运动品牌Keep的关联公司北京卡路里体育有限公司未经许可擅自在公众号中发布包含"燃动夏季 助力冬奥"内容的宣传文章。此处使用的"奥"字是奥林匹克运动会的简称,属于奥林匹克标志。因此,该企业被北京市朝阳区市场监督管理局罚款5万元。宝马(中国)汽车贸易有限公司在未获得奥林匹克标志授权的情况下,在微博发布带有"#围观奥运会#"话题的宣传文章,并同步配有品牌宣传海报,同样被北京市朝阳区市场监督管理局罚款5万元。但对其他大型体育赛事隐性营销的法律规制,立法仍处于空白状态。不过,有些人士把依法查处侵犯奥林匹克标志专有权的行为理解为对涉奥隐性营销行为的行政处罚。

国内外有些人士长期把体育赛事知识产权违法、侵权行为和隐性营销行为混为一谈,统称为隐性营销,其中既包括违法和侵权行为,也包括在许多国家或地区不算违法但确实违背商业道德的行为。

2018年修订后的《奥林匹克标志保护条例》第6条规定,利用与奥林匹克运动有关的元素开展活动,足以引人误认为与奥林匹克标志权利人之间有赞助或者其他支持关系,构成不正当竞争行为的,依照《反不正当竞争法》处理。该条款未提及奥林匹克标志,只提及了与奥林匹克运动有关的元素。显然，此类元素包括但不限于奥林匹克标志。《奥林匹克标志保护条例》中规制不正当竞争行为的条款，虽然未使用"隐性营销"及类似词汇，但实质上有利于防范和制止隐性营销，有助于依法解决或处理一部分隐性营销。

行为人在实施隐性营销行为时，如果没有利用与奥林匹克运动有关的元素或相关活动没有构成不正当竞争行为，则行政执法机关难以援引《奥林匹克标志保护条例》第6条来处理。奥运赛场所在城市和全国各级行政执法部门在依法查处奥林匹克标志侵权案件方面，积累了非常成熟的经验，但鲜见依据2018年修订后的《奥林匹克标志保护条例》第6条查处的案例。

隐性营销普遍存在于大型、著名体育运动会筹备和举办期间，对赛事组织机构和赞助企业造成了明显伤害。同隐性营销的博弈将是长期的，很难杜绝。

(三)新商业形态下体育知识产权保护路径探索

1. 体育数字藏品与体育知识产权

2022年，元宇宙产业爆发式增长，数字藏品作为元宇宙的一大分支，已经延伸到体育领域，体育数字藏品是体育和新兴科学技术结合的热门产物之一。各大赛事主办方和体育品牌相继推出体育数字藏品，服务于赛事纪念、品牌宣传、活动参与、社交互动、衍生游戏等多种目标。例如，2022年杭州亚运会推出的吉祥物藏品，包含宸宸、琮琮、莲莲，分别对应不同的运动形象，用于赛事的收藏纪念，再如2022年澳大利亚网球公开赛艺术球藏品，将赛事场地分成不同地块对应到不同藏品上，冠军落球点所在地块藏品持有人将获得额外的奖励，将收藏和抽奖功能融于一体。2022年，特步推出160X-Metaverse运动鞋数字藏品，将藏品与特步元宇宙的入门资格绑定，每一款藏品都代表特步元宇宙的进驻邀请，拥有者还将享有特权和相关活动的优先发言权、参与权等。同年，中国李宁和著名的NFT项目"无聊猿游艇俱乐部"合作，以无聊猿游艇俱乐部成员形象发售中国李宁系列实体衍生商品，包括徽章、T恤服装等。

显然，体育知识产权以及相关无形财产权益目前乃此类数字藏品的主要价值依托，以前述2022年杭州亚运会吉祥物藏品为例，其铸造、宣传和发行必然会涉及吉祥物名称、吉祥物美术形象的授权。而2022年澳大利亚网球公开赛艺术球数字藏品因与赛事实时比分、赛事用球的具体落点息息相关,因此需取得赛事数据的授权,详见表2。

表2 2022年体育数字藏品名称、内容及对应知识产权和民事权利类型一览表(部分)

数字藏品名称	主要内容	可能涉及的知识产权及民事权利客体类型
2022年杭州亚运会吉祥物纪念藏品	吉祥物及其代表的运动形象	吉祥物名称、美术形象著作权
2022年CBA联赛国潮风春节主题年画盲盒藏品	球员进球的形象及年画背景	球员肖像权、赛事直播节目著作权、年画海报著作权
2022年CBA联赛队徽LOGO艺术收藏品	联赛俱乐部队徽及海报背景,并标注CBA联赛标识	俱乐部徽记、海报著作权、赛事标识权
2022年澳大利亚网球公开赛艺术球藏品	澳网赛事场地不同地块,若冠军球点落在该地块,藏品所有人可以另外获得该场比赛用球	澳网赛事标识权、澳网赛事数据权益

2. 体育数字藏品的保护路径

虽然目前尚无针对体育产业发行数字藏品的具体指导性法规或政策意见,但基于其与知识产权的强关联性,仍可通过《著作权法》《商标法》《反不正当竞争法》等知识产权民事法律法规获得保护。

在2022年审结的"胖虎打疫苗"NFT第一案[(2022)浙0192民初1008号]中,法院认为擅自盗用他人知识产权铸造数字藏品的行为,属于对信息网络传播权的侵犯。同时,由于体育产业权益的复杂性,擅自盗用体育知识产权,如赛事精彩画面、赛事精彩影像、体育品牌形象、吉祥物形象铸造数字藏品,并将其用于赛事门票抽奖、作为产品赠品赠与或用于广告宣传者,可能还会涉嫌隐性营销,并因触碰赛事赞助方、赛事广告合作方的利益而被视为不正当竞争。值得注意的是,自区块链、元宇宙、数字藏品等概念进入我国市场,国家发布了一系列防控数字藏品金融风险的法律法规,例如《关于防范NFT相关金融风险的倡议》《关于防范以"元宇宙"名义进行非法集资的风险提示》《关于进一步防范和处置虚拟货币交易炒作风险的通知》等。此举正是考虑到重大体育赛事举办期间总有不良商贩或个人开展赌球、押注等不法活动,如若有人将上述行为和数字藏品做捆绑,进而发展出诈骗、炒作赛事等恶性行为的,将同时触碰国家为数字藏品设置的金融红线。

总体来看,随着新修订的《体育法》的出台,2022年体育知识产权保护迈上了新一级台阶,这一方面归功于立法者不断完善相关法律法规,另一方面也得益于赛事主办方、赛事授权方、体育品牌经营者及社会公众对体育知识产权保护重视程度的不断提高。体育知识产权对体育赛事、体育品牌长期塑造、市场化运营,以及商业运转都至关重要,未来我们也期待着社会各界共同努力,推动体育知识产权的保护向好向快发展。

体育法学研究篇

我国体育法学研究发展报告(2022)[*]

2022年,中国体育盛事颇多,北京冬奥会圆满落幕,新修订的《体育法》在万众期待中顺利"降生",党的二十大的胜利召开又为新时期我国体育发展指明了方向。在此背景下,体育法学界以习近平新时代中国特色社会主义思想为指导,以习近平法治思想和习近平总书记关于体育工作的重要论述为根本遵循,始终坚持问题导向,以回答时代问题为己任,以扎实、稳健的学术研究方法为基础,积极探索,为完善我国的体育法规体系,全面推进依法治体,提高体育治理能力,促进治理体系现代化作出了卓越贡献。

2022年,体育法学著作和体育法学期刊论文呈现以下特点:

第一,研究紧跟时代,响应国家号召。二十大报告明确提出要以中国式现代化推进中华民族伟大复兴,站在向第二个百年奋斗目标奋进的起点,体育法学从研究方法和主题两大方面入手,探索我国体育法学实现中国式现代化发展的道路。可以看到,本年度出现了对体育法学方法论进行反思,并由此提出体育法学研究现代化问题的文章。也可以看到,研究中不乏对体育行业中存在已久的矛盾进行深入分析之成果,并试图用法治手段解决上述矛盾。可以说,这些研究与时俱进,紧密结合了国家的发展方向、战略方针,用中国学者的担当为中华民族伟大复兴贡献力量。

第二,研究立足现状,解决实际难题。制度短板一直是困扰我国体育发展的一大因素,因此成为国家和体育法学界共同关注的问题。为修订《体育法》,完善体育法规体系中的核心规范,体育法学者勇于进取、敢于发现、勤于

---

[*] 田川颐、姜磊:北京体育大学。

思考,着眼体育发展中的难题困境,提出符合中国实际的解决方案。本年度的研究中,有大量研究是对《体育法》的修改提出建议,对新修订的《体育法》进行评析与解释。相比于以往宏观性的研究,这些研究更具有针对性和操作性,对修法和释法的帮助更为直接。当然,还有许多成果从不同侧面对体育领域中亟待解决的问题进行了深入研究,例如:体育赛事中关于转播、个人数据等权利的性质与归属研究;体育商业化、职业化过程中如何规范发展等。正是在这种基于现实问题,回答现实问题的逻辑起点之上,我们的体育法学研究得以脚踏实地地为体育法治建设奠定基础。

第三,研究水平提升,研究影响扩大。本年度,体育法学的研究继续向深水区迈进,经典论题的研究理论厚度不断增加,关于新问题的研究成果不断增加。研究方法不再局限于传统法学研究的文献资料法、规范分析法等,还引入了体育学甚至自然科学的研究方法。研究视阈放至全球,成果中不单有域外经验介绍,还有在优劣评析和对比基础上的结论建议。除此之外,体育法学的影响力持续扩大,我们关注到本年度体育法学学者中出现了许多新面孔,为体育法学研究注入了新的力量,也表明体育法学正在被更多的学者重视。同时,体育法学的研究展示平台扩大,例如期刊类成果的展示平台从体育学类期刊延展到了《法学》《政法论坛》《法学家》等法学类期刊。

一、体育法学著作

2022年,体育法学著作在数量上并不突出,但研究范围涵盖了体育领域中出现的大部分问题。同时,学界关注到体育法学教材建设,将中外前沿研究成果融入教材,对教材进行了系统更新。总体而言,本年度的体育法学著作体量虽小,但内容颇精,夯实了学理基础,为体育法学学科建设、体育法律制定、体育法律实施提供了智力支持。

(一)新修订的《体育法》解读

2022年6月24日,新修订的《体育法》通过审议,于2023年1月1日正式施行。在新法即将施行之际,《中华人民共和国体育法释义》出版。本书由张勇、王瑞连主编,由中国法制出版社出版,由全国人大常委会法制工作委员会和体育总局立法参与人员共同撰写,对新修订的《体育法》进行了逐条解释,旨在为大众阐明立法背景、立法精神、立法目的等内容,提供权威的立法解读。

(二) 体育法教材

由体育总局科教司组织编写、韩勇主编的,高等教育出版社出版的《体育法学》,旨在为从事体育法学的相关人才奠定基础。该教材系统论述了体育法学理论,体育伤害、体育商业化、职业化及纠纷中的法律问题及其处理,覆盖了体育法学大部分的核心内容,既有国际视野,也有本土经验。该教材以主题的形式编撰,共分为7编,16个主题,分别是:体育法学基础理论,法治下的体育自治,体育伤害法律责任,体育中的安全保障义务,同场竞技伤害的法律责任,学校体育伤害法律责任,体育明星形象权的法律保护,体育标志的法律保护,体育隐性营销的法律规制,体育竞赛表演、转播权与赛事节目的法律保护,职业球员合同,体育不当行为与纪律处罚,兴奋剂的法律规制,控制比赛的法律规制,观众暴力的法律规制,体育纠纷解决与体育仲裁。从内容上看,该教材注重体育法学案例与理论的结合,注重培养学生分析问题的法治思维与解决问题的实践能力,有助于体育法治人才的培养和体育法学学科建设。

(三) 体育法前沿问题研究

1. 体育法文献导读

由马宏俊主编、北京大学出版社出版的《体育法文献导读》旨在为读者提供全面、系统的体育法学研究全貌。该书以文献综述方式展开写作,为体育法学学习、研究、实践提供参考,并助力体育法学学科建设。在内容方面,具体包含体育法基础知识,全球体育法治,学校体育法治,社会体育法治,体育组织,竞技体育法治,教练员、裁判员、运动员,体育产业法治,体育知识产权法治,体育反垄断法治,反兴奋剂法治,体育仲裁法治等不同领域的优秀前沿性成果。

2. 体育法前沿

2022年度《体育法前沿》(第4卷)由田思源、姜世波主编,该书延续了其一贯的汇编风格,关注前沿话题,对我国体育法治建设和体育事业发展作出了专题论文研究。本年度挑选的前沿内容包括:依法治体、体育法治与体育强国建设问题,体育体制改革与体育事业发展问题,体育市场与体育产业问题,群众体育与公民体育权利的保障问题,职业体育与举国体制问题,体育纠纷解决机制问题,体育与政治、经济、社会、文化等法律相关问题研究。

(四)体育相关权利研究

1. 公民体育权利

由高景芳著、知识产权出版社出版的《公民体育权研究》通过厘清体育权的基本范畴,进一步深化了公民体育权的理论研究和《宪法》对体育权的理解,旨在拓展社会基本权的研究领域,促进我国公民体育权保障制度的改革与完善。该书主要涉及公民体育权的基本意涵、公民体育权的权利属性、公民体育权的保障体系等。此外,该书还对公民体育权的未来发展作出了展望,为相关领域的学者和政策制定者提供理论和决策上的参考。

2. 竞技体育人身损害侵权责任

由何坦著、湖南师范大学出版社出版的《德国竞技体育人身损害侵权责任研究》从比较法的角度,围绕竞技体育人身损害侵权展开研究。该书系统地探析了竞技体育运动中的侵权责任问题,从"体育"的多视角考察、"体育法"的核心内容与规范内涵、体育规则的类型考察与法律效力、体育运动人身损害责任的法教义学框架与阶层、体育交往义务的教义分析与具体内涵、体育交往义务的具体展开、足球运动中体育人身伤害责任的归结七个方面进行论述。

二、体育法学期刊论文

2022年,各类期刊刊登体育法学论文共计百余篇。从论文的选题来看,体育法学期刊论文紧扣时代命题,聚焦《体育法》修订及其理解、体育仲裁制度完善等问题;从论文的类型来看,既有深入夯实基础理论之作,也有实践应用类成果,覆盖了体育领域中大部分的法律问题。总之,本年度体育法学期刊论文呈"百舸争流""百花齐放"之势,研究水平进一步提高,研究影响力显著扩大。

(一)体育法学基础理论研究

体育法学基础理论是体育法立法与实践应用的支撑,基础理论的厚度决定了体育法学的发达程度。2022年是新修订的《体育法》的颁布之年,基础性理论建设显得尤为重要。

1. 党的领导与体育法治之间的关系

坚持党的领导,是社会主义法治的根本要求,是开展一切法学研究的基点。应当清楚,党的领导是中国体育法治发展的根本保证。为此,于善旭在《中国共产党领导体育法治进程的立法展现与主要特点探析》(《成都体育学院学报》2022 年第 3 期)一文中梳理了革命根据地时期、社会主义建设探索时期、改革开放新时期和新时代以来各历史阶段体育立法的基本脉络和总体情况,阐述了体育立法如何在党的领导下由政策向立法转化,概括了党领导体育立法的三个特点:对体育的战略定位促成党领导体育立法的显著成效、党在各阶段节点的政治决策对体育立法的积极推动、以人民为中心是党领导体育立法坚持的根本宗旨。

2. 体育法概念与原则

"体育"概念在词源上、内涵上莫衷一是,王飞在《我国体育法修订背景下体育概念问题探讨》(《武汉体育学院学报》2022 年第 5 期)一文中对"体育"概念进行反思,认为当前存在的众多关于体育的概念大多采用了"种加属差"的方式,存在局限性。在此基础上,王飞提出以过程哲学思想为基础定义体育的方式,认为体育是人追寻自身生命价值的身体运动过程。借《体育法》修改之契机,将此概念融入《体育法》总则,可发挥其引领作用。除基本概念外,胡旭忠等关注到我国《体育法》的基本原则尚未达成共识,在其文章《新时代体育法基本原则的法理剖析与重构》(《体育学研究》2022 年第 2 期)中提出《体育法》基本原则的生成方式包括三个方面:成文法中的明确宣示、隐含于成文法的推理和体育纠纷判决中的惯例。《体育法》基本原则的价值取向应是社会本位和公平正义。结合二者,《体育法》的基本原则应重构为:体育权利保障、体育竞赛公平、体育协调发展、体育组织自律、体育公益促进。

3. 体育法学研究方法

体育法学研究方法研究解决的是方法论问题,因此有学者对既有的体育法学研究方法进行了反思,提出了新的建议。赵毅在《体育法学研究的现代化:新〈体育法〉研究指引》(《中国体育科技》2022 年第 9 期)中提出,由于管制与自治关系呈现出的新立场,新修订的《体育法》标志着我国在体育立法现代化上迈出了重要一步。赵毅认为,在此背景下,体育法学研究方法与论题必须革新,并从法源论、教义学、政策学、论题学的角度提出了体育法学研究现代化的进路。张奥等认为我国体育法学研究存在明显的"重权利,轻义务"问题,于是在其文章《论公民体育权实现的国家义务——基于"权利思维"研究的反思》(《武汉体育学院学报》2022 年第 10 期)中提出,我国体育法学在研究范式上应从"权利思维"转向"义务思维",并以体育权为切入,阐明了体育权的实现依靠的是国家义务而非国家权力,国家义务是实现体育权的直接保障与根本保障,且是一种法定义务。

(二)对新修订的《体育法》之理解与评析

2022年颁布的新修订的《体育法》,是中国体育法治发展中的一个重要里程碑,也是本年度学术研究的重点话题。亲历《体育法》修订过程的许多专家和学者对修法历程进行了回顾,对社会关注的部分问题进行了解答。也有部分学者对新修订的《体育法》中的重点章节、条文进行了分析,作出了学理上的解释。

1.《体育法》修订历程回顾

有学者围绕着新修订的《体育法》的修改过程、主要争议以及立法选择进行了介绍。田思源在《〈中华人民共和国体育法〉的修改过程、主要争议与立法选择》(《天津体育学院学报》2022年第4期)一文中简要回顾了《体育法》的修改背景和经过;介绍了"学校体育"更名为"青少年和学校体育"的主要原因;讨论了体育科目纳入高考是否可行;强调了《体育法》运动员本位的立法理念;释明了"体育产业"单独成章的原委;解答了体育仲裁的范围该如何确定。该文全景式地展示了《体育法》修订从"播种"到"瓜熟蒂落"的过程,对学界了解《体育法》提供了帮助。

2.《体育法》各章节的评价与分析

针对"全民健身"一章,陈华荣在《全民健身公共服务:从要素供给到制度保障》(《成都体育学院学报》2022年第4期)一文中从立法价值、制度完善和保障手段三方面对其进行了解读。其认为将"国家实施全民健身战略"写入《体育法》,贯穿第二章之所有规定,对于整个全民健身工作具有统领和定位作用,将来要从建立全民健身工作协调机制、推行全民健身计划、制定和实施体育锻炼标准、定期开展公民体质监测和全民健身活动状况调查等方面进行制度升级。为此,需要资金、场地等物质保障,也需要能够鼓励公民积极参与的制度保障。

针对"青少年和学校体育"一章,田思源在《青少年和学校体育法治化的目标、路径与对策》(《成都体育学院学报》2022年第4期)一文中认为新修订的《体育法》将原"学校体育"更名为"青少年和学校体育",应处理好青少年体育和学校体育之间的关系,并强化条文内容的可操作性。具体而言,在战略定位上,新修订的《体育法》总则第 10 条新增"国家优先发展青少年和学校体育",体现了党对于青少年和学校体育的高度重视,突出了青少年和学校体育的重要性。在发展方针方面,要融入"体教融合"理念,促进青少年全面发展;在具体措施方面,要注意青少年和学校体育工作中的现实问题,突出法条的针对性和可操作性。

针对"竞技体育"一章,姜熙在《新修订〈体育法〉"竞技体育"章的条文解读、立法评析和配套立法完善》(《武汉体育学院学报》2022 年第 9 期)一文中进行了立法解读与展望,认为"竞技体育"章对竞技体育的基本定位,竞技体育训练及优秀体育后备人才培养,运动员优待制度、帮扶政策、注册制度,国家队选拔原则等诸多内容进行了规定,并进一步强调了竞技体育竞赛开展的基本原则和体育竞赛基本管理制度将全面促进新时代竞技体育法治发展。新修订的《体育法》在运动员权利保护、体育运动水平等级制度、职业体育、赛事组织者权利保护方面进行了创新发展。其认为"竞技体育"章的全面实施离不开配套性立法,建议制定国务院行政法规《职业体育条例》,制定部门规章《体育运动水平等级管理办法》,并对《全国运动员注册与交流管理办法(试行)》进行全面修订。李智在《保障体育权利维护竞技公平:法治推进竞技体育新发展》(《成都体育学院学报》2022 年第 4 期)一文中从竞技体育的法治角度出发,认为在价值上,竞技体育有关立法坚持以人民为中心推动体育事业均衡发展,丰富我国竞技体育的内涵和治理模式;在内容上,立法以保障运动员的竞技权利为基础,规范竞技体育中的责权利。另外,反兴奋剂法律规定为维护竞技体育公平提供了保障,体育仲裁的建立促进了竞技体育纠纷的公平解决,上述规定为竞技体育法治化作了全面的安排。

除上述对竞技体育规范的体系性研究外,作为竞技体育的主要参与者,职业体育运动员及其权利保障也为学界所关心。张恩利等在《全面促进职业发展:新修订〈体育法〉中运动员权利保障的立法突破与现实效应》(《西安体育学院学报》2022 年第 4 期)一文中梳理了从 1995 年至今,《体育法》在历次修改中涉及运动员职业发展权利保障的内容,认为新修订的《体育法》突出了以人民为中心的运动员权利保障立法理念,构建起了以运动员职业特点为基础的法律权利体系,确立了多部门协同治理的运动员权利保障思路。这将为保障我国运动员的职业发展权利、完善竞技体育后备人才培养体系、助力体育强国建设提供法律支撑。

针对"反兴奋剂"一章,马宏俊在《从法规到法律——〈体育法〉修改增设专章反兴奋剂内容》(《成都体育学院学报》2022年第4期)一文中认为该章的增设实现了从法规到法律的跨越,弥补了我国反兴奋剂领域在《体育法》上的不足,作为未来反兴奋剂工作的纲领性条款,其在保障体育运动健康发展、建立健全反兴奋剂制度机制及反兴奋剂综合治理体系、提供反兴奋剂规范制定基础、调整兴奋剂目录、建立专业反兴奋剂机构、提高体育活动参与者和公众反兴奋剂意识、鼓励开展反兴奋剂科学技术研究和反兴奋剂国际合作八个方面有着重要价值。

关于新增的"体育产业"一章,姜世波在《促进与规制:体育产业立法的双重进路》(《成都体育学院学报》2022年第4期)一文中认为尽管在《体育法》修订过程中"体育产业"是否应独立成章存在一定争论,但最终确定增设"体育产业"章节体现了我国对体育产业高质量发展的迫切需要,实现了从产业政策到产业立法的转化。在促进体育产业发展之时,也不能忽略对体育产业的监管,例如新修订的《体育法》在"监督管理"一章中设有体育赛事监管的条款。故此,姜世波认为体育产业立法兼具"促进"与"监管"理念。黄海燕等在《体育产业高质量发展的法治保障研究——基于〈中华人民共和国体育法〉修订的思考》(《体育学研究》2022年第4期)一文中对新修订的《体育法》保障体育产业高质量发展的具体方式进行了研究,认为其保障作用体现在:实现了体育产业立法层面的突破,对推动群众体育、竞技体育和体育产业协调发展,扩大体育产品和服务供给,推动体育产业成为国民经济支柱性产业具有重大意义;明确了体育产业发展的定位和思路,明晰了体育产业的内容和体系、强调体育产业发展创新要素的培育、指明中国特色职业体育改革方向、支持区域体育产业协调发展。若欲进一步推动体育产业高质量发展,则需要从体育市场规范发展、体育赛事活动健康发展、中国特色职业体育发展、社会力量投资体育产业、地方政府促进体育产业发展等方面作出完善。

"体育仲裁"一章是新修订的《体育法》的亮点,姜熙在《我国兴奋剂纠纷解决机制建设研究——基于新修订〈体育法〉的思考》(《北京体育大学学报》2022年第8期)一文中以兴奋剂纠纷解决为切入点,通过探讨兴奋剂纠纷解决与体育仲裁的关系强调了我国建立体育仲裁的必要性和迫切性。其认为可在中国体育仲裁机构中建立专门的反兴奋剂部门或设置专门的反兴奋剂纠纷解决程序,配备专业的兴奋剂纠纷仲裁员队伍,注重在兴奋剂纠纷仲裁中保障相关当事方的权利,加强法院的司法监督。此外,我国体育仲裁机构还应建立兴奋剂纠纷仲裁法律援助制度。

针对"监督管理"一章,袁钢在《不"越位"不"缺位":体育行政监管的法定化》(《成都体育学院学报》2022年第4期)一文中认为新修订的《体育法》通过立法实现了监管权的"不缺位"和"不越位",认为"监督管理"一章是对竞技体育、全民健身、青少年和学校体育、反兴奋剂、体育产业等章节所规定的各类体育活动进行体育行政监管的全面性和总领性规定,首次在法律层面系统、全面地实现了体育行政监管的法定化。通过明确体育行政等部门的责任,建立体育行政执法机制,强化各行政部门的协调关系,对于督促相关行政部门依法行政,及时纠正行政许可实施过程中的违法行为,完善行政许可权的运行程序,规范体育市场、体育赛事活动、高危险性体育项目和高危险性体育赛事活动的运行具有重要意义。

(三)反兴奋剂法治研究

2022年,反兴奋剂法治研究既有对过往研究的继承,也有相应的创新发展;既有对中国反兴奋剂法治的关注,也有对国际反兴奋剂制度的介绍,兼具本土资源和国际视野。

1. 反兴奋剂立法完善研究

袁钢在《参照国际规则的反兴奋剂立法模式研究》(《政法论坛》2022年第6期)一文中认为我国反兴奋剂立法采用了具有特殊性的参照国际规则的立法模式。具体表现为:国内反兴奋剂规范的制定和适用参照国际规则和国际标准;在立法目的中明示参照国际规则和国际标准制定;实际参照不具有强制力的国际反兴奋剂最佳实施模式和指南;依据国际规则外文版本而非中文版本进行解释。基于此模式在权利主体保护与救济上的优势,新修订的《体育法》应落实反兴奋剂管制的国家、组织责任和个人义务。陈志宇在《〈反兴奋剂工作发展规划(2018—2022)〉实施成果和经验》(《北京体育大学学报》2022年第8期)一文中通过总结《反兴奋剂工作发展规划(2018—2022)》五年来的实施成果,提出了反兴奋剂立法的完善路径。其认为我国反兴奋剂工作在反兴奋剂理论体系、组织体系、法治体系、预防体系、查处体系、诚信体系、对外交流体系、人才培养体系等方面取得了丰硕的成果,但在反兴奋剂组织体系方面仍需巩固和完善、反兴奋剂查处能力有待进一步提升、反兴奋剂教育应继续普及、反兴奋剂科研工作能力仍需不断加强。因此,应推进中国特色反兴奋剂治理体系建设、加快新修订《体育法》的贯彻落实,不断提升中国反兴奋剂工作的影响力。韩勇在《中国反兴奋剂法律规范体系:立法进展、主要问题及完善重点》(《北京体育大学学报》2022年第8期)一文中反思当前我国反兴奋剂法律体系的问题,认为应当以《反兴奋剂条例》修订为契机,完善以《体育法》为基本法、以《反兴奋剂条例》为引领的法律规范体系,明确各部门的反兴奋剂职责,加强反兴奋剂综合治理,加强对业余运动员的管控与教育,加强运动员权利保护,从而构建符合国际规则和中国国情的反兴奋剂治理体系,不断提升中国反兴奋剂治理水平。

2. 妨害兴奋剂管理罪研究

《刑法修正案(十一)》增设了妨害兴奋剂管理罪,喻海松在《妨害兴奋剂管理罪的成立要件与衔接适用》(《北京体育大学学报》2022年第8期)一文中对妨害兴奋剂管理罪的构成要件进行剖析,认为妨害兴奋剂管理罪的法益为国内、国际重大体育竞赛的公平竞争秩序和运动员的身心健康。客观方面表现为"情节犯+行为犯"的模式。妨害兴奋剂管理罪所涉"兴奋剂",应当依据行为发生时国务院体育主管部门会同有关部门制定、调整并公布的兴奋剂目录加以把握。就引诱、教唆、欺骗使用兴奋剂或者提供兴奋剂入罪所要求的"情节严重"而言,应当综合主客观要素加以考量。作为法定犯,在该罪的行刑衔接上应处理好行政证据的使用、刑罚执行与禁赛处罚的关系、罚金与罚款及负担兴奋剂检测费用三方面的问题。

3. 反兴奋剂规则比较研究

国际反兴奋剂规则对国内反兴奋剂法律规范具有指导作用,其改革与发展一直是体育法研究的重点。本年度,宋彬龄在《国际反兴奋剂结果管理机制的变革和中国实践》(《北京体育大学学报》2022年第8期)一文中归纳了国际反兴奋剂结果管理程序正在经历的重大变革的特点,并认为基于加强国际反兴奋剂结果管理程序的统一性、增强对结果管理机构的分权制衡、强化世界反兴奋剂机构对结果管理的监督的趋势,我国在《体育法》修订后,应理顺结果管理机制、明确国家反兴奋剂机构的主导地位、充分发挥处罚委员会的制度优势、加强听证委员会和体育仲裁委员会的制衡功能,创设更具中国特色的结果管理机制。韩勇在《美国反兴奋剂的现实困境与根源解析》(《上海体育学院学报》2022年第5期)一文中通过对比美国现行反兴奋剂体系建立前后的问题,指出美国现行反兴奋剂体系的缺陷:统一的反兴奋剂立法和管控体系阙如、职业体育和学校体育兴奋剂管控有待加强、大众体育兴奋剂滥用严重、兴奋剂违规数量多且恶性事件频发。这种困境在当前美国的反兴奋剂体系下难以改变。因此,以美国为鉴,我国在做好以国际级和国家级运动员为主要对象的反兴奋剂防控的同时,应在我国反兴奋剂统一立法和管控体系下,区分不同运动员身份,合理分工,增强各部门间的合作,加强运动员权利保护,建立反兴奋剂的"中国模式"。

(四)全民健身法治保障研究

健康的体魄是人民追求美好幸福生活的基础,全民健身是体育强国与健康中国的交汇点,伴随着新修订的《体育法》的颁布,全民健身走向了法治化时代。立足现实,学界对全民健身的研究更加"接地气",对全民健身中的相关问题提出了切实的法治保障措施。

1. 促进公民健康法治保障研究

促进公民健康是全民健身的直接目的,法律作为国家治理的工具,必须发挥保障作用。为此,汪茹霞在《论体育强国战略下健康权的法治保障》(《武汉体育学院学报》2022 年第 6 期)一文中从健康权的视角对促进公民健康进行了研究,对健康权进行了国际法、人权法层面的学理溯源,在体育强国背景下对健康权进行了定义,即自然人在构建体育强国进程中平等享有开展体育教育、体育活动和体育运动,身心健康不被任何个人、组织侵害并向国家寻求保护和改善的权利。由此,结合我国的法律规范体系,其认为健康权法治保障的完善应从两个方面进行,一是从《宪法》及实体法层面完善体育强国战略下健康权保障的法律体系;二是从修订完善《体育法》关于健康权的规定、修订完善《全民健身条例》关于健康权的规定、加快体育法律法规规章出台、细化体育政策制定、完善公共体育服务规范五个维度来优化体育视野下健康权的"软硬法"规范。胡元聪等以《新时代全民健身的法律激励:文本检视、理念阐释及制度革新》(《北京体育大学学报》2022 年第 7 期)为题,从法律激励的视角研究促进公民健康的措施,认为我国现行全民健身和全民健康的相关法律文本中存在激励对象、激励范围、激励措施等方面的问题亟待改进。因此,需秉持人本主义、实质正义、社会本位的理念,在激励对象上坚持政府主导与企业协同,在激励范围上应纳入全民健身融合化、全民健身产业化以及全民健身智慧化,在激励措施上应细化对地方政府、企业、社会组织与公众的激励制度。

2. 公共体育服务供给法治保障研究

公共体育服务供给事关国家战略的执行和公民健康权、体育相关权利的实现，但由于经济、文化、制度等原因，我国的公共体育服务供给存在着不可回避的问题，而从法治视角对公共体育服务供给中的各种问题进行反思与回应是解决上述问题的手段之一。为此，学界从各个角度进行了探讨。于善旭在《我国社会体育指导员工作的法规政策指向与改革发展思考——兼论新修〈体育法〉相关条款的理解与实施》(《天津体育学院学报》2022年第6期)一文中对我国社会体育指导员制度进行了研究。通过对社会体育指导员法规政策文件的梳理，其认为新修订的《体育法》中的"全民健身"与"监督管理"两章规定了社会体育指导员相关条款，实现了与《全民健身条例》和《社会体育指导员管理办法》的有机联系，但需进一步填补社会体育指导员队伍建设的文件空白。任峰等在《新〈体育法〉背景下残疾人公共体育服务供给与法治保障策略研究》(《中国体育科技》2022年第9期)一文中运用供给改革理论分析了《体育法》修订过程中残疾人公共服务的供给问题，发现供给上存在残疾人总人数与参与体育健身的残疾人人数不匹配的问题；资源配置上存在基层残疾人体育设施配置不合理的问题；法治保障上存在着区域性实施偏差。针对上述问题，其认为应构建残疾人公共体育服务多元供给主体体系，创新残疾人公共体育服务供给制度机制，提高残疾人公共体育服务针对性和有效性，转换残疾人公共体育服务组织建设思路以及落实残疾人公共体育服务两级法规细则。

(五)体育纠纷解决研究

本年度体育法学研究继续在体育纠纷解决领域深耕，加之新修订的《体育法》确立了体育仲裁制度，因此许多学者将更多的精力倾注于此，直接表现为体育仲裁制度实施与完善的相关成果大量出现。

1. 体育仲裁的立法建议

体育仲裁是快速解决体育纠纷的手段，得到了许多国家和各国际体育组织的认可，也是提高我国国际体育话语权的措施之一。新修订的《体育法》正式确立了我国的体育仲裁制度，结束了多年来体育仲裁制度领域的空白，在体育纠纷解决制度史上有里程碑式的意义。学者们主要从"立良法"和"促提升"两方面进行了研究。

修法过程中,郭树理在《强制体育仲裁之合法性要素探讨》(《天津体育学院学报》2022年第1期)一文中基于我国法院不愿受理竞技体育纠纷案件、体育仲裁制度阙如的情势,通过提出应对方案,即应当对以中国足协内部仲裁机制为代表的强制体育仲裁制度进行机构设置和程序规则方面的改革,保障其裁决机构的基本中立性以及裁决程序的公正性,由此弥补制度缺陷带来的困境。同时,也借此再次强调加快建立中国体育仲裁制度的必要性。

从操作层面上看,有研究成果为体育仲裁制度的建立步骤和建构体系作了详细规划。例如,于善旭在《建立我国体育仲裁背景下完善体育行业协会内部解纷制度的探讨》(《体育学刊》2022年第2期)一文中指出《体育法》的修订为体育仲裁机制的完善提供了契机,其中独立体育仲裁制度的构建应以体育自治为基础,建设完善的体育仲裁机制,通过设立中国体育仲裁委员会,进一步整合单项体育协会的内部仲裁机制,保障仲裁裁决一裁终局的效力,明晰仲裁范围,与国际体育争端解决机制形成平行且竞争的协同关系。姜世波等在《我国体育仲裁体系化的立法路径选择与设想——兼评〈中华人民共和国体育法(修订草案)〉》(《西安体育学院学报》2022年第2期)一文中对体育仲裁的体系化构建提出意见,认为体育仲裁立法应将仲裁实体和程序的全方位体系化作为落脚点,在尊重仲裁合意性的基础上从整体上凸显体育仲裁的个性问题,以立法结构的体系化和立法内容的体系化为着力点构建我国体育仲裁制度。所谓立法结构体系化是指要构建体育仲裁的立法框架,即由《仲裁法》《体育法》中的"体育仲裁"章、《体育仲裁规则》组成的层次分明、逻辑严谨的体育仲裁法律体系。立法内容体系化是指以仲裁程序为线索,有效衔接体育仲裁与民商事仲裁、劳动争议仲裁、体育组织内部仲裁和国际体育仲裁。

随着国际交流的深入,体育作为国家软实力的组成部分,对增强我国的国际话语权有积极的促进作用。有鉴于此,姜世波等在《提升我国国际体育仲裁话语权的思考》(《武汉体育学院学报》2022年第1期)一文中论述了建立中国体育仲裁制度对提升国际体育仲裁话语权的重要价值,并回答了如何通过体育仲裁提高国际体育仲裁话语权的问题。其认为提高国际体育仲裁话语权一是要着力提升我国当事人、仲裁员的参与度;二是要加强国际体育仲裁的人才队伍建设;三是要以建设好国际体育仲裁院(CAS)上海仲裁中心为抓手,加强与国际体育仲裁院的联系;四是在涉及体育案件的媒体传播中,要坚持以客观性、法治性为原则;五是以我国体育仲裁制度的建立为契机,加强有关体育仲裁制度的国际学术交流。

2. 体育行业内部纠纷多元化解决机制

体育有较强的专业技术性、行业封闭性,建立兼有公平与效率的多元纠纷解决机制是化解体育纠纷的关键,也是国际体育治理的共识。为此,有研究成果从宏观上提出了体育纠纷多元化解决机制的构建途径,也有成果从微观上提供了具体操作方案。

宏观上,刘韵在《体育强国建设背景下我国体育纠纷多元解决机制的建构——兼评新〈体育法〉"体育仲裁"章》(《中国体育科技》2022年第9期)一文中认为我国建构体育纠纷多元解决机制的整体思路应遵循三个方面:集中贯彻"依法治体"的治理方针、综合运用利益平衡原则及注重保障运动员主体权益。同时,还要围绕体育纠纷内部解决机制和外部解决机制的双重结构进行具体建构。刘谢慈等在《内部体育纠纷化解机制的多元逻辑证成——以社会治理范式转换为视角》(《体育学刊》2022年第3期)一文中结合社会治理的背景探讨了内部体育纠纷多元化解机制的构建,借由当前社会治理范式的转变提倡国家体育行政部门、司法机关和其他相关公共权力机构通力协作、多措并举,以国家法律制度为权力来源,以兼顾当事人权利诉求和社会秩序为导向,形成国家和非政府体育组织之间自下而上的运行向度,构建以体育协会规范自治为基础,替代性纠纷化解机制为依托,司法有序介入为后盾,各种纠纷解决方式有机协调的内部体育纠纷多元化解机制。

微观上,有学者关注到体育行业协会内部或特定体育项目纠纷解决机制如何与体育仲裁衔接的问题。李智在《修法背景下我国独立体育仲裁制度的设立》(《法学》2022年第2期)一文中通过研究国际经验发现,内外结合解决体育纠纷已成为全球惯例。于我国体育行业协会而言,应建立内部和解、调解和裁决与外部调解、仲裁与诉讼相结合的多元体育纠纷解决机制。黄世昌等在《中国职业足球运动员纠纷解决机制的现存问题与优化路径》(《上海体育学院学报》2022年第2期)一文中深入足球项目实际,基于中国职业足球现状和《体育法(修订草案)》,认为应根据不同类型的纠纷建立相应解决机制,并建立独立体育仲裁机构,完善程序衔接整合。具体而言,运动员与俱乐部的劳资纠纷,适用普通仲裁程序;技术型和管理型纠纷由足球协会内部仲裁庭裁决;运动员的纪律处罚以及不服内部仲裁的纠纷,在穷尽足球协会的内部救济后适用上诉仲裁程序；运动员与赞助商的合同纠纷，在确定违约或侵权的合同责任后，可直接向法院提起诉讼或向独立体育仲裁机构提起普通仲裁。另外，还有学者对体育纠纷中的某项具体纠纷及其化解机制作了研究。例如，熊英灼在《性别二元与体育参与冲突解决的程序法路径研究》（《体育学刊》2022年第2期）一文中对性别少数群体体育参与冲突问题开展了研究，该研究缘起于2020年东京奥运会新西兰变性运动员劳蕾尔·哈伯德（Laurel Hubbard）参加女子87公斤以上级的举重比赛。通过对性别少数群体体育参与冲突的实质分析，其认为运用实体法解决这种冲突存在困难，可尝试利用程序法，建议从成立体育内部与外部结合的独立的参赛资格审查委员会、注意决策过程的程序正义、以不侵害健康的方式调整比赛规则等方面通过充分的程序参与和程序选择实现性别少数运动员的权益保护。

（六）职业体育相关法律问题

近年来，职业体育蓬勃兴起，成为体育产业的新增长点。但是，职业体育发展中存在一些制度瓶颈，如职业俱乐部的规范发展、明星运动员的商业合同等基础性法律问题尚未得到解决，长此以往将会严重阻碍职业体育的发展。值得庆幸的是，我国已经有许多学者关注到职业体育中的问题，并输出了高质量的学术成果。

职业俱乐部是职业体育发展的基础，《体育法》对职业俱乐部提出了规范化发展的要求。钟秉枢等在《论新发展阶段我国职业体育俱乐部的规范化发展》（《体育学研究》2022年第6期）一文中以规范化为导向，按照从管理到治理、从自治到善治、从市场逻辑到社区逻辑、从集中到分散的分析框架，提出了坚持俱乐部规范发展原则、优化组织治理、完善经营管理、加强文化建设、完善监督机制、强化人才培养六个方面的职业俱乐部规范化发展路径。在职业俱乐部规范发展的过程中，运动员与俱乐部的劳资关系近年来频繁出现在媒体报道中，而该问题的本质涉及运动员的劳动权保障。为此，孙国平在《论职业球员与俱乐部法律关系中的劳动权益争议问题——广州恒大俱乐部开除于汉超事件引发的思考》（《河南财经政法大学学报》2022年第6期）一文中以职业俱乐部与运动员的劳动纠纷案为例，对运动员工作合同的性质及其解除、劳动纠纷的管辖和队规的属性等争议问题进行了讨论，认为运动员与俱乐部的法律关系总体上要接受《劳动法》规制已是国际惯例，新修订的《体育法》明确认可司法介入之必要性，而纳入合同附件的队规不宜视为规章制度,但俱乐部凭借作为合同条款属性的队规单方终止球员合同时,接受正当事由考量方显公正和公平。

(七)体育商业化中的法律问题

伴随着体育强国建设的不断推进,人民参与体育运动、观赏体育赛事的愿望愈发强烈,我国的体育市场不断扩大。为保障体育商业化的有序运行,体育法学学者结合立法热点和实践经验,对体育商业化中的若干问题进行了探讨。

1. 体育赛事转播权的性质和规制问题

体育赛事转播权是因体育赛事转播而产生的权利,其权利属性和归属对利益分配有至关重要的影响,因此成为知识产权法学与体育法学的研究热点。新修订的《体育法》在第52条中对体育赛事转播权作出了规定,依据"特别法优于一般法"的规则,学者们认为由《体育法》来对体育赛事转播权进行规制更为合适。例如,袁钢等在《体育赛事组织者转播权的数据财产属性——基于〈民法典〉和新〈体育法〉的法教义学分析》(《上海体育学院学报》2022年第10期)一文中采用法教义学的研究方法,以《民法典》第127条对数据财产这一客体进行引致性保护为大前提,以体育赛事组织者转播权的权利客体指向其所支配的现场体育赛事信息为小前提,得出了体育赛事组织者转播权的法律属性是数据财产权的结论,又因《民法典》和《体育法》之间一般法和特别法的关系,从而认为由新修订的《体育法》给予体育赛事组织者转播权法定化的保护最为适宜。姜栋在《论体育赛事转播权的体育法规制》(《法学家》2022年第1期)一文中从另一条路径展开论述,认为既然体育赛事转播权基于赛事组织者对于体育赛事所享有的某种未经法律认可的基础性权利,那么赛事组织者对体育赛事所拥有的绝对权难以在现有法律体系内得到妥善解释。因此,可借助民法和体育法间一般法和特别法的关系,由体育法对赛事权利进行规范,赋予体育协会赛事权利人合法地位,从而实现对权利的保障。

2. 体育明星商业化开发的权利保护问题

体育明星代表着某个项目的精英,其所具有的鲜明特征、影响力往往具有较高的商业价值。但田亮、宁泽涛私自参加商业活动产生纠纷等现象表明,体育明星商业化开发过程存在一些尚未解决的制度问题。例如王飞等在《我国体育明星商业开发中权利与权力的冲突与平衡》(《体育学刊》2022年第 2 期)一文中认为体育明星商业化开发中存在以自主开发权受制于行政许可权、品牌经营权与竞赛管理权的冲突、活动收益权与利益分配权的博弈和纪律处罚权凌驾于权利救济权之上等现象为外在表现形式,以权利与权力的冲突为内在核心矛盾的问题。相应的解决路径是参考比例原则,在立法层面,在《体育法》中增加"运动员权利",厘清行政权力边界;在执法层面,行政主体要树立以运动员为本位的理念,完善行政许可和行政处罚;在司法层面,为冲突提供多元救济机制;在守法层面,增强法治观念。

3. 体育赞助法律关系问题

面对越来越多的体育赞助,温世扬等在《民法典时代体育赞助法律关系的法理阐释、规范进路与制度供给——以〈体育法〉第三次修订为背景》(《武汉体育学院学报》2022 年第 8 期)一文中提出体育赞助可能同时涉及合同和侵权法律关系,而《体育法》并未专门规定"体育赞助合同"的类型,导致实践中法院只能依据个案情况进行自由裁量。该学者认为根据体育赞助的营利性、对价性和"品牌传播"目的,宜将其认定为商业标识许可使用合同的特殊类型。同时,应考虑以体育商业标识保护为重点,通过明确使用权流转规则、标识瑕疵担保义务法定化等措施,从合同及侵权两个层面共同为体育赞助提供有效的制度供给。

(八) 体育数据的法律规制研究

21 世纪以来,数字技术不断融入人们的生活,数据成为提高竞争力的核心元素之一,而数据的采集、使用、流转、归属等问题冲击着各个行业,拷打着行业制度,体育领域也不例外,如智能穿戴设备的数据采集利用、赛事数据的归属等问题亟待解决。

关于体育相关数据权的归属,彭官棋在《大数据时代智慧体育场所运动数据的权属配置》(《成都体育学院学报》2022 年第 2 期)一文中通过对智慧体育场馆运动数据权属的讨论为体育运动中的数据权研究作出了贡献。该学者依据数据的来源和性质,运动数据形成的原生性—伴生性—衍生性三层数据结构,结合各主体在运动数据生成中的劳动量与贡献率,提出了不同类型运动数据的权属分配应体现差异性:运动主体对原生性运动数据享有完整的所有权,运动主体和体育场所间就伴生性运动数据遵循"所有权—用益权"的权益分配机制,体育场所单独享有衍生性运动数据的所有权。

关于体育相关数据权的保护,本年度有学者从赛事组织者、直播者和运动员的角度进行了理论探索。首先,在关于赛事组织者的赛事数据权益保护上,徐伟康在《国外对赛事组织者的赛事数据权益的法律保护及其启示——基于美国、澳大利亚和欧洲国家的案例分析》(《首都体育学院学报》2022年第2期)一文中通过比较研究,认为一般性的数据保护法律法规或体育赛事权益保护机制都难以从法律层面对赛事组织者的赛事数据权益进行全面的保护,建议我国通过在《体育法》再次修订时增加"中国赛事组织者的赛事数据权益保护"条款解决因保护赛事数据权益而引发的纠纷。其次,面对日益普遍的体育赛事直播节目,学界注意到现有保护制度尚有空白。徐伟康在《数据权益:我国体育赛事直播节目私法保护的另一种思路》(《体育学研究》2022年第3期)一文中提出,基于赛事直播在表现形式上多以非结构化的数据方式存在,可将体育赛事直播节目视为赛事组织者及其授权方对其合法拥有的比赛实时数据进行控制和处理的权益。对体育赛事直播节目之保护,可以将体育赛事直播节目保护的请求权基础转向数据权益,援引数据权益保护的规范基础,这也更符合大数据和人工智能时代下体育赛事直播节目保护之所需。最后,关于运动员生物识别信息的保护,童云峰等在《运动员生物识别信息双维保护模式之形塑》(《上海体育学院学报》2022年第2期)一文中提出现代生物科技的广泛应用使运动员遭遇的风险呈现泛在化。鉴于生物识别信息的特殊性,有必要综合法益维度和时间维度形塑运动员生物识别信息的双维保护模式:在法益维度上,明确运动员生物识别信息的法益属性,建构以体育法益为方向的保护格局;在时间维度上,以处理运动员生物识别信息的不同阶段为着力点,以教义学方法论贯通现有法律体系,从而实现各阶段的精准规制。

(九) 体育行政监管研究

党的二十大报告指出,到2035年,要基本实现治理体系和治理能力的现代化。体育行政监管水平是衡量体育治理能力的指标之一,依据国家战略目标,本年度的体育法学研究中,有部分集中于体育行政监管的改进和完善。例如,黄希发等在《高危险性体育项目经营活动监管中的国家标准适用研究》(《中国体育科技》2022年第9期)一文中对高危险性体育项目经营活动监管展开研究,认为对国家标准的适用应当贯穿行政许可、监督检查和行政处罚的全过程。行政许可阶段申请人需提交符合审批条件的证明材料,体育主管部门除对申请人提交的申请材料进行形式审查外,还需对体育场所进行实地核查。在监督检查阶段,检查内容应当覆盖审批条件和国家标准的全部内容。可通过构建第三方合格评定机制、强化专业技术支持,提高该项目经营活动监管的效能,降低监管风险。赵毅等在《新〈安全生产法〉对体育赛事风险防控的影响》(《体育学刊》2022年第5期)一文中从体育赛事安全监管的角度,结合2021年修改的《安全生产法》,对体育赛事安全的风险防控作了研究。研究认为体育赛事的安全监管主体有安全生产委员会、应急管理部门、体育行政部门、其他行政部门和体育协会。在阶段性监管过程中,事前监管的重心应向预警监测转移,在过程督导中实现事中监管,完善事后评估与信用监管。体育赛事的应急救援机制应回应新时代安全发展理念提出的新要求,实现赛事应急救援预案编制的再优化。体育赛事风险防控机制应与新《安全生产法》相适应,通过制定高危险性体育赛事目录,编制体育赛事安全责任清单,建设体育赛事安全监管信用机制,发挥体育赛事责任保险作用,进一步完善体育赛事风险防控机制。

(十)其他研究热点

体育法是一个非常辽阔的研究领域,涉及体育发展的各个维度,本年度除上述类型化的研究论题外,还有一些成果也值得关注。针对新修订的《体育法》提出"培育中华体育文化",而实际上立法数量不足的问题,张家伟在《中华传统体育文化传承发展的立法保障探究》(《体育文化导刊》2022年第4期)一文中探讨了立法对中华传统体育文化传承发展的价值,提倡构建中华传统体育文化传承发展的法律体系,明确立法保障内容的重点,积极推动政策性文件的法律化转变,落实依法行政,不断提高依法行政能力。

董国永等在《〈体育法〉实施背景下我国体育教师队伍高质量建设的机遇与挑战》(《武汉体育学院学报》2022年第11期)一文中对新修订的《体育法》实施背景下教师队伍的高质量发展进行研究。新修订的《体育法》在教师待遇、教练员及运动员就业等方面作出了相关规定,促使教师队伍进入高质量发展阶段,具体表现在体育教师权益得到了较为完善的保障、体育教师队伍建设得到强化、体育教师专业发展的指向性更为明确等。文章同时指出体育教师队伍的高质量建设仍然面临着挑战,认为应制定优秀退役运动员、教练员校园准入机制,提升体育教师的传统文化素养与育人能力。

贾健等在《竞技体育领域侵犯国家象征行为的规制》(《体育学研究》2022年第2期)一文中提出了当前竞技体育领域对于国家象征保护的相关体

育规范不健全以及与司法衔接不畅通的问题。我国制定了《宪法》《国歌法》《刑法》等法律以加强对国家象征的保护,然而在竞技体育领域内,行业规范不健全,部分行为无法通过有效的规范进行规制。其认为应构建竞技体育领域内侵犯国家象征行为的处罚机制,构建硬法与软法并存的法源体系,明确组织体的地位与权责,完善配套司法解释并培养爱国意识。

王国飞等在《大型体育赛事生态破坏修复责任的认定及实现》(《西安体育学院学报》2022年第1期)一文中提到体育赛事对生态环境的负面影响,面对越来越多的体育赛事,其认为我国应该尽早确立大型体育赛事生态破坏修复责任。该研究认为在进行责任认定时应采用无过错原则和过错原则,合理认定责任主体间的主次地位;采用相当因果关系理论,进行责任范围二元划分。另外,还应引入生态破坏修复责任保险制度。

我国体育法学学术活动报告(2022)*

2022年体育法学学术活动拓展了线上线下相结合的模式,体育法学组织、高校、实务部门充分发挥专业优势,全年举办各类学术活动三十余场。在具体内容上,面向体育事业发展的现实需要,聚焦涉及法学的重点问题,深度交流和探讨了冬奥法治的实践和影响、新修订的《体育法》的内容和实施、体育赛事的法律因应、体育法学学科建设和人才培养等与体育法学相关的重大理论和实践问题,不仅深化了新时代体育法学研究,也形成了扎实推进体育事业发展,深入推进健康中国、体育强国建设的一系列新成果。

体育法学学术活动是实现不同学科背景下体育法学学者间交流与对话,形成体育法学独特的学科价值和学术品格,构建更为纯粹的体育法学学者和学术共同体的重要路径。2022年,正值北京冬奥会成功举办、《体育法》修订公布,中国法学会体育法学研究会、各地方体育法学会等学术团队,中国政法大学、华东政法大学等高校以及盈科律师事务所、通力律师事务所等律所纷纷采用线上线下相结合的方式举办各类体育法学学术活动,学术活动数量和质量持续上升,在多平台多视角实现思想与灵感相互碰撞的同时,紧跟体育事业发展趋势,密切关注体育领域热点话题,有力拓展新时代体育法学研究的广度和深度,为深化体育事业改革提供了更多智力支持。

一、关于冬奥法治问题的研讨

(一)学术活动总体概述

北京冬奥会及北京冬残奥会涉及众多法律事务,是北京奥运会之后又一次重要的、大规模的奥林匹克法律实践。面对北京冬奥会法律工作的机遇

---

* 徐伟康:中国政法大学。

和挑战,体育法学界以问题为导向,积极开展学术研讨,既有对冬奥法治实践经验的总结,也有对冬奥法治影响的延伸思考。2022年2月20日,北京知识产权研究会主办"冬奥会法律保护研讨会",就"文化强国背景下体育产业法律研究""冬奥会体育赛事节目的性质""奥运会媒体权利的法律基础和权益保障""大型平台在冬奥会体育赛事节目保护中的责任承担""体育赛事节目中新型侵权行为的认定与规制"等问题作出探讨。2022年2月28日,北京三中院召开京冀两地"涉北京冬奥会商事司法保障"研讨交流会,围绕后冬奥时期商事案件类型趋势的研判和延伸司法服务职能的方向两个方面展开交流,旨在持续做好冰雪体育产业发展的司法护航。2022年3月16日,北京市法学会、河北省法学会联合主办"法治冬奥的社会影响与大型赛会法律事务研究"学术研讨会,就"北京冬奥组委法律事务实践与探索""法治冬奥对全社会法治环境的影响""法治冬奥对体育事业及产业的影响""北京奥运会与冬奥会知识产权业务比较研究""北京冬奥会国际体育仲裁案例及趋势研究"等主题展开了深入研讨。2022年8月25日,河北省高级人民法院、中国法学会体育法学研究会联合主办"冰雪运动法治保障学术交流会",聚焦冰雪运动法律问题,主要围绕民事法律问题、涉知识产权问题、行政法律问题、多元解纷问题四个研究方向开展交流讨论。2022年11月16日,中国政法大学体育法治研究基地、体育法研究所主办第36期"体育法治与健康中国"论坛,此次论坛主题为"北京冬奥会的权益保护",深入探讨北京冬奥会权益保护相关的背景知识、北京冬奥会权益保护的客体、北京冬奥会权益保护的要求、北京冬奥会和冬残奥会权益保护工作实践等问题。

(二)学术活动具体内容

1. 冬奥法治的实践与总结

冬奥法治实践贯穿冬奥会申办、筹办、举办的全过程,伴随着冬奥会大幕的落下,对冬奥法治实践工作的系统梳理和总结,是2022年体育法学学术活动的一个焦点。首先是冬奥法治实践的宏观理路。北京冬奥组委法律事务部贺淑芳处长以在法律人的视角下,冬奥会是什么,法务工作如何服务和保障冬奥会为问题切入,在简要介绍北京冬奥组委法律事务部基本概况,以及法律事务部承担的法律顾问、法务协调、法务审核、权益保护四项基本职能的基础上,重点围绕合同审核和风险防控、知识产权保护、个人信息保护等三方面工作中最重要的实践做法与创新探索进行了研讨。贺淑芳处长认为,在合同审核和风险防控方面,北京冬奥组委合同事项具有与奥林匹克规则相适应的显著特点,在涉奥知识产权保护方面,北京冬奥组委围绕重要奥林匹克财产事项,建构了高标准、立体化的知识产权保护体系,在个人信息保护工作方面也积极探索个人信息处理的合规之道。

其次是冬奥会的权益保护问题。北京冬奥组委法律事务部权益保护处处长杨晋从我国《反不正当竞争法》和《奥林匹克标志保护条例》的修订、奥林匹克财产和残奥财产保护的实践、北京冬奥会和冬残奥会的保护实践、"清洁场馆"和公共广告管控工作以及赛后相关工作这五个方面阐述北京冬奥会和冬残奥会权益保护工作实践,强调对于双奥的保护要始终抓住转播和报道两个关键,指出需要多部门联动建立密切合作机制,打击和切断盗播行为。北京金杜律师事务所刘迎律师就北京奥运会与北京冬奥会的知识产权业务情况进行了分析,认为相比2008年北京奥运会,北京冬奥会知识产权保护立法体系更加完善,但是也面临着科技发展带来的更大挑战,两届组委会都倾向通过行政手段保护奥林匹克知识产权,较少采用民事诉讼和刑事诉讼手段。后奥运时代我国奥运知识产权保护仍然面临着隐性营销行为难以有效规范、恶意抢注商标行为屡禁不止、过于依赖行政执法打击奥运侵权、体育赛事转播相关权利保护不足等问题。体育总局政策法规司原司长刘岩从大家通常不提及的组委会专利问题切入,指出体育赛会组织机构通常不拥有发明和实用新型类体育知识产权。至于体育界科学、先进的训练方法,绝大多数属于技术秘密,并不申请专利。

最后是冬奥会体育仲裁问题。国际体育仲裁院(Court of Arbitration for Sport,以下简称"CAS")仲裁员白显月结合北京冬奥会CAS特设仲裁庭(CAS Ad Hoc Division,以下简称"AHD")的具体案件事实和裁决,认为北京冬奥会AHD在这些案件的裁决中,明确区分和界定了之前CAS判例法中的先例的特殊性,再次确认了某些CAS案例法确立的原则,识别发现了一些新的法律问题以及现有奥林匹克法律体系下包括《反兴奋剂规则》中的空白点。中国政法大学罗小霜副教授从瓦利耶娃案出发探讨CAS对运动员参赛权的法律保护,认为瓦利耶娃胜诉的最重要原因是"受保护人员"的概念,它对于受保护人员有三方面的直接保护,即降低处罚力度、限制公开报道、主观过错认定有别于成年运动员的证明责任。罗小霜副教授指出,当临时措施是为了运动员有资格参加特定比赛时,争议往往会在临时措施的阶段得到解决。无法弥补的损害,是授予临时措施最重要的考量因素。

2. 冬奥法治的影响与传承

冬奥法治不仅为今后大型国际赛事的举办提供了可复制、可推广的经验,也对社会、经济、文化等多方面产生了深远的影响。北京冬奥组委法律事务部副部长刘洪波认为,作为冬奥遗产的重要组成部分,冬奥法治留下了丰厚的内容,包括立法遗产、执法遗产、制度遗产、文献遗产、人才遗产。期待充分挖掘、研究并利用好这些宝贵的法治资源,使之成为社会共享的财富,助力今后大型体育赛事举办,助力中国特色社会主义法治建设。首都体育学院韩勇教授也认为中国奥运法治实践发挥了中国智慧,留下了丰厚的遗产,从实践角度,无论是在立法、执法、制度、文献还是在人才储备方面,都会为未来北京承办举办大型国际、国内体育赛事提供借鉴。从研究的角度,无论是国家法在体育行业的应用还是体育行业用于自我管理的行业规则,都为体育法研究提供了丰富的素材。河北师范大学赵德勇教授系统总结了冬奥法治对全社会法治环境的影响,认为冬奥法治是依宪治国的有力实践,是立法先行的真实参考,是严格执法与公正司法的具体体现,是弘扬法治精神的优秀成果,具有推动京津冀法治一体化发展的作用。北京市法学会体育法学与奥林匹克法律事务研究会副会长兼秘书长董双全同样认为冬奥法治是北京2022年冬奥会和冬残奥会的宝贵遗产,冬奥法治助力中国体育仲裁机构建立,助推体育竞技人才培养及运动员注册、交流机制改革,促进我国大型国际体育赛事筹办及知识产权法律保护,建议充分利用冬奥法治的遗产。中国政法大学袁钢教授则从残疾人体育视角指出相较于我国残疾人运动的蓬勃发展,残疾人权利法律保障还只是立足于满足基本生活,以康复权、就业权和教育权为重心,对体育权利的重视和保障不足,北京冬残奥会成功举办,需要我们共同传承残奥遗产,促进残奥运动蓬勃发展。

3. 冰雪运动的法治保障

冬奥会带动了我国冰雪运动的发展,如何进一步完善冰雪产业发展法治保障机制,抢抓"后冬奥"契机,成为体育法学界高度关注的领域。在域外法律规范借鉴方面,清华大学田思源教授通过美国1979年《科罗拉多州滑雪安全法》的立法背景、主要内容、发展演变以及相关的一些案例介绍,分析了该法保护滑雪场的立法立场。在冰雪运动相关纠纷解决方面,中国政法大学袁钢教授提出健全涉冰雪运动的行政型纠纷解决机制,建立"体育调解—体育仲裁—诉讼介入+诉讼监督"的衔接机制和体育纠纷解决的咨询与援助制度。张家口市崇礼区人民法院陈泽建议在冰雪运动聚集地设立冰雪运动专业化人民法庭，快速妥善化解因冰雪运动引发的各类矛盾纠纷，做到人民法庭功能与城市功能相匹配。在冰雪运动相关主体的责任承担方面，有的观点以危险源为视角，从来自冰雪运动参与者本身的危险源、场所经营者方面的危险源、第三人的危险源等角度，以因果关系加以评判。有的观点认为应强化滑雪场经营者安全保障义务，结合滑雪运动自身特点、滑雪者自身条件、滑雪场设施设备完善程度、滑雪场制度管理、滑雪场与滑雪者之间的合同约定等进行综合认定。还有观点提出应加强青少年冰雪运动保护，区分青少年自身、学校教育机构、冰雪运动场馆等不同主体在伤害纠纷中的责任归属，加强监督管理，推行强制冰雪运动人身意外伤害保险，开展多方保障，形成多部门协同监管冰雪运动经营场所的格局。

二、关于《体育法》修订内容的研讨

（一）学术活动总体概述

《体育法》的修订，标志着我国体育法治建设进入了新的阶段，对于落实新时代全民健身国家战略，加快推进体育强国和健康中国建设，具有十分重要的意义。深入贯彻学习新修订的《体育法》成为2022年度体育法学学术活动的主要议题，天津市法学会体育法学分会、北京市法学会体育法学与奥林匹克法律事务研究会、中国政法大学体育法研究所（中国政法大学体育法治研究基地）等组织举办了各类专题研讨会，围绕新修订的《体育法》的多方面内容进行探讨。2022年6月24日，伴随着新修订的《体育法》全文的公布，中国政法大学体育法团队第一时间举办网络研讨会解读新修订的《体育法》。2022年7月12日，天津市法学会体育法学分会和天津市律师协会体育产业法律专业委员会在线上联合举行"新修《体育法》学习汇报会"，交流分享新修订的《体育法》的学习心得。2022年7月29日，西安仲裁委员会、西安市律师协会联合主办"学习贯彻新修订的《体育法》——新时代体育事业发展法律与仲裁服务"研讨会，围绕"体育仲裁的全面解读、《体育法》助力体育产业发展、体育仲裁与诉讼衔接"等主题展开深入讨论。2022年8月6日，天津市法学会体育法学分会与天津市律师协会体育产业法律专业委员会联合举行线上"新修体育法学习宣传实施研讨会（2022年联合学术年会）"，围绕新修订的《体育法》的国家保障责任、公民体育权利、民族体育保护、学校体育治理、青少年和学校体育法治化目标与路径、运动员权利保障、体育产业发展、高危项目管理、体育仲裁构建、反兴奋剂完善、律师执业挑战等多方面内容进行探讨。2022年8月20日,中国法学会体育法学研究会、江苏省法学会体育法学研究会联合主办"新时代全民健身与全民健康融合的法治保障"学术研讨会,围绕新修订的《体育法》对全民健身事业的促进和保障等问题展开了深入探讨。2022年9月21日,北京姚基金公益基金会举办新《体育法》背景下社会力量参与青少年和学校体育线上研讨会,探讨社会力量如何更好地参与助力新修订的《体育法》落地,通过体育帮助更多青少年全面发展。2022年12月31日,中国法学会体育法学研究会2022年学术年会也基于新修订的《体育法》修订实施的背景,围绕"体育法治建设与体育仲裁""反兴奋剂与学校体育""体育产业与体育赛事""体育权利保护"和"体育法相关法律"等问题展开探讨。

(二)学术活动具体内容

1. 新修订的《体育法》的意义和亮点

中国政法大学焦洪昌教授认为新修订的《体育法》体现了以人民为中心的立法宗旨,在立法目的上与我国《宪法》保持高度统一,始终贯穿着发展体育运动、增强人民体质、建立现代化强国的目的,在调整对象上始终坚持保护人民的体育权利。天津体育学院于善旭教授认为新修订的《体育法》是落实习近平总书记体育论述和党中央体育部署的法治体现,是系统总结确认我国体育改革发展经验成果的法治转化,是进一步加快体育强国建设和健康中国建设的法治支撑,是推进体育高水平高质量发展和治理现代化的法治保障。新修订的《体育法》呈现出高质量发展的立法提升,包括聚焦补短板,解决突出问题,坚持党对体育事业的领导,服从服务于国家的战略目标和战略格局,凸显了人民中心和权利本位的法治本质,加大对青少年和学校体育的举措力度,更加突出体育行业特色和专业法治需求,彰显我国融入体育全球化和负责任的大国形象,实现立法理念和技术保证下的质量提升。天津市体育局李珊局长认为新修订的《体育法》积极回应人民群众的新期待,从法律层面解决了体育领域长期存在的重大基础性整体性问题,为进一步构建完善体育法律规范体系进行了系统布局,标志着我国体育法治建设进入了新阶段。天津大学于亮副教授指出我国《宪法》文本并未明示"体育权",新修订的《体育法》规定了国家依法保障公民平等参与体育活动的权利,在一定程度上促进了体育权朝着基本权利方向演进。

除了宏观层面的意义,在具体章节上,新修订的《体育法》也有诸多亮点。中国政法大学马宏俊教授认为新修订的《体育法》新增"反兴奋剂"章,从布局上,全面搭建了我国反兴奋剂的法治体系,形成了一个基本框架,表明了国家提倡健康、文明、公平竞争的体育运动的基本态度。中国政法大学袁钢教授同样认为新修订的《体育法》"反兴奋剂"专章中的规定恰如其分地反映了当前反兴奋剂工作实践,是对反兴奋剂工作经验的总结升华,在法律层面构建了具有中国特色的反兴奋剂长效治理体系和机制。体育总局青少年体育司调研员陈石认为,新修订的《体育法》将第三章章名由"学校体育"变更为"青少年和学校体育",同时在总则中确定了国家优先发展青少年和学校体育的原则,以立法形式将优先发展青少年和学校体育上升到国家战略,这既体现了当前党中央、国务院高度重视青少年体育发展,高度重视青少年健康成长,也体现了青少年体育现实的发展需要和国家对整个青少年体育和学校体育发展的重视。中国政法大学姜涛副教授全面梳理了与"体育产业"相关的政策法规,认为新修订的《体育法》新增"体育产业"章,有助于促进体育产业制度化、高质量发展,使体育产业逐渐成为拉动内需、增加就业的崭新经济增长点。中国政法大学罗小霜副教授认为《体育法》新增"体育仲裁"章节,改变了长期以来体育仲裁规定一直未能落地的现状,为建立适合中国国情的体育仲裁制度奠定了基础。上海市通力律师事务所吴炜律师也认为新修订的《体育法》明确了中国体育仲裁制度,特别是明确了体育仲裁管辖范围,完善了体育赛事及相关体育纠纷解决机制,破解了长期以来困扰我国体育纠纷解决的制度障碍,有利于推动体育领域其他法律和规则的完善,开辟有效的权利救济渠道,及时、公正解决体育纠纷,保护体育领域各要素的合法权益。中国政法大学袁钢教授认为新修订的《体育法》新增"监督管理"章,是对竞技体育、全民健身、青少年和学校体育、反兴奋剂、体育产业等章节所规定的各类体育活动进行体育行政监督管理的全面性和总领性规定。天津财经大学李先燕副教授认为新修订的《体育法》以全民健身为基础,对于构建更高水平的全民健身公共服务体系具有重要的规范引领和保障作用。上海政法学院姜熙教授认为新修订的《体育法》中关于职业体育的相关规定,对促进体育赛事经济和带动体育产业发展具有重要作用。天津共融律师事务所王博君律师认为新修订的《体育法》对体育竞赛管理、运动员权利保护、职业体育规范与促进等多个方面进行了修改和完善,尤其是进一步从法律的层面保障了运动员接受文化教育等方面的权利,明确了运动员因注册、交流发生纠纷的救济渠道,指明了争议解决的路径,为运动员通过注册交流有序参加竞技体育赛事和有效维权,提供了重要的法律保障。

2. 新修订的《体育法》的实施展望

《体育法》的修订和颁布全面开启了我国体育法治建设的新篇章,但新修订的《体育法》也非"毕其功于一役",如何结合实践,更好地贯彻落实新修订的《体育法》成为我国下一阶段体育法治发展的重要任务。在青少年和学校体育方面,中国教育科学研究院体育美育教育研究所所长吴键认为,当前我国学校体育存在多个问题,如体育评价制度刚性不足、师资配置缺口大、课程开课不足、学校意外伤害救济制度滞后、体育培训不规范、学生心理健康问题严峻、体育特长生招生道路变窄等,新修订的《体育法》要真正落地,还要依托后面的司法解释,更需要与之配套的实施细则的制定。北京盈科(天津)律师事务所周朕律师指出,在新修订的《体育法》颁布实施的背景下,教育行政部门应积极引导,学校需形成更为完善、更具实际操作性的体育实施体系,全社会应共同努力、齐抓共管,才能开辟青少年体育法治化新发展的路径。天津体育学院高璐博士指出新修订的《体育法》虽然对学校体育领域中国家、政府、行政部门、学校的职责进行了明确规定,但从法律实施角度,公办学校系统内政事不分的情况还较普遍,学校职责与政府职责的厘清和监管,还需行政系统落实配套政策。在学校体育职责的监督落实中,有关规定较为含糊且强制力不足,对民办学校体育活动的促进与监管也缺乏规范,都需行政立法的进一步作为。

在体育产业发展方面,天津市体育局体育产业处雷静处长认为实施《体育法》一是要坚持政府对体育产业的引导职责,将体育产业纳入国民经济和社会发展规划中,建立多部门协调机制;二是要履行政府对市场的管理职责,明确界定政府、体育主管部门、市场监管部门的职责;三是要把握体育产业化的内容和趋势,依法完善职业体育发展体系,支持运动员、教练员职业化发展,鼓励社会力量依法开展体育专业教育,采取有力举措推动职业体育、体育培训、体育健身、竞赛表演业的发展。中国政法大学姜涛副教授认为新修订的《体育法》规定国家要制定体育产业发展规划,扩大体育产业规模,支持和规范发展体育用品制造、体育服务等体育产业,完善职业体育发展体系,鼓励社会资本投入,对符合条件的体育产业提供财政、税收、土地等优惠政策,这为整个体育产业的发展提供了立法层面的保障。未来,体育事业和体育产业并举是中国从体育大国走向体育强国的题中应有之义,同时在发展的进程中也要考虑体育产业相对于其他行业更强的外部性特征,注重体育产业市场竞争与其他行业法律逻辑上的差异。厦门大学知识产权研究院王轩博士认为新修订的《体育法》第52条第2款有关体育赛事活动视听信息保护的规范在主体范围上进行了可能导致与其他法律产生冲突的不完全列举,可能使对应的法律责任缺位。通过与国际条约、域外对应规范的比较,结合司法案例,提出应当建立新型民事权利属性的"体育赛事活动组织权",厘清该权利的性质、内容与侵权责任,及其与公共利益平衡的附属规范,以应对技术和商业模式变迁带来的诸多挑战,通过法治规则保障市场力量在体育强国建设中持续发挥积极作用。

在体育仲裁方面,国浩律师(天津)事务所白显月律师认为我国体育仲裁制度的实施面临"如何处理与劳动仲裁、商事仲裁以及行政诉讼的关系""怎样处理中国体育仲裁与国际体育机构的关系""如何处理与国际足联等组织纠纷管辖的关系"等挑战,提出要关注兴奋剂案件与以上关系的恰当处理,并对体育仲裁机构独立性、协调相关关系和仲裁规则制定、国际赛事特别程序、国内国际案件区别标准、司法审查尺度以及制度完善等进行了展望。山东大学黄世席教授认为新修订的《体育法》"体育仲裁"一章并没有对具有涉外因素的体育仲裁作出规定。尽管国际体育界已经通过体育协会章程或体育合同把国际体育仲裁院(包括国际足联以及国际篮联的独立仲裁机构)等作为主要的国际体育争端解决机构,但这能否排斥纯粹国内体育争端的当事人提交国际仲裁,或国内规则能否允许具有涉外因素的体育争端诉诸国内体育仲裁,是一个需要明确的问题。我国国内相关部门需要对涉外体育仲裁进行补充规定,借以完善我们的体育仲裁机制。安杰世泽律师事务所安寿志律师认为《体育法》第98条规定对于"适用法律、法规确有错误的"情形可申请撤裁,该规定应不包含实体法,否则可能使体育仲裁一裁终局受到影响,建议有权机关通过有权解释或指导案例予以明确。天津融耀律师事务所沈雁群律师认为新修订的《体育法》还亟待在执行中明确体育组织、运动员管理单位和体育赛事活动组织者是否包括国际组织和外国组织、单位,在运动员注册交流方面,也需要明确涉外的适用问题,同时也需要明确竞技体育的定义。北京天达共和律师事务所宫晓燕律师认为新修订的《体育法》使我国体育仲裁制度从无到有,实现了体育争议解决领域立法的重大突破。但是,从实务视角看,要考虑体育仲裁独立性可能面临的质疑,体育仲裁的受案范围仍有扩大空间,关于内部纠纷解决机制的规定仍有待明确等问题。

在保障和监管方面,天津大学于亮副教授指出新修订的《体育法》规定了国家发展体育事业的义务和责任,但此类义务受制于可得到的资源,是一种"采取措施""逐步实现"的义务。如何评估政府是否充分履行发展体育事业的义务尚是难题,建议借鉴经济、社会、文化权利领域逐渐发展出来的"可及性""适应性""可接受性""充足性"等分析工具,来评估政府发展体育事业的责任并促使其更好的实现。沈阳体育学院教授邵凯结合新修订的《体育法》新增的监督管理条目,围绕新时代我国"三大球"项目发展现状,提出了新时代"三大球"职业赛事监管的三条具体思路,第一,实现"三大球"职业发展现实要求监管的主体迁移;第二,构建政府—协会—工会—媒体联动的多元赛事监管体系;第三,紧密围绕《体育法》细化赛事监管保障体系。

三、关于体育赛事法治保障的研讨

(一)会议总体概述

由于体育赛事外部性和综合性的特点,其产业链条很长,在推动体育产业发展中扮演着重要的角色。体育赛事涉及诸多法律问题,依法统筹体育赛事发展成为2022年体育法学学术活动的重要主题。2022年7月9日,中国法学会体育法学研究会主办"中国体育赛事经济与法治高端论坛",紧紧围绕我国体育赛事经济健康发展及其法治保障,聚焦"我国体育赛事的立法现状及展望""完善以新修《体育法》为统领的体育竞赛表演产业法规体系初探""完善体育赛事法制保障的思考与建议""数字经济背景下体育赛事数据产权制度问题的思考""初探体育仲裁制度与路径""上海城市业余联赛发展""体育赛事数据:主体、权益、保护路径""河北体育赛事发展""新修订的《体育法》与职业体育""体育赛事产业的发展"展开深入探讨。2022年8月13日至14日,第11届环渤海体育法学论坛以"体育赛事的法律实践"为主题,分别介绍了北京冬奥会、武汉军运会、成都大运会、杭州亚运会的法律工作情况,围绕体育赛事的法律关系、赛事转播事务的法律问题、赛事参与方的权益保障、赛事行政监管以及赛事其他法律问题,进行了热烈研讨和深入交流。

除了宏观层面的议题,体育赛事微观层面的具体法律问题也成为体育法学学术活动的热点。2022年6月15日,北京盈科(杭州)律师事务所举办杭州亚组委法律事务部2022年第三期学习研讨会——亚运会延期法律风险与应对,围绕杭州亚运会延期涉及的法律风险及应对措施开展讨论。2022年11月5日,中国人民大学知识产权学院主办"体育赛事版权保护专家研讨会",围绕"体育赛事中的知识产权客体类型与权利归属""用户制作并上传的赛事实况短视频的平台责任""平台间接侵权案件中的惩罚性赔偿问题"等体育赛事版权保护的前沿问题展开探讨。2022年12月5日,万商天勤律师事务所就信鸽赛事中的法律问题展开探讨。同时,在北京知识产权研究会主办的"北京知识产权研究会体育专业委员会成立仪式暨冬奥会法律保护研讨会"(2022年2月20日)、西安仲裁委员会、西安市律师协会联合主办的"学习贯彻新修订的《体育法》——新时代体育事业发展法律与仲裁服务"研讨会(2022年7月29日)等学术活动中也都有诸多涉及体育赛事的内容。这些学术活动对体育赛事的法律问题展开了多视角多路径的思辨,对促进我国体育赛事经济健康发展,加快体育强国、健康中国建设都具有非常重大的意义。

(二)会议具体内容

1. 新修订的《体育法》与体育赛事的发展

新修订的《体育法》全面系统地规范了体育赛事健康发展与体育赛事安全保障问题,标志着我国体育赛事法治化步入新的历史阶段,但真正落实新修订的《体育法》推动体育赛事高质量发展仍然面临着诸多挑战。中国政法大学马宏俊教授从"我国体育赛事的立法现状及展望"出发,认为新修订的《体育法》突破了部门利益的局限性,在立法上是重大进步,但对体育赛事的研究不能就赛事论赛事,需要把体育赛事与体育产业相结合,理顺相关法律关系及其权利义务,既要做到科学立法,也要做到公正司法、严格执法,推动全民守法,让新修订的《体育法》真正得到落实。天津体育学院于善旭教授以"完善以新修《体育法》为统领的体育竞赛表演产业法规体系初探"为主题,对我国体育竞赛表演产业政策及法律渊源作了系统、细致的梳理,从完善行政法规、部门规章、配套政策等多方面提出了以新修订的《体育法》为统领的体育竞赛表演产业法规体系完善对策。上海体育学院黄海燕教授提出以新修订的《体育法》颁布为契机,进一步完善体育赛事分级管理、数字化管理、协同管理等制度,完善赛事安全保障与许可制度,不断强化政府服务职能,推进多样化赛事管理工具的法治化应用。河北师范大学贾文彤教授以河北张家口与北京共同承办2022年北京冬奥会为例,详细介绍了河北省通过政策引导体育赛事发展的相关经验,认为体育赛事经济是建立在市场经济基础上的,而市场经济是法治经济,要大力推动新修订的《体育法》实施,依法保障体育赛事经济健康发展。上海政法学院姜熙教授系统阐释了新修订的《体育法》与体育赛事经济联系最为紧密的职业体育,提出了职业体育赛事中的单项协会、投资人、俱乐部、运动员、教练员等相关主体的制度完善对策,为落实新修订的《体育法》中职业体育的相关规定保驾护航。

2. 体育赛事中的知识产权保护问题

体育赛事中的知识产权保护是体育赛事重要的法律问题,2022年正值冬奥会举办和新修订的《体育法》第52条引入对体育赛事的标志、活动现场图片、音视频等信息进行保护的纲领性条款。在这样的背景下,如何保护体育赛事中的知识产权引起了体育法学界的广泛关注与热烈讨论。

首先是体育赛事中的知识产权的性质问题。庞杂的体育赛事权利所引发的法律问题是特定内容的法律性质不清晰,权利归属不明确造成的。北京市伟博律师事务所李伟民律师就体育赛事节目的性质进行分析,认为独创性是有无问题而非高低问题,体育赛事节目构成新《著作权法》第3条第6项中的"视听作品"。华东政法大学王迁教授认为独创性是一个程度问题,赛事的现场直播并未达到《著作权法》对独创性要求的程度,在现行立法中也不符合固定要件。同时,我国《著作权法》区分作者权和邻接权,已经有了广播组织权,且广播组织权中的转播权能够规制网络转播。考虑到这一点,应当把赛事的现场直播纳入广播组织权保护范围。中国社会科学院李明德研究员认为体育赛事直播画面是否构成作品,是否具有我国《著作权法》所要求的独创性,需要从两大法系的角度予以分析。中国政法大学袁钢教授则从数据财产权角度出发,认为体育赛事信号的本质是现场体育赛事信息,现场体育赛事信息的载体是现场体育赛事数据。

其次是体育赛事中知识产权的归属和保护问题。中国人民大学法学院姜栋教授通过对域外法的研究并结合我国的立法现状认为,一方面,根据我国的现状,体育赛事一般由单项赛事协会或者由单一赛事的组织者、主办方享有相应的权利,而另一方面,由于体育协会事实上在本行业内享有一种垄断地位，因此该项权利的边界，应当由《反垄断法》《反不正当竞争法》等加以规制，这样可以在更好地利用和开发体育赛事的同时对该权利边界加以规制。潍坊学院朱文英教授从新修订的《体育法》对体育无形资产的规定出发，认为体育赛事转播权是一项整体、复合型权利，其权利归属于体育赛事组织者，提出将其单独作为一项权利用《民法典》予以保护的主张。中国政法大学袁钢教授则认为目前体育赛事组织者越来越多元化，新修订的《体育法》没有把体育赛事相关权利单独赋予单项体育协会，认为可以从数据财产权角度解决体育赛事转播权原始权利人的认定以及该权利的保护问题。中国政法大学马宏俊教授也认为体育赛事涉及的权利方主体纷繁复杂，根据新修订的《体育法》第52条中"未经体育赛事活动组织者等相关权利人许可……"的规定，"体育赛事活动组织者"之后有一个"等"字，为体育赛事的权利主体留下了很大的空间。北京嘉观律师事务所朱晓宇律师以摄影师自行拍摄的体育比赛场内的相关图片为例，同样认为主办方并不当然成为这些图片的版权所有者。相关图片的版权约定，对确定权利主体是重要的，在体育赛事当中，个人或者某些平台享有的权利空间是清晰的，要享有权利方的明确授权。体育总局政策法规司原司长刘岩从新修订的《体育法》第52条具体条款出发，认为新修订的《体育法》第52条通过反向禁止的表述方式保护了体育赛事活动组织者等权利主体在赛事活动现场图片、音视频等信息方面的权利，但是对于体育赛事组织和相关权利人各自的权利边界、各种法律权利的具体内容仍有待细化。在体育赛事实践中，要注意把握搭建完备的体育赛事授权许可体系，以维护赛事各方的合法权益和交易秩序。

最后是关于用户制作并上传赛事实况短视频的问题。近年来，体育赛事节目版权保护遇到一些新问题，其中一个比较有争议的问题就是网络平台的责任承担。北京市伟博律师事务所唐一力律师认为，针对冬奥会体育赛事节目的版权保护，基于该类体育赛事节目自身的高知名度、权利人采取的预防侵权措施和人工智能技术及算法技术的提高，网络服务提供者对用户上传相关非授权视频内容，应承担更高的注意义务。北京市伟博律师事务所范秀霞律师也认为，视频直播软件通过信息网络盗播电视节目的行为，软件应用商店的运营主体应当承担侵权责任。中国人民大学知识产权学院张广良教授则对平台责任考虑因素的多元性进行了阐述，认为在涉及体育赛事版权的平台责任案件中，还需特别考虑体育赛事涉多方利益、受保护的客体类型复杂、权利人众多、画面来源渠道多等因素。但是，华东政法大学王迁教授认为信息存储空间的平台责任不因视频长短或视频内容产生实质变化，法院认定平台责任时应注意考察平台是否采用了与其经济技术能力相适应的防止侵权的措施。中国人民大学万勇教授从美国《数字千年版权法》("DMCA")确立的平台通知与删除规则的历史起源出发，结合我国《民法典》《信息网络传播权保护条例》《电子商务法》等法律法规中的相关规定，也认为平台对体育赛事类视频没有事前审查义务。中央民族大学熊文聪教授同样认为在体育赛事版权保护中，对平台责任判定的基本规则不应改变，不宜施以平台事先审查义务。

3. 体育赛事数据处理的法律问题

在大数据时代，体育赛事数据具有较高的商业价值，目前体育产业的商业交易中，已经出现了利用赛事数据进行商业开发的项目，如运动表现、运动技战术分析、虚拟比赛、模拟比赛等数据产品，体育赛事数据处理的法律问题成为一个新热点。福州大学李智教授基于"体育赛事数据：主体、权益、保护路径"的主题，深入分析了何谓体育赛事数据、谁是体育赛事数据主体、有无体育赛事数据权益、如何保护体育赛事数据权益四个问题，并提出了赛事数据权益的规范路径：规定赛事组织者的权利，明确赛事组织者有权禁止他人不当商业利用赛事数据，规范赛事数据权限制机制。成都体育学院郭新艳教授则从数字经济背景下体育赛事数据产权制度问题出发，认为中国数字经济新的发展趋势对于体育产业，尤其体育赛事经济的发展影响非常深远。赛事数据专有权即赛事组织者享有数据的占有、使用和处分的完全权限，但因其具备一定的公开性且其权能在一定程度上被不同主体占有和使用，因此需要以新修订的《体育法》颁布为契机，进一步明确赛事数据的产权属性。上海体育学院蒋亚斌博士认为我国体育产业数字化转型陷入了体育数据权属不清、体育数据处理标准不明、数字体育法治监管缺位、体育数据权益保障困难等法治困境，提出构建体育数据分类确权机制，统筹体育数据标准体系建设，强化数字体育法治监管，健全体育数据权益保障制度等体育产业数字化的法治保障举措。

4. 新兴赛事相关的法律问题

近年来，电子竞技、信鸽等新兴赛事不断发展，这些新兴赛事快速发展的同时，相关法律争议也不断出现，引发了激烈的讨论。在电子竞技赛事上，广东卓建律师事务所丁涛律师以电竞行业的用工法律问题为切入点,结合国内IG女子战队与成员西法(叶婧怡)解约纠纷案等相关司法实践,参考韩国职业电子竞技协会KeSPA采用的电竞行业自治以及体育仲裁等争议解决机制,提出当前可以借鉴足球、篮球等传统体育行业领域球员与俱乐部之间的博弈与纠纷处理思路,解决电子竞技行业特殊的人力资源关系问题。广东卓建律师事务所高记源律师以网易诉华多、腾讯诉火山小视频、耀宇诉斗鱼等案件为范例,从著作权、邻接权以及不正当竞争等不同角度对电子竞技游戏直播维权的方式和路径进行了辨析,并深入解读了炉石传说诉卧龙传说案件中,将抄袭游戏数值体系的行为作为反不正当竞争的规制对象的做法。上海市通力律师事务所的褚若羽律师从体育组织管理者的角度分析了电竞争议解决制度保护的客体和目标。体育赛事组织方的争议解决制度通常包括纪律处罚以及合同争议,通过其受案范围及审理方法引申出对其权力来源、自治边界的分析与探讨。上海中联律师事务所王钺翰律师分享了涉及电竞俱乐部运营、电竞主播和陪练、电竞技术人才及其对应的围绕"人的流量""人的关系""人的组织"展开的法律服务。在信鸽赛事上,目前的主要争议点在于信鸽赛事的合法化问题。南京大学法学院孙国祥教授认为信鸽比赛作为体育比赛是合法的,性质是正规的,讨论信鸽比赛合法性问题的关键是看其有无被异化、被利用。信鸽比赛,如果仅仅面向信鸽协会会员,并且只能投注自己的信鸽或给自己的信鸽交参赛费,是不构成赌博的。南京师范大学李建明教授也认为信鸽赛事存在一定的投机性,但投机不能等同于赌博,无论是从保护行业的角度还是从政策上考虑,信鸽比赛都不是典型的赌博罪,即便存在模棱两可的情况,对于仍处于发展中的产业,特别是其本身也没有清晰可行的规范,自身行业协会也在摸索之中的这种情况,不适合作犯罪处理。东南大学法学院欧阳本祺教授同样认为赛鸽是一种体育赛事,尽管存在一小部分赛事不规范的问题,但这个行业对信鸽赛事进行经营,并不会违反社会管理秩序,不宜将赛鸽作为犯罪处理。

5. 体育赛事中的反兴奋剂问题

在反兴奋剂立法上,中国政法大学袁钢教授认为我国的反兴奋剂立法具有三个突出特点:一是创新性,具体反映在立法与目前反兴奋剂工作之间所保持的密切联系,并因实践变化而有所创新;二是国际性,具体反映在与国际规则和国际标准有着良好的衔接;三是引领性,具体反映在相较于目前其他任何领域的体育立法,现在的反兴奋剂立法体系是最为完整的。同时,袁钢教授指出了未来反兴奋剂工作和立法中需着重解决的三个问题:一是要加强综合治理,二是要适当加强运动员权利保护,三是要进一步完善救济机制。上海政法学院姜熙教授也认为,对比其目前所梳理的国外大部分国家的反兴奋剂立法,我国的反兴奋剂立法相对来讲是非常细致和完善的,但是当下也面临世界反兴奋剂机构权力的扩张、全球反兴奋剂法治"欧洲化"以及美国域外管辖权等挑战,提出未来应主要从"进一步重视运动员的权利保护""持续进行反兴奋剂程序的规范性建设""继续加大预防兴奋剂的教育"三个方面继续完善我国的反兴奋剂立法。在反兴奋剂的一些具体问题上,福州大学李智教授着眼于体育仲裁制度的建立与反兴奋剂治理,认为我国反兴奋剂纠纷解决机制通过设置反兴奋剂仲裁员名册实现了与反兴奋剂内部解纷机制的衔接,通过处罚委员会受托处罚以及与世界反兴奋剂机构、国际体育仲裁院在内的国际反兴奋剂机制的协调,衔接好了国内、国际反兴奋剂解纷机制。北京天达共和律师事务所宫晓燕律师也是从体育仲裁制度的建立与反兴奋剂治理之间的具体关系出发,认为我国体育仲裁制度的正式建立,一方面可以避免将我国的部分司法管辖权让渡到国际体育仲裁院,另一方面也可以避免运动员向国际体育仲裁院提起上诉所增加的各种成本,并指出要协调好国内体育仲裁与国际体育仲裁之间的关系。清华大学徐伟康博士着眼于反兴奋剂的个人信息保护,认为反兴奋剂涉及诸多敏感个人信息的处理,敏感个人信息因其对个人的人格尊严和人身、财产安全侵害的威胁性,需要特别的法律保护,就我国而言,可以借《反兴奋剂条例》修订契机,于《反兴奋剂条例》中增设敏感个人信息处理规制条款,在此基础上,进一步完善反兴奋剂中心《关于隐私和个人信息保护的规定(暂行)》的内容,实现敏感个人信息保护和兴奋剂管制目标之间的利益平衡。上海政法学院蔡鹏嘉认为反兴奋剂国际程序经过不断发展演进,已经形成了较为完备的体系,实践中反兴奋剂国际程序原则性和灵活性兼具,有着强有力的监管的优点。但从长远来看,反兴奋剂国际程序也有着程序性质模糊,存在程序价值取向之争,体系结构存在弊端等问题。上海政法学院郑文迪对国际国内规制样本采集程序的规则体系进行了梳理,认为反兴奋剂样本采集程序存在规则体系有待完善、检察官队伍监管仍需强化、运动员权利遭受挤压等问题。

四、关于体育法学科建设与人才培养的研讨

(一) 会议总体概述

作为一个新兴学科,体育法学目前形成了初具规模、卓有成效的学科团队,但是在学科建设和人才培养上,体育法学仍然面临"摸着石头过河"的现状,在体育事业蓬勃发展、《体育法》修订以及学科专业目录调整的背景下,如何形成和构建有特色的体育法学学科体系和科学合理的人才培养体系成为学术活动的重要关注点。2022年4月23日,中国法学会体育法学研究会主办"高等学校体育院系体育法学课程建设"研讨会,对中国高等学校体育院系体育法学课程现状和问题进行总结和分析,并提出加强体育院系体育法学课程建设的对策建议。2022年12月,中国政法大学举行体育法治与健康中国论坛第39期"体育法学的知识谱系与学科建构",对体育法学的内在知识谱系、外在知识谱系、学科问题以及体育法学的学科体系、学术体系、话语体系进行了充分的讨论,成为对体育法学的知识谱系和学科建构进行新一轮反思和对话的开端。

(二) 会议具体内容

1. 体育法学基本范畴的提炼

社会科学中的基本概念和范畴犹如信息技术中的思想芯片,对体育法学基本概念和范畴的提炼是体育法学学科发展的重要前提。福州大学李智教授认为体育法学的思想芯片在于体育自治性,无论是体育的特殊性,还是体育法律中的特殊安排,抑或与国际规则进行衔接协调时遇到的一些特殊问题,本质问题都在于体育自治。中国政法大学马宏俊教授认为体育法学是法学、体育学、教育学、心理学、社会学等多学科交织的交叉学科,其特殊性在于按照传统的法学标准认为是违法的现象,基于体育的特点和规律,在体育法学当中给予其一种合法性解释。中国政法大学袁钢教授也认为体育法学的外延不仅包括了体育学、法学,也包括了管理学和新增的交叉学科,甚至包括了区域国别学中的一个小分支,并且这个外延范围会越来越广。湘潭大学周青山教授则提出体育法学属于行业法学,调整的对象是体育社会关系,内容包括相关传统部门法在体育行业产生的特殊性问题,也包括专门的体育立法,以及体育自治法等。

2. 体育法学学科建设的展望

党的二十大报告指出"加强基础学科、新兴学科、交叉学科建设",对于体

育法学学科的未来发展,苏州大学王家宏教授认为现在体育法学的发展已经有了良好的外部环境和内部环境,上升到一级学科的时机已经成熟,提出体育科学和法学相结合申请为一级学科的三个路径,一是在体育学门类下设置体育法学的一级学科,二是在法学类下申请体育法学,三是设置交叉学科。湘潭大学周青山教授认为可以将体育法学区分为国内体育法学和国际体育法学。对于国内体育法学可以利用新修订的《体育法》所形成的有中国特色的体育法的基本法立法结构作为新的体育法逻辑框架来构建新的体育法学的学科体系,或者以体育法涉及的主要法律问题为逻辑作为构建体育法学学科体系的重要方向,对于国际体育法学,需要围绕其鲜明的国际性特征来展开学科体系构建。

3. 体育法学人才培养的思索

体育人才培养是国家体育事业健康有序发展的重要保障,近二十年来我国体育事业蓬勃发展,对体育法学人才的需求日益增长。在开启中国新时代建设体育强国的新征程中,如何培养复合型的高素质体育法学人才成为一个重要问题。华南师范大学宋亨国教授提出体育法学人才培养需要把控文献研读、学术报告、中期考核、科研训练、教学与社会实践五个环节,认为体育法学人才培养需要增加对体育实践、跨学科知识的获取积累的考量,对于体育法学知识体系的储备等维度,建议可以适时整合国内高校的体育法学平台,形成资源优势互补的局面,助力人才发展空间的拓展,提升体育法学人才培养的总体上限。中国政法大学马宏俊教授强调了体育法学人才培养中专业实习的重要性,认为需要实现需求侧和供给侧的统一协调,在实践过程中发现问题,在培养方案、教学和科研过程中解决这些问题,同时反过来再去指导实践。南京师范大学汤卫东教授认为在体育法学人才培养上,应当区分本科生和硕士、博士以及体育院校和法学院,本科生教学应当以普法为主,在普法内容上既应当包括《体育法》,也应当包括《全民健身条例》等相关的法律规范,在硕士、博士阶段,应当以问题为引导,通过具体问题和案例引导学生深入探究体育法。福州大学李智教授指出在体育法学人才培养上,知识结构不宜太窄,要立足领域法学,以问题为导向。上海政法学院谭小勇教授基于上海政法学院招收体育法学本科生的实践,认为体育法学人才培养需要体系化,在本硕博的体系中本科阶段是基础,需要注重本科阶段体育法学的知识启蒙,在人才培养上,既要注重法学的基础理论知识,也要广泛开展实践教学。除此之外,还有观点指出体育法学课程应加强课程思政,为培养具有法律素养的体育人才作出贡献,体育法学课程应与现代信息技术深度融合,充分利用技术的加持,加快在线资源建设,提升体育法学教育教学的效果等。

2022年体育法学学术活动紧跟体育发展的时代前沿,聚焦冬奥法治保障问题、《体育法》修订实施问题、体育赛事法治化发展问题以及学科建设和人才培养等问题,为加快建设体育强国和健康中国,努力开创中国体育良法善治的新局面、新征程贡献了学术智慧。随着新修订的《体育法》的颁布实施,立法层面的工作告一段落,而法律解释及相关探讨尚待展开。新法在颁布后即脱离立法者的意志,具备了全新的生命和解释空间。在此意义上,未来体育法学学术活动需要从立法论迈向解释论,对标对表新修订的《体育法》的规定要求,发现法律规范的客观意旨,进一步拓展新时代体育法学研究的广度和深度,进一步推动法治政府建设和全面依法治体,为深化体育事业改革提供更多智力支持,为满足人民群众多样化的体育需求提供更多切实可行的对策建议。

附 录

2022年度我国体育法治大事记[*]

1月

4日,体育总局印发《关于公布现行有效的体育法律、法规、规章、规范性文件和制度性文件目录的通知》。

16日,2021年体育法律热点事件网络研讨会举行,评选出2021年中国十大体育法律事件。

18日,国际体育仲裁院确定在2022年北京冬奥会期间开设两个临时仲裁庭,为冬奥会提供快速、高效的争议解决服务。

19日,体育总局办公厅、国家发展改革委办公厅发布《关于开展体育公园统计工作的通知》。

20日,通力律师事务所举办"国际体育重点法律问题"研讨会。

24日,体育总局办公厅发布《关于征求〈青少年体育俱乐部基本要求〉行业标准(征求意见稿)意见的通知》。

25日,北京市石景山区人民法院对一起通过网络平台销售假冒"冰墩墩""雪容融"形象玩偶、钥匙链等商品的销售假冒注册商标的商品案进行一审宣判。这起由石景山区人民检察院提起公诉的韦某升等三人销售假冒注册商标的商品案是全国首例侵犯冬奥会、冬残奥会知识产权的刑事案件。

27日,体育总局发布《政府网站监管年度报表(2021年度)》。

27日,体育总局发布《政府网站工作年度报表(2021年度)》。

28日,财政部、体育总局发布《关于印发〈公共体育场馆向社会免费或低

---

[*] 郭锐:河北体育学院。

收费开放补助资金管理办法〉的通知》。

28日,体育总局办公厅发布《关于印发〈公共体育场馆免费低收费开放服务评价指引(试行)〉和〈公共体育场馆免费低收费开放服务评价结果公开表〉的通知》。

29日,国际体育仲裁院临时仲裁庭受理2022年北京冬奥会的首批仲裁申请。

30日,北京市体育局发布《关于印发〈北京市体育培训机构综合监管合规手册(2022年)〉的通知》。

31日,国际体育仲裁院临时仲裁庭受理两份有关2022年北京冬奥会的雪车和钢架雪车项目参赛资格名额的仲裁申请,并于2月1日公布了裁决结果。

2月

7日,体育总局发布《关于印发〈体育标准化管理办法〉的通知》。

9日,深圳市腾讯计算机系统有限公司等三家公司针对北京视听通科技有限公司等三家公司提出诉前行为保全,天津自由贸易试验区人民法院2月10日裁定被申请人立即停止在"电视家"APP提供本届冬奥会赛事节目相关内容。

10日,体育总局发布《关于批准发布〈儿童青少年身体姿态测试指标与方法〉行业标准的公告》。

12日,国际体育仲裁院临时仲裁庭发布关于俄罗斯花样滑冰运动员Kamila Valieva仲裁程序的最新消息。

14日,国际体育仲裁院临时仲裁庭发布与俄罗斯花样滑冰运动员Kamila Valieva有关的仲裁决定:驳回国际奥委会、世界反兴奋剂机构和国际滑冰联合会提出的申请请求。

14日,体育总局办公厅发布《关于印发〈2022年全国体育政策法规规划工作要点〉的通知》。

28日,北京市第三中级人民法院召开京冀两地"涉北京冬奥会商事司法保障"研讨交流会。

3月

2日,北京市体育局、北京市教育委员会发布《关于印发〈北京市深入推进体教融合实施方案〉的通知》。

7日，体育总局办公厅发布《关于印发〈2022年群众体育工作要点〉的通知》。

9日，体育总局办公厅发布《关于做好2022年各省、自治区、直辖市运动会反兴奋剂工作的通知》。

14日，中国足球协会发布《关于转发〈加强全国足球比赛安全管理工作的规定〉的通知》。

16日，北京市法学会、河北省法学会主办"法治冬奥的社会影响与大型赛会法律事务研究"学术研讨会。

17日，中国足球协会发布《关于印发〈中国足球协会关于违规违纪的停赛执行细则〉的通知》。

18日，体育总局发布《关于印发〈国家体育总局科技创新项目管理办法〉的通知》。

18日，中国政法大学体育法治研究基地召开国家社科基金重大项目《反兴奋剂法治体系及防控机制研究》课题工作会。

23日，体育总局发布《关于建立健全体育赛事活动"熔断"机制的通知》。

23日，体育总局政策法规司发布《关于印发〈体育总局2022年度法规、规章和规范性文件制定计划〉的通知》。

23日，中共中央办公厅、国务院办公厅印发《关于构建更高水平的全民健身公共服务体系的意见》。

23日，体育总局发布《关于进一步加强户外运动项目赛事活动监督管理的通知》。

24日，华东政法大学科研处举办"东方明珠大讲坛"科研抗疫特别活动（五）。

25日，体育总局办公厅发布《关于印发〈2022年体育标准化工作要点〉的通知》。

30日，国务院新闻办举行构建更高水平的全民健身公共服务体系发布会。

4月

2日，中国足球协会下发了《关于2022赛季中超联赛、中甲联赛、中乙联赛相关工作的通知》，公布了2022赛季三级联赛准入俱乐部名单，同时发布俱乐部欠薪解决方案及相关处罚办法。

8日,上海市体育局、上海市教育委员会印发《上海市体育类校外培训机构设置标准》。

11日,北京市体育局发布《北京市青少年体育培训机构等级评定办法(征求意见稿)》。

12日,北京市体育局、北京市市场监督管理局发布《关于修订〈北京市体育健身行业预付费服务合同〉和〈北京市成人体育培训服务合同〉示范文本的通知》。

13日,体育总局发布《关于深入贯彻落实〈关于构建更高水平的全民健身公共服务体系的意见〉的通知》。

18日,全国体育标准化技术委员会冰雪运动标准化工作组发布《关于征集11项冰雪运动领域推荐性国家标准编制工作参与单位的通知》。

23日,中国法学会体育法学研究会主办"高等学校体育院系体育法学课程建设"研讨会。

25日,中国足球协会发布《关于2022赛季职业联赛相关政策的通知》。

26日,北京市体育局发布《关于加强近期体育健身场所疫情防控工作的紧急通知》。

27日,《体育法》修改专家研讨会在中国国际经济贸易仲裁委员会举办。

5月

6日,杭州2022年第19届亚运会组委会发布公告,亚洲奥林匹克理事会执委会在与有关各方协商研究后决定,原定于2022年9月10日至25日举行的杭州2022年第19届亚运会延期举办,赛事名称和标识保持不变。

6日,国际大学生体育联合会宣布,经与成都大运会组委会、中国大学生体育协会共同商议,原定于2022年6月在四川成都举行的第31届世界大学生夏季运动会将延期至2023年举办。

14日,中国体育法学网举办《体育法(修订草案二次审议稿)》网络研讨沙龙。

14日,亚洲杯中国组委会官方宣布,2023年亚足联亚洲杯原定于2023年6月16日至7月16日在中国举行,受疫情影响,中国组委会难以对明年的亚洲杯按完全开放模式办赛作出承诺和安排。经亚足联、中国足球协会和2023年亚洲杯中国组委会共同商议后决定,本届亚洲杯足球赛将易地举办。

27日,中国足球协会发布《关于重庆两江竞技足球俱乐部退出中超联赛后续工作安排的通知》。

6月

1日,教育部、体育总局、中国足球协会发布《关于印发〈中国青少年足球联赛赛事组织工作方案(2022—2024年)〉的通知》。

2日,体育总局办公厅发布《关于征求〈滑雪运动项目基础术语〉(征求意见稿)等11项推荐性国家标准意见的通知》。

13日,北京体育局发布《关于暂停举办体育赛事活动的紧急通知》。

14日,体育总局办公厅、教育部办公厅、发展改革委办公厅发布《关于提升学校体育课后服务水平 促进中小学生健康成长的通知》。

15日,杭州2022年第19届亚运会组委会法律事务部、北京盈科(杭州)律师事务所举办研讨会,聚焦亚运会延期法律风险与应对。

19日,北京市文化娱乐法学会第二届体育法律专业委员会正式成立。

20日,农业农村部、体育总局、国家乡村振兴局联合印发《关于推进"十四五"农民体育高质量发展的指导意见》。

24日,《中华人民共和国体育法》由第十三届全国人民代表大会常务委员会第三十五次会议修订通过并公布。

24日,中国政法大学体育法团队举行网络研讨会解读新《体育法》。

29日,中国羽毛球协会发布《羽毛球赛事活动管理办法》。

7月

5日,体育总局办公厅印发《〈关于体育助力稳经济促消费激活力的工作方案〉的通知》。

12日,天津市法学会体育法学分会和天津市律师协会体育产业法律专业委员会联合举行"新修《体育法》学习汇报会"。

12日,北京市社会体育管理中心发布《北京市全民健身赛事活动安全指引(2022年版)》。

19日,亚洲奥林匹克理事会宣布,原定于2022年9月10日至25日举行的杭州2022年第19届亚运会将于2023年9月23日至10月8日举行,名称仍为杭州2022年第19届亚运会。

22日,北京中银(深圳)律师事务所举办"电子竞技前沿法律问题"专题研讨会。

27日,中篮联(北京)体育有限公司相关人士证实,中篮联(北京)体育有限公司以哔哩哔哩网站侵犯著作权和不正当竞争侵权为由提起的诉讼正在进行之中,共同经营哔哩哔哩网站的上海宽娱数码科技有限公司和上海幻电信息科技有限公司被索赔4亿余元人民币。

29日,西安仲裁委员会、西安市律师协会联合主办"学习贯彻新修订的《体育法》——新时代体育事业发展法律与仲裁服务"研讨会。

8月

6日,天津市法学会体育法学分会与天津市律师协会体育产业法律专业委员会联合举行线上"新修体育法学习宣传实施研讨会(2022年联合学术年会)"。

8日,中国足球协会对广东省第十六届运动会男子乙A组决赛启动调查。

12日至14日,第十一届环渤海体育法学论坛在石家庄举办。

17日,中国足球协会发布《关于进一步加强各类足球赛事赛风赛纪工作的通知》。

20日,中国法学会体育法学研究会、江苏省法学会体育法学研究会主办"全民健身与全民健康融合的法治保障"学术研讨会暨江苏省法学会体育法学研究会学术年会。

25日,河北省高级人民法院与体育总局共建的冰雪运动法律问题研究(张家口)基地在张家口市崇礼区正式启动。河北省高级人民法院、中国法学会体育法学研究会联合主办"冰雪运动法治保障学术交流会"。

25日,中国反兴奋剂中心2021年度年报正式发布。

25日至26日,中国反兴奋剂中心举办第二届国际反兴奋剂工作专业研讨会。

9月

1日,体育总局发布《关于征求〈国家体育总局规章和规范性文件制定程序规定(修订征求意见稿)〉意见的通知》。

6日,北京市体育局发布《关于废止部分规范性文件的通知》。

13日,体育总局群众体育司发布《关于印发〈全民健身信息服务平台建设指南(试行)〉的通知》。

21日,北京市晓更助残基金会、北京姚基金公益基金会、福建省恒申慈善基金会等联合举办"新修订《体育法》背景下社会力量参与青少年和学校体育"研讨会。

27日,电竞法学社、上海律师协会体育业务研究委员会共同主办"电竞法律实务"系列讲座。

10月

13日,体育总局办公厅发布《关于征询2023年国家体育总局决策咨询研究项目建议选题的通知》。

14日,体育总局、教育部、财政部、中国足协发布《关于印发〈中国女子足球改革发展方案（2022—2035年）〉的通知》。

18日,中国足球协会发布《关于全力做好2022赛季职业联赛相关政策落实工作的通知》。

25日,体育总局、发展改革委、工业和信息化部、自然资源部、住房和城乡建设部、文化和旅游部、林草局、国铁集团发布《关于印发〈户外运动产业发展规划（2022—2025年）〉的通知》。

11月

1日,体育总局公布《中国体育仲裁委员会组织规则（征求意见稿）》和《体育仲裁规则（征求意见稿）》。

1日,中国政法大学体育法治研究基地、体育法研究所成功举办首届"赛博"体育法研究生学术沙龙。

3日,国际足联纪律委员会作出有关中国足球的纪律处罚决定,判决辽宁沈阳城市足球俱乐部需继承已解散的辽宁足球俱乐部留下的一笔约1.9万欧元的债务。

5日,由中国人民大学知识产权学院主办的体育赛事版权保护专家研讨会成功举办。

7日,体育总局发布《关于征求〈体育赛事活动管理办法（修订征求意见稿）〉意见的通知》。

7日,体育总局发布《关于征求〈高危险性体育赛事活动目录（第一批）（征求意见稿）〉和〈高危险性体育赛事活动许可条件（征求意见稿）〉意见的通知》。

9日,中国政法大学体育法治研究基地、体育法研究所主办"体育法治与健康中国论坛"第35期"公共体育场馆委托经营与两改"研讨会。

11日,中国仲裁法学研究会体育仲裁与调解专业委员会举办《体育法》

框架下的体育仲裁研讨会。

13日,文化和旅游部、中央文明办、发展改革委、工业和信息化部、公安部、自然资源部、生态环境部、住房和城乡建设部、农业农村部、应急管理部、市场监管总局、体育总局、林草局、乡村振兴局联合发布《关于推动露营旅游休闲健康有序发展的指导意见》。

16日,中国政法大学体育法治研究基地、体育法研究所主办第36期"体育法治与健康中国论坛",论坛主题为"北京冬奥会的权益保护"。

17日,最高人民法院发布反垄断典型案例,"涉中超联赛图片"滥用市场支配地位纠纷案位列其中。

20日,中国政法大学体育法治研究基地、中国体育科学学会反兴奋剂分会联合主办第37期"体育法治与健康中国论坛",论坛主题为"《体育法》修订背景下的反兴奋剂实务"。

22日,山东大学法学院主办的山东大学法学院涉外法治人才培养高端论坛第十六讲之"从孙杨案看国际国内反兴奋剂法律规则的适用"于线上举办。

23日,中国足球协会发布《关于对部分职业足球俱乐部未能依规落实欠薪还款进行处罚的通知》。

23日,中国政法大学体育法治研究基地、体育法研究所主办第38期"体育法治与健康中国论坛",论坛主题为"体育领域安全生产风险管理"。

26日,中国国家男子足球队原主教练李铁涉嫌严重违法,接受中央纪委国家监委驻国家体育总局纪检监察组和湖北省监委监察调查。

30日,海南省第六届人民代表大会常务委员会第三十九次会议通过《海南省人民代表大会常务委员会关于在海南自由贸易港取消乙级水利工程质量检测单位资质认定等六项行政许可事项的决定》,取消经营游泳、攀岩、滑雪等高危险性体育项目的行政许可。

12月

1日,体育总局发布《关于命名第一批全民运动健身模范市(区)和全民运动健身模范县(市、区)的决定》。

1日,天津市第十七届人民代表大会常务委员会第三十八次会议修订通过《天津市全民健身条例》,自2023年1月1日起施行。

2日,体育总局办公厅公布体育高端智库(2023—2025)入选单位,清华大学体育发展研究院、中国政法大学体育法治研究基地等9家研究机构入选。

2日,体育总局发布《关于设立和调整部分项目〈运动员技术等级标准〉的通知》。

5日,万商天勤律师事务所吴伟召团队召开信鸽赛事专题研讨会。

6日,中国政法大学教师发展中心、中国政法大学体育法治研究基地共同举办第39期"体育法治与健康中国论坛",论坛主题为"体育法学的知识谱系与学科建构"。

8日,上海市浦东新区人民法院就央视国际网络有限公司提出的行为保全申请作出诉前禁令,责令被申请人沈阳盘球科技有限公司、上海悦保信息科技有限公司立即停止针对2022年卡塔尔世界杯的相关版权侵权行为。

10日,上海市法学会体育法学研究会主办上海市法学会"东方法学大讲堂"线上研讨会,主题为"新《体育法》背景下体育法治热点问题探索"。

12日,天津市河西区人民法院就天津字节跳动网络科技有限公司、北京字跳网络技术有限公司、北京微播视界科技有限公司提出的行为保全申请作出诉前禁令。

13日,中国政法大学体育法治研究基地、体育法研究所主办第40期"体育法治与健康中国论坛",论坛主题为"新时代体育强国建设的思考"。

15日,体育总局反兴奋剂中心发布《关于运动员治疗新冠用药有关事宜的通知》。

18日,中国体育法学网主办的体育仲裁实务网络研讨会举办。

19日,体育总局公布《国家体育总局规章和规范性文件制定程序规定》。

21日,中国足球协会发布《关于全力做好2022赛季职业联赛相关政策落实工作的通知》。

22日,国际兴奋剂检测机构在官方网站发布公告,三届奥运会举重冠军得主吕小军暂时被禁赛,理由是其在10月的一次赛外兴奋剂检测中结果呈阳性。

22日,《中国体育仲裁委员会组织规则》《体育仲裁规则》经体育总局第2次局务会议审议通过,自2023年1月1日起施行。

22日,体育总局局长高志丹以视频形式会见俄罗斯体育部长奥列格·马迪钦,共同签署了《2022—2023年中俄体育交流年行动计划议定书》。

23日,中国政法大学体育法治研究基地同全国各体育法学博士培养单位联合发起举办"首届体育法学博士生论坛"。

24日,天津市法学会体育法学分会与天津市体育局主办的"宣传实施新修订《天津市全民健身条例》"专题论坛召开。

25日,中国足球协会对广东省第十六届运动会假球事件作出行业处罚,对广州市足球协会予以临时暂停(已经中国足球协会执委会投票同意,须待会员大会表决确认)中国足球协会会员资格2年的处罚(2022年12月25日至2024年12月24日)。广州市足球协会在处罚期内不再享有会员权利,其相关职能由广东省足球协会代为履行。对清远市足球代表队和恒大足球学校提出通报批评。对广东省足球协会提出通报批评,并责令其作出深刻检查。终身禁止谢志光、王亚军、张修宇、蔡光辉从事任何在中国足球协会管理下与足球运动有关的活动;终身禁止黎梓菲、陈伟华从事任何在中国足球协会管理下与足球运动有关的活动,并取消其教练员资质。

29日,中国足球协会发布《关于进一步加强球员代理人管理工作的通知》。

30日,体育总局、商务部、国家卫生健康委员会、海关总署、国家药品监督管理局联合发布《2023年兴奋剂目录公告》。

30日,最高人民法院发布指导性案例201号:德拉甘·可可托维奇诉上海恩渥餐饮管理有限公司、吕恩劳务合同纠纷案。

31日,中国法学会体育法学研究会2022年学术年会在集美大学通过"线上+线下"的方式召开。

2022年制定、修订、修正或废止的与体育直接相关的法律规范性文件*

2022年中央制定、修订、修正或废止与体育直接相关的法律规范性文件共11部,其中法律1部,部门规章3部,部门规范性文件7部。在立法机关层面,除《体育法》是由全国人大常委会制定和《公共体育场馆向社会免费或低收费开放补助资金管理办法》是由财政部和体育总局联合制定外,其余9部均由体育总局单独制定、修订或修正。在立法形式层面,除《体育法》《体育赛事活动管理办法》以及《体育标准化管理办法》采用修订形式外,其余均采用制定形式。

2022年地方制定、修订、修正或废止与体育直接相关的法规、规章共11部,其中省级地方性法规5部,省级政府规章2部,设区市地方性法规4部。2022年地方体育立法主要集中在天津市、河北省、江苏省、福建省、山东省、湖北省、湖南省、贵州省、青海省。[详见2022年制定、修订、修正或废止的与体育直接相关的法律规范性文件目录(不含港澳台)]。

目 录

一、法律(1部)

体育法

(1995年8月29日第八届全国人民代表大会常务委员会第十五次会议通过,根据2009年8月27日第十一届全国人民代表大会常务委员会第十次会议《关于修改部分法律的决定》第一次修正,根据2016年11月7日第十二届全国人民代表大会常务委员会第二十四次会议《关于修改〈中华人民共

---

* 孔维都:中国政法大学。

和国对外贸易法〉等十二部法律的决定》第二次修正,2022 年 6 月 24 日第十三届全国人民代表大会常务委员会第三十五次会议修订)

二、地方性法规(9 件)

(一)省级地方性法规
1. 天津市全民健身条例
(天津市人民代表大会常务委员会公告第 117 号)
2. 福建省全民健身条例
(福建省人民代表大会常务委员会公告〔十三届〕第 68 号)
3. 湖北省全民健身条例
(湖北省人民代表大会常务委员会公告第 319 号)
4. 青海省全民健身条例
(青海省人民代表大会常务委员会公告第 67 号)
5. 甘肃省实施《中华人民共和国体育法》办法
(甘肃省人民代表大会常务委员会公告第 138 号)

(二)设区市地方性法规
1. 石家庄市全民健身条例
(2022 年 3 月 30 日河北省第十三届人民代表大会常务委员会第二十九次会议批准)
2. 泰州市全民健身条例
(2022 年 11 月 25 日江苏省第十三届人民代表大会常务委员会第三十三次会议批准)
3. 日照市全民健身促进条例
(2022 年 1 月 21 日山东省第十三届人民代表大会常务委员会第三十三次会议批准)
4. 贵阳市推进全民健身规定
(2022 年 3 月 30 日贵州省第十三届人民代表大会常务委员会第三十一次会议批准)

三、规章(5 件)

(一)部门规章
1. 体育仲裁规则
(2022 年 12 月 22 日经体育总局第 2 次局务会议审议通过)

2. 中国体育仲裁委员会组织规则

(2022年12月22日经体育总局第2次局务会议审议通过)

3. 体育赛事活动管理办法

(2022年12月22日经体育总局第2次局务会议审议通过)

(二)地方政府规章

1. 山东省体育竞赛管理办法

(根据2022年4月25日山东省人民政府令第349号修正)

2. 湖南省实施《公共文化体育设施条例》办法

(2022年10月8日湖南省人民政府令第310号修改)

四、部门规范性文件(7件)

1. 体育高端智库管理办法

(2022年12月26日体育总局发布,体政规字〔2022〕10号)

2. 体育决策咨询专家库管理办法

(2022年12月26日体育总局发布,体规字〔2022〕9号)

3. 国家队科技助力青年项目管理办法

(2022年6月26日体育总局发布,体规字〔2022〕6号)

4. 体育总局关于建立健全体育赛事活动"熔断"机制的通知

(2022年3月23日体育总局发布,体规字〔2022〕3号)

5. 国家体育总局科技创新项目管理办法

(2022年3月18日体育总局发布,体规字〔2022〕2号)

6. 体育标准化管理办法

(2022年2月7日体育总局发布,体规字〔2022〕1号)

7. 公共体育场馆向社会免费或低收费开放补助资金管理办法

(2022年1月28日财政部、体育总局发布,财教〔2022〕2号)